선녀는
왜
나무꾼을
떠났을까

박봉수, 〈연화(蓮花)에 소녀〉, 캔버스에 유채, 33.8×45.7cm(1929)
심청의 깊은 슬픔이 분홍빛 자궁에 싸여 있다. 양 어깨를 깊이 감싸 안아 웅크린 심청이 울고 있는지, 생각하고 있는지, 탄생의 순간을 기다리고 있는지 짐작하기 쉽지 않다. 가부장제 사회에 희생당한 수많은 어린 처녀들의 원혼을 보듬어 안고 있을 수도 있겠고, 희생을 강요당한 수많은 청이들의 눈물이 연꽃으로 화하는 꿈을 꾸고 있을 수도 있겠다. 이런 청이를 넉넉히 보듬은 꽃봉오리가 하얗게 탈색된 청이의 아픔을 분홍빛으로 물들여 연향을 마음껏 뿜어내며 활짝 만개한 심청의 탄생을 약속하고 있는 듯하다.

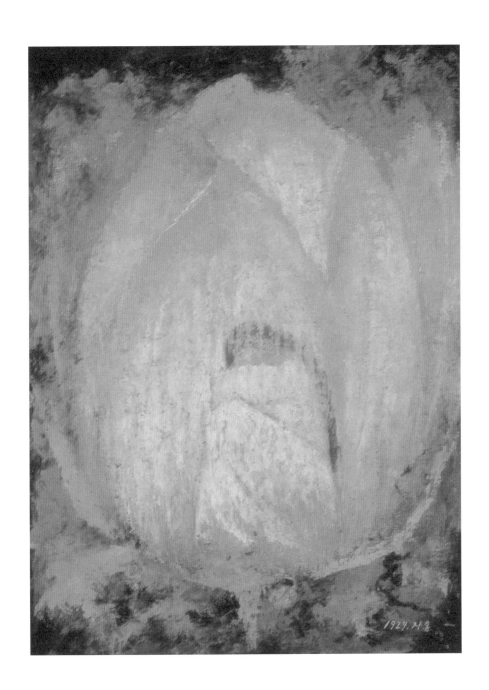

1924. 기름

박봉수, 〈섭천(攝川)〉, 무명천에 수묵, 95×150cm(1947)

콩쥐의 원초적 통곡이 일깨워 불러낸 검은 소는 두려울 만치 당당하고 위엄 있다. 그러면서도 대단히 자애로운 눈매를 지니고 있다. 한마디로 이 땅의 산천에서 흔히 만날 수 있는 양순한 소의 이미지는 분명 아니다. 선 굵은 검정 톤과 어두움이 짙게 드리운 배경이 이 소가 어두움의 세계에서 온 방문자라는 사실을 암시하는 듯하다. 콩쥐가 어두움의 세계에서 불러냈다기보다는 어두움이 보낸 메신저라는 표현이 더 적절할 듯하다. 흔하진 않지만 이런 만남을 통해 우리들은 어두움과 태곳적 세계에 대한 근원적 향수를 간직하게 되나 보다.

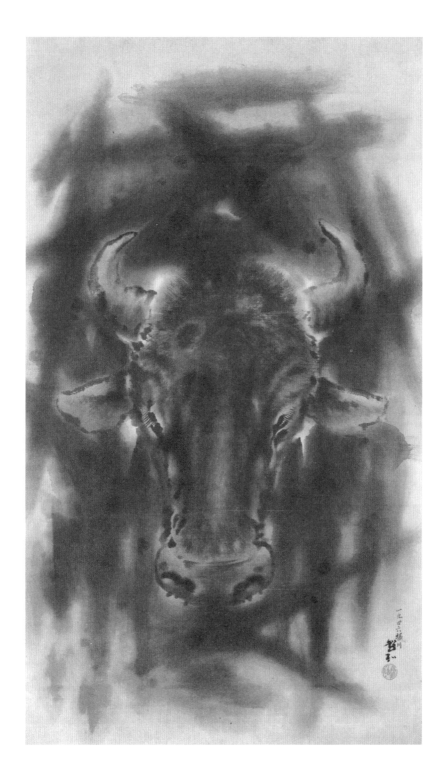

박봉수, 〈태몽〉, 캔버스에 유채, 45.7×33.8㎝(1932)
알을 깨고 당당하게 깨어나는 힘찬 탄생의 모습에서 생명 탄생의 힘과 신비가 느껴진다. 당당하게 일어나 새로운 세상으로 첫발을 디디려는 새 생명의 힘찬 몸짓 주위에 깨어져 열린 자궁이 널려 있다. 붉게 터진 자궁의 모습이 석류처럼도 보이고 심장처럼도 느껴진다. 생명 탄생과 지상의 풍요를 약속하는 다산의 이미지이자, 탄생시 필연적으로 뒤따르는 산고를 드러낸다. 어머니의 세계를 떠나 아버지의 세계로 나아가는 오누이의 탄생을 위하여 호랑이에게 잡아먹혀 사라지는 어머니의 아픔은 심장이 터지는 것 같은 고통인지도 모른다. 그러나 이런 모진 산고를 통해서만 오누이는 자신의 빛을 고유하게 발하는 해와 달로 태어날 수 있다.

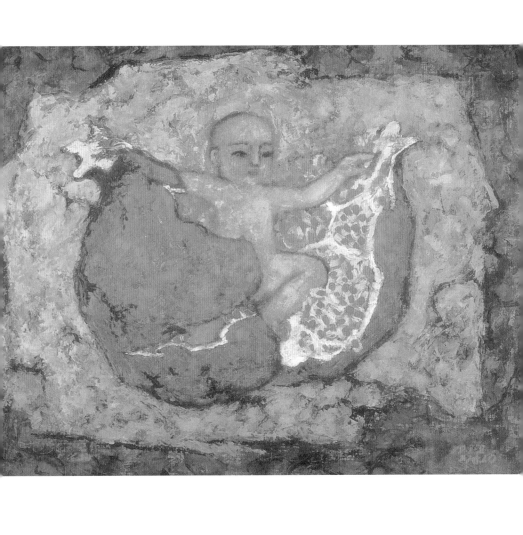

박봉수, 〈천녀(天女)〉, 캔버스에 유채, 98.3×83.3㎝(1941)
지상으로 향하는 선녀의 우아한 비행이다. 마음껏 나부끼는 긴 머리와 날개옷에 자유로움이 묻어 펄럭인다.
지그시 감은 눈매에는 구도자의 평안함조차 엿보인다. 오른쪽 어깨 높이로 받쳐든 손에 뭔가를 소중하게 들
고 있다. 천상의 신비가 간직된 듯하다. 본향과 관련된 그 무엇인가를 영원히 간직할 수 있기에 다시 나무꾼
을 향한 이토록 평안하고 자유롭고 아름다운 비행을 할 수 있는지 모르겠다.

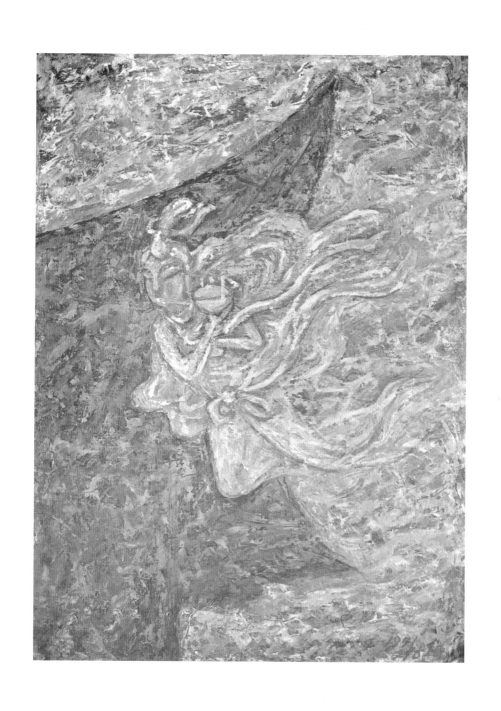

박봉수, 〈신혼〉, 캔버스에 유채, 83.3×98.3cm(1937)

서로 몸을 부비고 기대는 한 쌍의 원앙은 예로부터 결혼과 금슬과 성 에너지를 상징했다. 이들이 쌍으로 헤 엄치고 정답게 지내는 모습이 눈에 많이 띈 데서 유래한 듯한데 분리된 둘 사이에 일어나는 이런 자연적인 이끌림은 모든 관계의 기본적인 에너지가 된다. 생명의 기원인 물과 관련된 새라는 점이 특히 생명의 원천 적인 기원과 힘을 떠올리게 한다. 원앙 주변에 펼쳐지는 편안한 녹색 톤과 달뜨게 만드는 밝은 오렌지 색이 성 에너지가 자연스럽게 흐르는 곳에서 풍기는 달콤하고 포근한 설렘을 연상하게 한다.

박봉수, 〈생명〉, 한지에 진채, 61×80.8㎝(1978)

삶의 어두운 측면, 죽음과 관련된 측면은 누구에게나 부인하고 거부하고 싶고 받아들이기 힘든 부분이다. 그러나 이 어두운 면에 의식의 빛을 투과하기 시작하면 어두움이 거름이 되어 꽃을 피울 수 있게 된다. 어두움의 세계에 눈을 돌리기 시작할 때 비로소 새로운 세계가 열리고 어두움의 보물을 길어올려 성숙하고 건강하고 아름다운 삶을 꽃피워 갈 수 있다. 그리고 두렵고 피하고만 싶었던 계모의 주술이 놀라움과 경이로움을 선물하는 마술로 바뀌는 것이다.

박봉수, 〈은혜의 고담(古談)〉, 캔버스에 유채, 33.8×45.7㎝(1934)
깨달음이란 단어를 떠올리게 하는 이 이미지는 넉넉하고 편안하고 당당하다. 영혼으로 상징되는 새가 힘차게 날갯짓을 하고 마음껏 목청을 높여 비상을 노래한다. 어린이의 모습과 현자의 풍모를 동시에 풍기는 구도자가 두 발로 땅을 굳건히 딛고 피안의 세계를 깊이 응시하는 봉황의 몸과 편안하게 연결되어 있다. 꿈과 오라클과 직관으로 어두움의 언어를 투사하여 천상과 지상, 영과 육, 영혼과 몸을 결합한 만달라 같다.

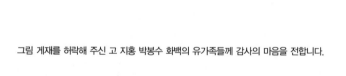

그림 게재를 허락해 주신 고 지홍 박봉수 화백의 유가족들께 감사의 마음을 전합니다.

선녀는 왜 나무꾼을 떠났을까

옛이야기를 통해서 본 여성성의 재발견

고혜경 지음

한겨레출판

차례

옛이야기 속에서 숨겨진 나를 만난다

수천 수백 년 동안 어떤 이야기가 살아서 우리에게 전해 내려오는 이유는 그것이 '사실'보다 더 '진실'하기 때문이다. 전래동화, 설화, 신화 등으로 불리는 이 이야기들은 인간 내면의 깊은 비밀을 여는 열쇠의 역할을 한다.

우리는 모두 알게 모르게 '진짜로 진짜'인 것(really real)을 갈망한다. 세계의 젊은이들이 오늘도 체 게바라의 얼굴이 찍힌 티셔츠를 입고, 다이애나 비의 죽음이 전 세계 잡지의 특종이 되고, 앤젤리나 졸리의 황당-당당함에 세계의 수많은 여성들이 한숨을 내쉬는 것은 그들이, 그들의 삶의 이야기가 일상을 넘어 우리 안의 진실을 건드리기 때문이다.

그들은 우리에게 신화적인 차원을 열어 주고 우리는 그들의 신화적인 삶을 동경하고 질투하며 대리 만족하고 닭살 돋아 한다. 그들의 이야기가 우리의 집단 무의식, 아귀와 같은 본성, 심리적 그림자(shadow)를 만나는 문을 열곤 하기 때문이다. 우리는 '내 안의 숨겨진 나'를 그들의 이야기를 통해 만난다. 너무 많은 나 자신을 시대를 초월한 이야기 속에서 만나기 때문에 그 이야기들이 살아남는 것이다.

미국에서 오랫동안 여성 신학, 여성 영성을 공부해 오면서, 서양의 여성학자, 심리학자, 신화 연구가들이 우리가 잘 알고 있는 서양 동화, 설화, 신화를 뒤집어 읽는 것을 보았다. 많은 이야기들이 가부장제라는 바이러스에 감염되어 있기 때문에 여성의 눈으로 다시 읽어 보는 작업을 하는 것이다. 그들의 작업은 재해석을 넘어 재창조로 가기도 한다. 예를 들면 '간택' 당한 신데렐라가 드디어 궁중의 틀에 박힌 삶을 지겨워하며 유리 구두를 팽개치고 궁중 담을 넘어 탈출한다던가, 개구리에게 키스해서 왕자님으로 만들어 준 공주가 왕자가 거들먹거리는 꼴을 더 이상 참을 수 없어 다시 키스해서 개구리로 되돌리는 식의 이야기들이다.

헤게모니를 깨는 그들의 지적 통찰력, 예언자적 용기, 발랄한 상상력을 유쾌·통쾌해 하면서 한국에서도 이런 작업이 이루어지기를 바라고 있던 차에 고혜경의 『선녀는 왜 나무꾼을 떠났을까』를 만나게 되었다. 나는 앉은 자리에서 밤을 새워 그의 원고를 끝까지 읽었다. 혼자서 신음소리를 내다가, 킬킬거리다가, 눈물도 쏟으며 그의 작업과 만났다.

고혜경의 옛이야기 분석은 그의 성격답게 차근차근 우리에게 새로운 길을 안내하는 언니의 친절함으로 가득하다. 그러다 사이사이 "까불다가는 뼈도 못 추리는" 마녀의 칼로 우리들의 고정관념을 깨기도 하고, 떨어진 목을 다시 붙여 감싸 안아 주는 대지모처럼 크게 한수 가르치기도 한다.

'여성성'이라는 단어가 대중매체, 민족주의, 운동 논리에 오염되어 그 진정한 의미를 알 수 없게 되어버린 지금, 고혜경이 이 책에서 제시하는 "온전한 여성성"은 우리 여성들에게 여러 가지로 시사하는 바가 많다. 삶의 무게에 찌들어버리는 여성성이 아니라, 자신의 진정한 힘과 아름다움을 발견하고 쟁취해 가는 여성성이 이 책의 곳곳에서 춤을 춘다.

한국의, 또 세계의 많은 여성들이 이 책을 읽고 건강하고 즐겁고 창조적인 여성성과 만나기를 기원해 본다. 어차피 인생이 구름, 꽃, 꿈처럼 덧없는 것이라면 그 짧은 인생 여행 중에 구름처럼 자유롭고, 꽃처럼 아름답고, 꿈처럼 황홀하게 서로 살리면서 사는 것도 좋지 않을까? 그러려면 우리 모두는 "온전한 여성성"을 고도로 발전시켜야 한다.

잘못된 남성성이 전 세계 곳곳에서 폭력, 테러, 전쟁을 일으키며 지구 어머니— 가이아를 죽이는 지금, 온전한 여성성의 도래는 새로운 지구 문명을 여는 가이아의 코드가 될 것 같은 예감이 든다.

이 책을 통해 진정한 여성성을 찾는 모든 여성과 남성들에게 여신의 큰 축복이 참 자아 발견, 치유, 혁명, 창조 등의 여러 모습으로 내리시길 기도하며, 이 귀중한 책의 탄생에 마음 깊은 곳으로부터 축하의 메시지를 보낸다.

2006년 여름, 뉴욕에서 현경

할머니 손은 약손, 옛이야기는 약

　내 어릴 적 할머니는 '내 손이 약손'이라면서 배를 쓰다듬어 주시며 많은 이야기를 들려 주셨고, 그 이야기들을 듣고 자란 나는 이야기 연구로 박사 학위를 받았다. 이야기 박사가 된 지금도, 나는 '할머니 손은 약손, 옛이야기는 약'이라는 믿음을 갖고 있다. 할머니 손길이 가려운 데를 긁어 주시고 아픈 배를 매만져 주시듯, 이야기를 구성하는 이미지들은 내면에 필요한 곳으로 흘러 들어가 창조적인 맥박을 자극하여 상상력을 다시 흐르게 해 상처를 치유한다. 그리고 진정한 자신의 힘을 느낄 수 있게 한다. 나는 이야기가 지니는 이러한 치유의 힘을 알기에, 이 땅에서 누구나 듣고 자라는 이야기로 치유의 작업을 시작하려 한다.

　상처가 많았다. 여자로 태어났다는 이유로. 할머니가 과수원 나무들 사이에서 한 타령을 하실 때 그 짙은 슬픔을 어린 나이에 이해했다. 이해했다기보다 할머니의 한이 온몸으로 전달되었다. 슬픔이 아주 커서 나보다 훨씬 크다는 생각을 했다. 학교를 마치고 결혼을 하면서 그 압도하던 슬픔의 정체가 무엇인지 알게 되었다. 결혼은 파경을 맞았고, 죽을 만큼 힘들어서 미국에 갔다.

여성성을 일깨우고 여신 전통을 알아가면서, 나의 상처가 어떻게 여성으로 사는지 이해하지 못한 데서 비롯했다는 사실을 깨닫게 되었다. 열심히 살았고 공부도 꽤 했다. 아주 '착한 여자'였고, 내 안의 남성성을 발휘해 강하고 똑똑한 여자란 소리도 들었다. 그런데 진짜 나의 본질, 나의 존재, 나의 힘은 알지 못했다. 할머니의 타령처럼 나보다 더 큰 슬픔과 외로움이 나를 덮쳤다. 나는 누구인가. 어떻게 살아야 하는가. 무엇이 될 수 있는가.

그리고 이것은 나만의 문제가 아니라 어머니와 할머니의 문제이고, 또 모든 여성의 문제라는 사실을 알게 되었다. 가부장제란 온전한 여성의 이미지가 존재하지 않는 사회이다. 융의 표현을 빌자면, "여성은 최고의회에 대변인이 없다." 본질적인 여성의 아름다움과 힘을 표현하는 이미지가 없었다. 영성도 남성의 힘과 원리를 그대로 수용하는 것이었다. 자연히 여성으로서 확신이 없었다. 내면의 불확실성을 보상하기 위해 나는 남성성을 계발했다.

그러나 질문을 하면서 치유가 일어났다. 서른이 넘은 나이에 비로소 묻기 시작했다. '어떻게 나의 본능적 토양인 여자가 될 수 있을까?' 그래서 여신에 대해 공부했다. 여신들의 창조 행위는 남신들의 창조 행위와 완전히 달랐다. 존재 양식도 달랐다. 여신의 창조 행위는 내가 일상에서 늘 하는 행위여서 일상의 삶에 신성을 부여했다. 여신의 이미지가 나의 존재를 더 잘 반추하게 해 주었다. 억지로 믿어야 될 필요도 없었다.

가부장제가 아닌 시대도 존재했다는 걸 알게 되면서 여신 전통이 아직도 남아 있는 사회에 눈길이 갔다. 이런 사회에서 살아가는 여성은 자연스러웠다. 자기에 대한 확신이 있었고 여성으로서의 자부심을 가지고 있었다. 그들은 자연스러워, 아름다운 힘이 느껴졌다.

'여성이란 이래야 한다'는 집단의 태도에 의문을 던지기 시작하면서 무의식 탐구의 필요성을 절감했다. 역사적 문화적 필터로 걸러지지 않은 여성

의 자생적인 힘과 진실을 알고 싶었다. 눈을 안으로 돌렸다. 꿈의 세계를 탐험하면서 여자로서 진실한 나의 힘과 아름다움을 맛보게 되었다. 그 느낌이 신비였다.

나는 진정한 여성의 아름다움과 자긍심을 길러 가려는 노력의 연장으로 이 책을 쓴다. 그리고 특별히 집단 무의식에 접근하기 위해 우리 옛이야기를 택했다. 이 땅의 누구나 들으면서 자라는 심청, 콩쥐팥쥐, 해님달님, 나무꾼과 선녀, 계모, 태곳적 할머니 이야기를 택했다. 그리고 외국의 바보 이반 이야기를 빌어 왔다. 여성이 일생 동안 거쳐야 할 주요 통과의례의 과제를 다루기 위해 내용별로 선별했다.

이야기를 풀어내는 관점은 상징적−심리학적 분석(symbolic-psychological analysis: 버클리의 민담학자 앨런 던디스의 분류법)이다. 구체적으로는 게슈탈트(Gestalt) 방식을 적용하여 이야기에 등장하는 사람뿐 아니라 배경, 느낌, 색깔, 소리 모두를 개개인 심리의 일부로 다룬다. 그렇다고 개인의 꿈을 분석하듯 이야기의 세부사항을 전부 다루려는 것은 아니고 초점을 여성성이란 주제에 맞춘다.

덧붙여 심리학적 관점으로 이야기를 다룰 때 신화, 민담, 동화, 전설 등 장르 구분은 중요하지 않다. 이들 모두는 무의식의 산물이고 심리를 이해하는 열쇠라는 게 기본적인 입장이다. 미국 인디언처럼 '모든 이야기는 다 신성하다' 라는 태도를 취하고 있다.

여기서 하는 풀이는 분명히 주관적이다. 이야기의 숨은 뜻을 밝혀 답을 제시하려고 이 책을 쓰지 않는다. 우리들의 이야기를 통해 사실은 나 자신의 이야기를 풀어냈기 때문이다. 내가 풀어낸 옛이야기가 독자의 상상력을 자극해서, 각자 자신의 이야기 풀이를 시작하길 바란다. 그래서 자신의 이야기를 찾길 희망한다.

나는 여성을 위하여 이 책을 쓴다. 할머니의 한 타령에 묻어 있는 깊은 슬픔과 허망함을 폐부로 느끼는 여성, 그리고 어디로 가야 할지 방향이 보이지 않는 여성들에게 나의 내면으로의 여정이 어떤 영감을 주기를 바란다. 또 여성과 함께 살아가는 남성을 위하여 쓴다. 주변 여성을 이해하는 데 도움이 되기를 바라고, 남성 내면에 있는 여성성을 찾아 가는 데 통찰을 얻길 바란다.

이 책에는 유학 시절의 경험과 사례가 많이 녹아 있다. 본격적으로 이 주제를 탐구했던 시기이고 질문의 답을 찾아가던 시기다. 이 8년의 시간이 내겐 어두움의 세계로의 여정이었다. 착한 여자, 똑똑하고 강한 여자의 가면이 벗겨져 나갔다. 압도하던 짙은 외로움과 공허함도 사라졌다. 누군가 '이제 너의 이야기를 찾았어?' '여성의 진정한 힘과 아름다움은 무얼까?' 라고 물어온다면 그 답은 독자들 몫으로 남긴다.

이 책에는 인터뷰나 워크숍 등을 통해 들은 개인의 꿈과 이야기들이 많이 소개되어 있다. 특히 꿈을 나눈다는 것은 자신의 가장 깊은 부분을 드러내는 일이다. 자신을 기꺼이 나누고 드러내 준 이들의 용기와 진솔함이 이 책을 더욱 푸짐하게 만들었다. 자신의 일부를 여기에 싣도록 허용해 준 모든 분들께 진심으로 감사 드리며, 이들에 대한 감사와 배려의 마음으로 나의 꿈을 제외하고는 모두 익명으로 처리하였다.

또한 소중한 작품을 싣도록 허락해 주신 지홍 선생님 유가족들의 배려와 사랑에 감사 드린다. 선생님의 작품들이 다시 세상으로 나와 수많은 사람들의 눈을 뜨게 해 줄 날을 고대해 본다.

진실한 답은 내면세계에서 찾을 수 있고, 진정한 힘은 자기 안에서 체험할 수 있다. 내가 이렇게 분명하게 말할 수 있는 것은 밑도 끝도 없는 공허함 대신 이제는 문득문득 '참 행복하다!' 는 느낌이 들기 때문이다. 삶이 자유롭

고 충만하다.

　이 책은 상처와 치유에 관한 나의 이야기이다. 이야기의 치유력을 믿기에, '내 손은 약손'을 노래하며 세상을 향해 이 이야기 책을 내민다.

2006년, 서울 꿈의 집에서 혜경

용 어 해 설

그림자(shadow) 심리의 어두운 측면으로, 본인의 모습이라고 흔쾌히 받아들이기 어렵고 수치스러운 면이다. 누구든 자기 그림자를 직면하는 일은 힘들지만 성장을 위해서는 필연적인 과제이다. 집단의 그림자도 있는데, 공공의 적이나 악의 이미지가 대표적인 예이다.

아니마(anima)와 아니무스(animus) 인간 내면에 존재하는 반대되는 성의 이미지나 원리. 여성의 내면에는 남성성인 아니무스가 있고 남성의 내면에는 여성성인 아니마가 있다. 전인적인 인격이 되기 위해서는 여성성과 남성성을 균형 있게 발달시켜야 한다.

원형(archetype) 심리의 기저에 있는 모든 행위의 잠재력이다. 광물의 결정이 만들어질 때 결정 축이나 체계가 보이지는 않지만 결정 형성에 영향을 미치듯, 인간의 행위도 일정한 패턴을 따르게 되는데 이를 원형이라 한다.

자아(ego) 융의 개념을 따르면 자아는 인간의 의식을 말하는데, 주체와 객체, 긍정적인 것과 부정적인 것을 구분, 성찰, 분화하는 기능을 한다. 발달 과정을 보면, 지구에서 달이 태어나듯 무의식에서 자아가 탄생한다. 처음에는 환경의 요구에 대한 응답으로 발달하다가 점차 자체적으로 변한다.

가
부
장
을

치
유
하
는

풍
요
로
운

잔
치

마
당

심청

1929. 제3

✿

옛날 옛적 바닷가 마을에 심 봉사가 살고 있었는데 심 봉사의 아내는 아기를 낳다가 죽어버렸다. 태어난 아이의 이름은 청이라 지었다. 봉사가 혼자 아기를 길러야 하니 꼴이 말이 아니었다. 그러나 동네 아낙들이 기꺼이 청이에게 젖동냥을 해 주었고 청이는 무럭무럭 자라났다.

효성이 지극한 청이는 걸음마를 떼기 시작하면서 아버지의 동냥길을 인도했다. 자라나면서는 갯벌에 나가 일도 하고 남의 집 일도 봐 주고 삯바느질까지 닥치는 대로 열심히 하며 아버지를 잘 봉양하여 이웃에 칭송이 자자했다.

그러던 어느 날 일을 하러 간 청이가 늦게까지 돌아오지 않자 심 봉사는 청이를 찾아나섰다. 개울을 건너다가 실수를 하여 그만 물에 빠져버리는데, 허우적거리며 살려 달라고 외치는 심 봉사를 마침 그곳을 지나가던 스님이 발견하고 구해 주었다. 스님은 그에게 절에 공양미 삼백 석을 시주하면 눈을 뜨게 될 거라고 말한다. 그 소리를 들은 심 봉사는 절에 시주할 것을 약속하고 집으로 돌아왔다. 집에 와 생각하니 약속을 지킬 대책은 없고 한숨만 나왔다. 청이가 아버지에게 무슨 일이냐고 여쭈자 공양미 삼백 석 이야기를 딸에게 털어놓는다.

그때 마침 마을에 선원들이 들어와 험한 바닷길에 바칠 제물로 처녀를 산다고 했다.

청이는 공양미 삼백 석을 받는 대가로 제물이 될 것을 자청한다. 선원들과 약속한 날이 다가오자 청이는 아버지가 혼자서 살아가실 수 있도록 만반의 준비를 했다.

드디어 떠나는 날이 닥쳤고 청이가 심 봉사에게 하직 인사를 하자 그제야 모든 것을 알게 된 심 봉사는 대성통곡을 했다. 아버지를 뒤로하고 청이는 배에 올랐다. 배가 물결이 심한 인당수에 당도하자 청이는 치마를 덮어 쓰고 검푸른 바다로 몸을 던졌다.

그로부터 얼마 후 바다 속에서 신묘한 빛이 감도는 커다란 연꽃 하나가 피어올랐다. 어부가 이 연꽃을 임금님께 바쳤고 그 꽃 속에서 청이가 나왔다. 임금님은 연꽃에서 나온 청이랑 결혼을 하였다. 왕비가 된 청이는 아버지 생각에 마음이 편치 않았다. 임금님과 상의하여 아버지를 찾기 위해 궁궐에서 맹인잔치를 열었다.

사흘 간 진행되는 잔치에 전국에서 수많은 맹인들이 몰려들었으나 심 봉사는 나타나지 않았다. 그러다가 마지막 날 잔치가 거의 끝나갈 무렵 심 봉사가 등장했다. 달려 나온 청이의 목소리를 듣고, "어디, 내 딸 얼굴 좀 보자!" 하는 순간 그의 눈이 번쩍 떠졌다. 그리하여 청이는 심 봉사와 임금님과 행복하게 잘 살았더란다.

【 심 청 : 아 버 지 를 위 하 여 희 생 되 는 딸 】

아버지의 눈을 뜨게 하기 위하여 목숨을 버리는 딸의 행위가 아름다운 효성일까? 옛이야기에는 심청처럼 아버지를 위해 희생하는 딸 이야기가 빈번하게 등장한다. 청이는 아버지의 눈을 뜨게 하기 위해 공양미 삼백 석에 자기 목숨을 거래한다. 서양 이야기 중 '손이 없는 처녀'(Handless Maiden)에서는 아버지가 기계화된 물레방아를 얻는 대가로 악마에게 딸의 손을 잘라준다. 옛이야기는 아니지만 영화로 만들어진 소설 『서편제』에서는 아버지가 명창의 꿈을 실현하기 위해 딸을 장님으로 만든다. 아버지 목숨을 살리기 위해 기생이 되는 딸 이야기도 있고, 우리나라 전역에 널려 있는 처녀귀

가부장을 치유하는 풍요로운 잔치 마당

신 이야기들은 가문을 위해 또는 아버지 사회의 가치관을 위해 목숨을 잃고 귀신으로 화한 어린 딸들에 관한 것이다.

어머니를 위하여 희생하는 아들의 이야기는 드문 데 반해 아버지를 위하여 희생하는 어린 딸의 이야기가 지나치게 많은 것 같다. 이런 현상이 한국인의 집단 심리의 어떤 측면을 드러내 주는 건 아닐까? 아버지 눈을 뜨게 하려고 희생하는 심청의 이미지를 숙고하다 보면 이런 질문에 대한 통찰을 얻을 수 있을 것 같다.

【 가 난 함 과   우 울 함 과   심   씨   성 】

이 이야기의 주인공들은 심(沈) 씨 성을 지닌다. 심청이 어떤 집안의 조상이라는 주장도 있고, 소설화된 이 이야기에는 심 봉사의 이름이 심학규로 구체화되어 있다. 그러나 옛이야기에 등장하는 인물들은 과거 어느 한 시점에 이 땅에 존재한 역사적, 지리적 인물을 의미하지는 않는다. 한때 역사적인 인물이었다 할지라도, 옛이야기의 세계로 들어가기 위해서는 시공을 초월하는 신화적 인물로 재탄생해야 한다.

심청도 심 봉사도 옛날 옛적이라는 시공간의 존재들이다. 옛날 옛적이란 과거의 특정한 시점을 말하는 것이 아니다. 어느 신화학자의 말을 빌면 옛날 옛적은 지금까지 단 한번도 존재하지 않았던 시간이다. 따라서 우리 개개인의 가슴 속에 영원히 살아 있는 시간인 것이다. 옛날 옛적이 '영원한 현재'가 될 수 있다는 사실이 바로 우리가 똑같은 이야기를 수십 번 수백 번 들어도 늘 새롭게 느끼는 비결이 아닐까?

이 이야기에 등장하는 심청과 심 봉사도 역사적으로 존재한 구체적인 인물이 아니라 시공간을 초월하여 보편적으로 존재하는 원형적 인물들이다. 그러므로 이들은 우리 각자의 내면에 살아 있는 보편적 심리 패턴을 보여 준다. 그리고 등장인물뿐 아니라 이야기의 배경 혹은 분위기조차 개인의 심리나 우리 집단의 심리를 대변하는 이미지로 바라볼 때 훨씬 깊은 이야기의 맛을 볼 수 있다.

우선 원형적 인물들의 성으로 주어지는 '심'의 이미지를 연상해 보자. 심(沈)이란 한자는 본래 '잠길 침' 혹은 '가라앉을 침' 자이다. 가라앉는다는 표현은 흔히 물과 연관해 사용한다. 심 봉사가 냇물에 빠져 물속으로 가라앉는 과정에서 이야기의 갈등이 극대화되고, 또 청이가 인당수 깊은 물에 가라앉자 이야기가 반전되며 급속히 해결점으로 치닫게 된다. 물론 물과 연관시키지 않아도 하강하는 동작이나 상황을 가라앉는다고 표현한다. 기분이 가라앉기도 하고 분위기가 가라앉고 공기가 무겁게 가라앉기도 한다. 이야기 도입부의 전체적 이미지는 가난과 어두움의 무게로 가라앉아 있다. 이곳에서 청이의 삶 또한 맹인인 아버지만큼 어둡고 답답하고 앞날이 깜깜하다. 전체적으로 곤궁함과 우울함이 무겁게 짓누르고 있다.

물과 연관짓든 물이 배제되든 침잠, 저하, 하강, 침울, 낙하, 추락이라는, 밑으로 밑으로의 방향이 이야기 전체 톤을 지배하고, 성으로 붙여진 '심'(沈)이란 글자가 이런 전반적인 이미지를 집약하고 있다.

【심 봉사의 눈먼 상태와 심청의 탄생】

옛이야기에는 첨예한 갈등이나 변화로의 희망뿐 아니라 해결의 실마리까지 첫 문장에 집약되어 있는 경우가 많다. 이 이야기의 첫 문장은 청이를 낳다가 아내가 죽어버리고 심 봉사는 혼자서 아기를 돌보아야 한다는 내용이다. 먼저 가난 속에서 갓난아기를 돌보아야 하는 심 봉사의 신체적인 특징부터 살펴보자.

눈이 멀었다는 표현은 상징적이다. 분명 단순한 시각장애만을 의미하지

가부장을 치유하는 풍요로운 잔치 마당

는 않는다. 우리는 문맹, 컴맹 등 무지와 무능력을 뜻하는 표현에 흔히 눈이 멀었다는 '맹'을 사용한다. 또 중독성 강한 자극적인 대상으로 인해 이성이 마비되고 자기조절 능력이 상실된 경우도 '눈이 멀었다'고 표현한다. 도박이나 마약, 술, 컴퓨터 게임에 눈멀고 또 사람에게 눈이 멀기도 하고 종교에도 눈이 먼다.

눈이 먼다는 표현은 빛이 투과되지 않는 완전한 어두움의 세계에 놓여 있다는 의미이기도 하다. 흔히 앞으로 나아갈 수도 뒤로 물러설 수도 없고 옆으로 돌아가는 길도 보이지 않을 때 우리는 '빛이 전혀 보이지 않는다'고 탄식한다. 이렇게 빛이 없는 짙은 어두움은 우울함과 절망으로 채색된 마음의 색이기도 하다. 그러므로 심 봉사는 눈이 심하게 먼, 정신적 혹은 영적으로 빛이 투과하지 않는 어두움과 절망감을 대표하는 원형적 인물로 볼 수 있다.

심하게 눈이 멀어 있는 심 봉사라는 원형적 인물이 빛이 보이지 않는 암울한 상황에 놓여 있다는 표현은 그를 중심으로 집단 전체가 심하게 눈이 먼 어두움과 절망의 상태에 있다는 것으로 확대해 볼 수 있다. 이 이야기의 첫 문장은 대표적인 남성성인 아버지가 눈이 멀어 곤궁한 입장에 놓인 상황과 아내의 죽음을 연결시키고 있다.

아내의 죽음이란 심 봉사 내면의 여성성과의 단절이라고 볼 수도 있고 동시에 심 봉사의 외적인 삶에 여성성의 영향이 차단되었다고도 이해할 수 있다. 여성성이 차단된 심 봉사의 이미지를 현재 우리 남성성 중심의 사회에서 지치고 공허하고 우울한 남성, 혹은 남성성 우위의 사회 전체로 바라본다면 지나친 확대일까?

우리의 의식을 거울처럼 비추어 볼 수 있는 꿈을 가지고 작업을 하다 보면, 심 봉사의 모습처럼 지치고 소진하고 암울한 아버지들의 모습을 자주 대하게 된다. 가르치던 학교를 떠날 수밖에 없었고 지금은 국제적인 인사가 된 한 여성 신학자가 그 대학에 초청 강연을 가던 날의 꿈이다.

완전히 늙고 지치고 온 몸에 기력이 다 빠진 돌아가신 아버지가 남루한 옷차림을 하고 서 있다. 어린 딸의 이미지로 등장한 내가 손을 내밀어 지친 아버지의 손을 잡아 주자 아버지의 얼굴에 환하게 미소가 피어오른다.

물론 아버지의 이미지가 가부장 사회에서 살아내느라 지치고 탈진한 자신의 남성성을 반영하기도 했겠지만, 이 꿈을 훨씬 집단적인 차원으로 바라보는 이유는 내 개인적인 투사를 하고 있기 때문일지 모르겠다. 지난 2천 년 남성 중심 사회를 살아낸 남성의 이미지 자체가 심 봉사의 모습처럼, 그리고 이 꿈에 등장하는 아버지의 모습처럼 소진하고 암울하고 지치고 메말라 있는 것이 아닐까? 남성성 중심 사회에서 살아야 했던 여성 또한 이토록 처절하게 생명의 기운 없이 메말라 있는 것은 아닐까?

개인적으로 이 꿈이, 또 심청 이야기가 특별히 소중하고 감동적인 이유는 바로 어린 딸이 내미는 손길 때문이다. 어린 딸의 등장은 어머니의 죽음으로 단절된 여성성이 집단에 새롭게 등장할 수 있는 희망적 메시지이다. 또한 소진한 가부장 사회를 치유하는 힘과 가능성이 결국 이 새로 태어난 여성성에 있으며, 치유의 방법은 지친 가부장을 배척하거나 몰아내는 것이 아니라 이 여성이 내민 손길처럼 그 손을 잡아 주는 것이 아닐까 생각해 본다.

이야기로 돌아가 눈이 멀었다는 은유로 표현되는 우울하고 무기력하고 무의미해 보이는 지친 가부장의 상황에 초점을 맞추어 심 봉사의 내면을 좀 더 깊이 들여다보자.

【 심 봉 사 와 스 님 의 만 남 】

우리에게 친밀한 수많은 옛이야기가 공통적으로 보여 주는 패턴이 있다. 주인공이 벼랑 끝에 서서, 왔던 길을 되돌아가자니 큰 맹수가 쫓아오고 앞으로 나아가자니 천 길 낭떠러지고 이런 사면초가의 절박한 순간에 제3의 대상이 등장한다. 흔히 유혹의 손길이다. 이런 유혹은 외부에서 주어지기도 하고 또 우리 내면에서 나타나기도 하는데, 심리학적인 시각 자체가 내면의 세계에 초점을 맞추는 것이니 이번에는 내면적인 존재로 풀어가 보자.

심리학적으로는 이럴 때 등장하는 인물을 그림자(shadow)라고 한다. 그림자는 자신이 인지하지 못한 심리 중 한 부분이지만 어느 순간 그 모습을 드러내게 된다. 심 봉사와 스님의 만남이 바로 심 봉사가 자신의 그림자를 만나는 순간이며, 이야기는 이 둘의 만남을 절묘하게 기술하고 있다.

심 봉사가 물에 빠져 절체절명의 위기에서 허우적거리고 있을 때 스님이라는 전혀 예기치 않았던 인물이 등장하는데, 심리학적으로 물은 무의식을 의미한다. 심 봉사가 무의식의 물에 에워싸여 평상시 심 봉사를 지탱해 주던 의식의 세계가 전혀 자신의 방어막이 되어 주지 못할 때 무의식으로부터 스님이 등장하는 것이다.

실제 일상에서 그림자를 만나는 순간도 이 이야기만큼이나 극적이다. 타인의 그림자를 만나든 자신의 그림자를 만나든 전혀 예기치 않았던 모습에 당황하고 충격을 받게 된다. 사람들은 그림자가 표면으로 노출되는 순간, 자기 영혼 속에 자기가 전혀 모르고 있던 완전히 다른 영혼이 살고 있었다고 말하곤 한다. 이런 전혀 다른 인물이 밖으로 노출되는 것은 거의 무의식적으로 일어나는 현상이라 본인은 인지하지 못하지만, 주변 사람들은 쉽게 알 수 있다. 타인의 그림자를 인지하는 것이 자신의 것을 인지하는 것보다 쉽기 때문이다. 동급생 친구들 사이에 극적으로 그림자가 표출된 일화가 있어서 여기에 소개한다.

같은 과 친구 중 커플이 있었다. 남자도 여자도 다 친구여서 그들이 관계를 발전시키는 과정을 쭉 지켜보았다. 2년 정도 관계가 지속되다가 파경을 맞게 되었는데, 남자 쪽에서는 관계를 다시 이어 가기 원했고 여자 쪽 결정은 단호했다. 누가 어떤 결정을 내렸든 간에 끝나버린 관계에 대한 아픔을 각자 나름대로 겪는 시기였다.

그러던 중에 남자가 여자 쪽에 이메일을 보냈는데 이 편지 내용은 한마디로 충격 그 자체였다. 여자는 자기가 알고 있던 그 친구가 어떻게 이럴 수 있는지 황당해 하면서 이해를 구하기 위해 내게 이메일을 보여 주었다. 내용은 분노와 적대감으로 채워져 있었다. 열정이 강했던 만큼 충격도 크고 실망과 좌절도 크리라는 것은 이해가 가지만 그 메시지의 톤은 내 눈을 의심하게 할 정도였다. 상상을 초월하는 저급한 단어들로 쓰여 있었다. 내가 아는 그 사람이 썼다고는 믿을 수 없을 정도로 유치하고 조잡했고 또 모욕적이기까지 했다.

나는 심리학에서 그림자라는 걸 배우면서 스스로도 상상하기 힘든, 예기치 않은 행동을 인간이면 누구나 다 할 수 있다는 사실을 이해하게 되었고 또 이런 현상에 이름을 붙일 수 있게 되었다. 우리는 모두 각자 안에 이방인들과 함께 살아가고 있으며 이들이 표면에 노출되는 순간은 내 친구의 경우처럼 주변 사람들에게 강한 충격파를 던질 수 있다.

그림자의 특질은 어떠한지 스님과 심 봉사의 이미지를 좀 더 자세히 들여다보자. 여러 면에서 심 봉사와 스님은 대조적인 특질을 지니고 있다. 우선 스님은 심 봉사가 속한 세계나 그의 삶의 방식과는 완전히 대조적인, 사바세계를 탈속한 존재이다. 그리고 심 봉사가 추구하는 삶은 일상의 편안과 안락인 데 반해 스님은 물질적 풍요나 안락보다 영성적 충만과 대 자유를 추구하는 구도자이다. 따라서 스님을 심 봉사의 눈멂과 대조적인 밝음을 지닌 인물로도 볼 수 있다. 또 심 봉사의 활동 영역은 극히 제한되어 있는 반면, 스님은 메인 곳 없이 언제나 이 마을 저 마을, 이 절 저 절을 돌아다니는 사람이다.

이런 대조적 특성을 보이는 그림자를 선과 악, 혹은 옳고 그름으로 판단할 수 있을까? 스님의 경우 심 봉사를 구해 준 행동은 분명 선한 행위이다. 그러나 지불 능력이 전혀 없는 사람을 부추겨 허황된 약속을 하게 만들어 결국 큰 희생이 불가피하게 만든 점은 명백히 선이라 볼 수 없다. 실제로 그림자의 특성은 보편적인 가치나 개인의 의견, 그리고 사실과 거짓 등이 적당히 혼재되어 있다.

그렇다면 심 봉사의 행위는 과연 도덕적인가? 지고지순한 청의 효심을 강조하기 위해 심 봉사의 행위 정도는 덮어 두는 게 도량이 넓어 보일지 모르지만 체면은 잠시 잊고 심 봉사의 행위를 심판해 보자. 심 봉사를 그리스도교 법정으로 데려간다면 눈먼 아비가 어린 딸과 살아가는 것이 가여워서 동정표를 받을 수 있을지 모른다. 그러나 그리스 법정에 데려간다면 명백히 유죄 판결을 받을 것이다. 그리스에서는 어리석음 자체가 죄로 간주되기 때문이다.

심 봉사의 무지와 판단 능력 부재는 결국 딸을 죽음으로 내몬다. 무지나 어리석음이 초래하는 피해나 파괴력은 가공할 만한데 우리 사회에서는 "모르고 했다"라는 표현을 남용하거나 이 표현에 지나치게 관대한 것이 아닌가 하는 생각이 종종 든다. 심 봉사가 잘못했다는 주장이 아니라 몰랐으니 용서받고 용서한다는 습관적 믿음에 질문을 해 보자는 것이다. 개인적으로 의식의 확장이 사랑의 실천이나 그 어떤 가치보다 중요한 과제라 생각한다.

심 봉사가 스님 앞에서 보여 주는 어리석은 결정은 어떤 상황에서 우리가

이토록 약할 수 있고, 또 전혀 상식 밖의 행동이나 약속을 하게 되는지 심리학적인 눈으로 바라보게 한다. 실제 심 봉사와 심 봉사의 그림자인 스님 간에 이루어지는 공양미 삼백 석의 거래와 그 심리학적 의미는 무엇일까?

【 공 양 미   삼 백   석 :   눈 먼   사 람 의   눈 먼   거 래 】

지금까지 우리는 심 봉사의 신체적인 특징으로 드러난 장님이라는 그의 심리 상태, 그리고 빛 없는 수렁의 늪에서 헤어나지 못하는 그의 상황에 대해 이야기했다. 심 봉사 자신은 어두움과 암울함이 답답은 하지만 자신이 처한 상황에 대해서 충분히 애통하는 모습도 보이지 않고, 또 자신의 상황을 점검해 보려고도 하지 않는다. 더욱이 자신이 처한 오랜 암울함을 개선하려는 태도가 전혀 보이지 않는다. 한마디로 어두움이 답답하면서도 상황이 얼마나 심각한지 인식조차 하지 못하고 있는 것이다.

이런 상황에서 심 봉사가 시도하는, 자신의 어두움을 타개하려는 해결책에 주목해 보자. 심 봉사가 추구하는 해결책은 공양미 삼백 석을 절에다 시주하는 것이다. 심 봉사의 이런 선택은 완전히 무의식적으로 이루어진다. 눈을 뜨고 싶은 욕망만 가득할 뿐 현실적인 가능성이나 공양미 삼백 석 시주가 눈을 뜰 수 있는 방책인지에 대한 질문조차 해 보지 않는다.

심 봉사가 순식간에 시주 결정을 한 것에서도 볼 수 있듯, 그는 한꺼번에 오랜 어두움을 해결하려 든다. 그야말로 한판 뒤집기이고 소위 말하는 대박을 꿈꾸고 있다. 그러나 오래 묵은 내면의 심리 상황을 일순간에 해결할 묘책은 없다. 상황이 암울할수록, 처지가 답답할수록 이런 유혹에 쉽게 넘어가는 것 또한 인간의 한 모습인 것 같다. 그러나 이 이야기에서 심 봉사의 모습은 이성의 눈이 먼 사람이 마음의 눈도 멀게 된다는 전형적인 사례를 적나라하게 보여 준다.

심 봉사와 비슷한 상황에서 순간의 해결이 아닌 전혀 다른 방식의 해결을 추구하는 이미지를 한 영화에서 볼 수 있었다. 십여 년 전 국내에서 상영된 첸 카이거 감독의 〈현 위의 인생〉이라는 대단히 현학적이고 신비스러운 영화였다.

현악기를 연주하는 거리의 악사가 있다. 이 악사도 심 봉사처럼 맹인이다. 눈을 뜰 수 있는 비밀을 악기 속에 감추어 두었으니, 연주를 하다가 천 번째 현이 끊어지는 순간 열어 보라는 스승의 말을 믿고 거리마다 누비며 연주를 거듭한다. 백발이 성성한 노인이 된 어느 날, 드디어 천 번째 현이 끊어진다. 노인은 악기사에 악기를 들고 가 열어 보지만, 그 속에서는 아무것도 나오지 않았다.

실망과 좌절의 나날을 지내던 악사는 다시 거리로 나선다. 연주도 그 전처럼 계속된다. 그러다가 그는 자신의 음악이 산을 넘고 구름을 넘어 우주를 관통하고 화합하는 소리를 듣는다. 바로 이 순간, 악사는 스승이 말씀하신 눈을 뜬다는 진정한 의미를 깨닫게 된다. 결국 그에게 중요한 것은 신체적인 눈을 뜨는 것이 아니라 연주자로서 완성의 경지라 할 수 있는 소리의 눈을 뜨는 것이고, 소리로 깨달음에 이르는 순간 그와 우주가 하나 되는 완전한 열림을 체험하게 된 것이다.

이 영화에서 거리의 악사가 겪어낸 무수한 세월과 인고의 나날들, 그리고 천 번 현을 끊을 만치의 필생의 노력이 바로 내면 작업을 하는 사람들이 가져야 할 진정한 자세이다. 내면의 깊이를 탐색하는 데 결코 지름길이란 없으며, 심 봉사가 추구하는 인스턴트 해결책은 더더구나 존재하지 않는다.

앞서 심 봉사가 추구하는 순간의 해결책은 무의식적으로 이루어진 것이라고 했다. 무의식적으로 이루어지는 약속은 약속의 대가에 대해 자연히 무의식적이다. 심 봉사는 공양미 삼백 석 시주를 약속하는 순간 자신이 치러야 할 대가에 대해서는 생각조차 하지 않는다.

사람들은 흔히, 쉽게 모든 난관을 극복하는 비법이 있다는 유혹에 사로잡혀서 아무 대가도 지불하지 않으면서 혹은 아주 작은 것만을 내어주고 큰 것을 얻을 수 있다고 믿는다. 그러나 심 봉사가 지불해야 할 대가는 딸의 죽음이다. 이 이미지는 우리가 무의식적으로 선택할 때 지불해야 할 값은 엄청나다는 사실을 상기시켜 준다.

【 아 버 지 의   치 유 를   위 한   어 린   딸 의   희 생 】

심 봉사가 지불해야 할 대가는 딸의 목숨이다. 물론 『서편제』에서처럼 노골적으로 딸의 눈을 멀게 하거나 희생을 강요한 것은 아니다. 그렇지만 눈을 뜨고자 하는 욕망만으로 심 봉사는 무책임한 선택을 하고, 그 결과는 청이의 죽음으로 귀결된다. 이런 비극적 결과를 의도하지는 않았다 할지라도 대책 없는 약속의 결과가 무엇이리라는 것을 예상치 못할 만큼 심 봉사의 눈은 깊이 멀어 있다.

이번에는 심 봉사와 청이를 아버지와 딸로서가 아니라 심 봉사와 스님의 관계처럼 심 봉사라는 원형적 남성과 그 내면에 있는 어린 여성성으로 보자. 이런 관점에서 보았을 때 취약한 여성성을 희생하여 자신의 발전 혹은 욕심을 채우는 심 봉사의 이미지가 말해 주는 심리적인 의미는 무엇일까?

심리학적으로 인간은 누구나 양성이라고 한다. 남성의 경우 무의식 내에 여성성이 존재하는데, 이를 남성의 아니마(anima)라 하고 또 여성의 경우 무의식에 남성성이 존재하는데 이를 아니무스(animus)라 한다. 남성 내면의 여성성 아니마는 남성의 필링(feeling) 기능과 관련된다. 필링이란 느낌이나 감정, 혹은 감각, 열정, 무드, 직관력까지 포함한다. 그리고 내면에서 일어나고 있는 감정이나 정서가 의존하고 믿을 만한 자생적인 것인지, 아니면

가부장을 치유하는 풍요로운 잔치 마당

사회 문화적인 평가나 죄책감 등으로 채색된 것인지 구분하고 그 느낌을 정확하게 표현하는 기능도 포함한다.

앞서 심 봉사의 아내가 죽는다는 사실은 심 봉사가 내면의 여성성과 단절됨을 의미한다고 했다. 그리고 청이의 죽음이란 여성성이 존중되지 않는 극단적인 남성성 우세의 사회에서 어린 여성성은 이토록 쉽게 희생될 수 있으며 청이 이야기처럼 비극으로 끝날 수 있다는 사실을 보여 주고 있다. 청이의 죽음으로 심 봉사는 어둠이 환하게 밝아지는 것이 아니라 더욱 짙은 어둠의 세계로 떨어지게 된다.

자신의 내적인 감정과 차단된 사람이 존재한다는 것이 이상하게 느껴질지 모르겠다. 그러나 우리 모두는 수천 년 남성성 우세의 역사 속에 살아왔고 그 동안 집단의 문화가 여성성의 특질인 필링의 가치를 중시하거나 격려하거나 존중하지 않았다. 우리 개개인과 집단 전체에 의해 여성성은 억압되고 무시되어 온 것이다. 원형적인 인물, 심 봉사가 여성성과 단절되어 암울함에 갇혀 있다는 이미지는 이야기가 묘사하는 극적으로 과장된 한 인물 이상의 의미를 지니고 있다.

우리의 일상에서는 남성성의 원리에 속하는 진보, 성장, 발전, 효율의 원리가 일방적으로 강조되고 있다. 대조적으로 여성성의 원리인 감정, 느낌, 무드, 의미, 가치는 훨씬 빈번하게 희생되고 있다. 자기 자신에게 진실로 물어 볼 일이다. 목표 달성, 혹은 생산량에 도달하기 위해 내면을 돌아보고 탐구하는 시간이 자주 우선순위에서 밀려나지 않는가? 외적인 가치를 주장할 때 내적인 감정들이 쉽게 묵살 당하지는 않는가? 이런 공간, 이런 삶의 방식에서 청이의 희생은 끊임없이 일어난다.

우리 삶의 터전이 얼마나 일방적으로 남성성이 우세한 사회이며, 개개인의 심리가 얼마나 깊이 남성성의 원리에 길들여져 있는지 증거해 주는 한 단면이 대통령 탄핵 사건 당시 국회의 모습이었다. 국민을 대표하는 기관인 국회가 탄핵을 둘러싼 논쟁을 벌이는 과정에서 보여 준 모습은 일방적으로 남성성이 우세한 사회의 한 단면을 드러냈다고 생각한다.

남성성의 논리란 분할하고, 구분하고, 추상적이고, 이분법적인 것이다. 반면 여성성의 논리란 통합하고, 연결하고, 애매함을 허용하고, 역설적이다. 탄핵이냐 아니냐, 이것 아니면 저것의 싸움 과정 그 어디에도 여성적인 논리는 등장하지 않았다. 경제 성장, 자연 개발, GNP 증가와 효율과 편의만을 위해 매진해 왔던 지난 수십 년 간 편향된 집단 에너지가 개개인 심리에 얼마나 깊은 영향을 미쳤는지 생각하게 해 준 사건이었다.

남성성의 논리와 여성성의 논리가 어떻게 다른지 보여 주는 단순한 우화가 있다. 어느 성인(聖人)이 배를 타고 지구 남반부에 있는 대륙으로 접근하고 있는데 해변에 수많은 사람들이 검은 정장을 하고 나와서 성인을 환영하는 모습이 보였다. 감동한 성인은 이들 모두에게 신의 은총을 내렸다.

그러나 대륙 가까이 다가간 성인은 자신이 은총을 내린 대상이 펭귄임을 알게 되었다. 이 사건으로 하늘나라에서는 신학자들 사이에 심각한 논쟁이 벌어졌다. 영혼이 없는 펭귄에게 은총을 내렸으니 이제 펭귄에게도 영혼을 주어야 하느냐 말아야 하느냐가 쟁점이었다. 논쟁이 끝도 없이 지속되던 중 누군가 테레사 성녀에게 물어 보자고 했다. 성녀는 펭귄에게도 영혼을 주라고 말했다. 그러나 사람보다는 조금 작은 걸로.

흑과 백의 갭을 줄이고 분리된 것을 결합하는 것이 바로 여성성의 원리이다. 우리 국회가 보여 준 모습은 펭귄에게 영혼을 줄 것인가 말 것인가의 논쟁뿐이었다. 국회의원 중 상당수는 여성 의원이었으나, 지금 나는 여성과 남성을 이야기하는 것이 아니라 여성성과 남성성을 말하고 있다는 점을 분명히 한다. 남성도 여성성을 가지고 있고 여성도 남성성을 가지고 있다. 한 사람 안에 이 둘이 잘 계발되어 조화를 이룬 사람이 성숙한 인간이다. 그러나 국회가 보여 주었던 이미지는 남성성에만 가치매김을 하고 그에 따른 보상을 해 온 기나긴 역사의 산물이었다.

여성성이 억압되고 미발달한 공간은 심 봉사의 이미지처럼 외롭고 공허하고 암울하며, 궁극적으로 삶의 의미와 가치를 상실하고, 한 생명체로 완전히 살아 있다는 느낌과 차단된다. 삶의 경이나 신비는 찾아볼 수 없고 자연히 생명과 생기가 빠진 기계 같은 모습이 되어 간다. 현대에는 여성도 남성도 무의미, 무가치, 공허함을 느끼는 현대병에서 예외가 아니다.

가부장제 사회의 남성은 예외 없이 심 봉사처럼 상처를 받았다. 일 년에 절반은 인도에서, 나머지 절반은 미국에서 생활했던 융 정신분석가 로버트 존슨은 자기가 인도에 가는 이유 중 하나로 인도에서는 상처받지 않은 남성들을 만날 수 있기 때문이라고 말했다. 나는 상처받지 않은 남성의 이미지란 어떤 것일까 늘 궁금했다.

그리고 인도 영화 〈몬순웨딩〉을 보면서 존슨이 말한 상처받지 않은 남성이 바로 이런 모습이 아닐까 생각해 보았다. 〈몬순웨딩〉에는 자신의 감정을 쉽게 표현할 수 있는 남성, 원리나 원칙이나 체면 때문에 사랑과 인간애를 희생시키지 않는 남성, 그러면서 자신이 지키고 보호해야 하는 것에 대해 단호한 자세를 가진, 참 아름다운 세 명의 남성이 등장한다. 권위를 내세우거나 힘을 과시해야 하는 과장이 이들에겐 필요 없다. 이 영화를 통해 자연스럽고 아름다운 성숙한 남성들을 꿈꾸어 볼 수 있게 되었다.

여성들 또한 심각하게 여성성에 상처를 입고 있다. 남성성에만 가치를 두고 보상하는 사회에서 여성은 남성성의 원리를 수용하고 적응하고 모방하며 살 수밖에 없다. 자기 안의 여성성의 진정한 힘을 인식하지 못하고 자기 안의 아름다움을 발견하지 못하기 때문에 여성 또한 심 봉사의 병을 앓고 있다. 언젠가 상처받은 여성성의 극을 보여 주던 한 친구가 서서히 여성성의 진정한 힘과 아름다움을 만나게 된 과정을 들려 준 적이 있다.

그녀는 6·25 때 혼자 월남하여 살아남아야 했던 강인한 어머니 밑에서 자란 친구다. 이 어머니는 대단히 공격적이고 분노가 많고 강압적인 사람이었다. 따라서 이 친구에게는 학교만이 자신의 가치를 증명할 수 있는 곳이었다. 공부를 잘했고 항상 뭔가를 성취하려 노력했고 우수한 학생으로 자신을 드러냈다.

그녀는 대학을 졸업하고 직장 생활을 하다가, 이탈리아에서 중국까지 여행하는 마르코 폴로 탐사 루트를 따라 가는 대장정에 합류할 기회가 있었다. 탐사 도중 멤버 중 한 남자가 "너는 참 아름다운 여성인데 온통 잡다한 문제들로 뒤죽박죽되어 자신의 진정한 힘인 여성적인 아름다움을 이해하지 못하고 있어"라고 말했다. 그러면서 "너에게 가장 필요한 것은 자신의 참 아름다움을 발견하는 거야"라고 덧붙였다고 한다.

그것은 그녀가 처음으로 누군가에게 아름답다는 말을 진지하게 들은 순간이었다. 이때부터 '나의 참 아름다움이란 무엇인가'라는 질문이 그녀의 화두가 되었다. 여러 해 동안 내면 작업을 하면서 서서히 자신이 정말 아름답다는 사실을 인식하게 되었고, 자신이 지니고 있는 여성적인 힘이 무엇인지도 알게 되었다고 했다.

"여성으로서 네가 지니는 최고의 아름다움이 무엇이라고 생각해?"라고 물었더니 그녀의 답은 "how to feel", 어떻게 느끼는지 안다는 것이었다. 한 인간이 자신이 무엇을 느끼는지 아는 것은 너무도 당연하게 생각되나, 머리로만 살아온 이전의 자신은 무엇을 느끼는지 이해하지 못했다고 한다. 더욱이 자기 몸에서 일어나는 감정이나 직관을 존중하고 신뢰한다는 것이 무슨 의미인지 모르고 살았다고 한다. 그러나 이제는 중요한 결정을 내릴 때 이

성적 판단보다는 자기 내면에서 우러나는 감정, 느낌, 직관에 더 의존한다는 것이다. 현재 그녀는 자기 스스로를 신뢰하고 또 자기 내면의 힘을 느끼면서 살아가고 있다.

각자 자신에게 물어 보면 어떨까? 나는 어떻게 느끼는지, 그리고 무엇을 느끼는지 알고 있는가? 과연 나 스스로 내 느낌과 감정을 존중하고 신뢰하고 따르면서 살아가고 있는지 자문해 보자.

청이의 희생은 여성성이 억압된 가부장적인 남성 혹은 남성성 위주의 사회에서 여성성이 얼마나 쉽게 희생될 수 있고 또 취약한지 보여 주는 한 예가 될 수 있다. 빠르게 달성하고 성취해야 하는 목표지향적인 사회일수록 개개인의 느낌이 쉽게 무시된다. 그러나 심청의 이야기는 여성성이 무시된 결과 우리 각자가 얻게 된 것은 바로 심 봉사가 보여 주는 어두움, 외로움, 공허함임을 웅변하고 있지 않은가.

지금까지 심청을 심 봉사의 내면의 여성, 심 봉사의 여성성으로 다루어 왔다. 이번에는 심청을 독자적인 여성으로 두고 그녀의 목소리, 그녀의 감정을 이야기에서 되살려 보자.

【 심 청 : 효 녀 인 가 ? 】

나는 어려서 청이가 참 갸륵하고 어여쁘고 착한 아이라 믿었다. 청이가 보여 주는 효가 당연한 가치처럼 교육되었다. 그러나 지금 이 시점에서 심청의 이미지는 수많은 의문을 불러일으킨다.

심청은 아버지를 봉양하기 위해 어린 나이에 갖은 고초를 겪는다. 하루하루를 책임져야 하는 소녀 가장이다. 아버지가 풍기는 어둡고 암울하고 침울한 분위기가 청이를 압도한다. 이런 주변 환경과는 상관없이 그저 착하고 아름답고 친절하고 갸륵하고 부지런한 천사표가 되는 것이 실제로 가능한

일일까?

꿈을 통한 내면 작업을 할 때면, 언제나 최선을 다해서 착하게 살아가려고 애쓰지만 내면이 우울함으로 가득한 사람들을 많이 만나게 된다. 자신보다는 남의 편의와 안녕을 먼저 고려하는 사랑의 실천가들이다. 그러나 이들에겐 생기가 느껴지지 않는다. 내면화된 우울함이 깊이 배어 있는 이들의 꿈에는 종종 가면이 등장한다. 심한 경우, 가면이 완전히 얼굴 피부로 고착해버린 경우도 있다. 착하고 부지런하고 효심이 깊다는 모범 답안의 이면에는 자기 내면의 진실보다 남이 제시해 주는 진실을 추종하려는 의지가 들어 있는 게 아닐까? 그렇게 살아가는 이들에게 가면은 필수다.

모범 답안 콩쥐의 이미지에서 생명의 기운으로 톡톡 튀어 오르는 신바람과 살맛과 생동감을 느낄 수 있는가? 착하고 바르게 살려는 의지가 강하고 선행을 많이 실천하는 사람이 꼭 충만하고 즐겁고 환희나 기쁨으로 가득한 얼굴을 하고 있는 것은 아니다. 삶이 충만한 사람들을 만나면 진정으로 살아 있다는 느낌이 얼굴뿐만 아니라 온몸에서 저절로 풍겨 살맛이 전염되는 느낌이다.

그렇다고 바르게 살아가려 애쓰는 사람들을 흠집 내려는 의도는 없다. 사실 이건 지나치게 개인적인 느낌인지 모르겠다. 나는 바르게 살려고 애쓰는 사람들을 많이 만난다. 그러나 참으로 살아 있다는 느낌이 물씬 배어나오는 사람은 만나기가 쉽지 않다. 나의 이런 느낌과 같은 맥락인지는 모르겠으나, 한국을 방문했던 미국의 저명한 여류작가 한 사람이 한국 여성의 얼굴에는 기쁨(joy)이 보이지 않는다고 했다. 가슴에 깊은 잔영을 남긴 표현이었다.

청이의 이미지에는 애잔한 아픔이 배어 있다. 그녀의 선함과 그녀의 성실함이 사랑스럽다. 그러나 세상이 칭송하는 착하고 아리따운 효녀란 말이 곱게만 받아들여지지 않는 이유는 기쁨이 드러나지 않기 때문이다. 청이는 아버지로부터 적절한 양육이나 보호를 받지 못하고 자란다. 그리고 너무 일찍 삶의 무게에 짓눌려, 주어진 아이-어른 역을 감내해야 한다. 설상가상으로 태어나는 순간부터 어머니가 없다. 아버지가 주었어야 할 보호와 안정감, 그리고 어머니가 주었어야 할 양육과 따스함이 청이에게 빈자리로 남아 있다.

심리학적으로 이런 환경에서 자라나는 여성의 심리는 흔히 양극단을 보인다. 하나는 남성을 모방하여 남성의 세계에서 남성적인 방법으로 살아가는 경우다. 대개 지나치게 야망 지향적이거나 냉혹한 지성의 소유자가 되는 경향이 있다. 또 다른 극은 지나치게 '여성적인' 것이다. 주로 병적으로 과잉 친절을 베푸는 유형이다. 심청이 이런 경우가 아닐까? 이런 사람들에게는 '여자답다'거나 '현모양처 감'이란 칭찬이 뒤따른다.

여자가 여자답다거나 여성적이라는 표현은 진정 소중하고 사랑스러운 표현이다. 그러나 여성 내면의 자생적인 힘이나 자부심, 자기 안에서 발견한 아름다움에 의해서가 아니라 사회, 문화가 이상적으로 그려낸 여성의 모델에 부합하려는 여성을 여자답다고 한다면 분명 이런 표현은 여성들이 극복해야 할 문제일 것이다.

심청이 아버지를 위하여 공양미 삼백 석을 받고 몸을 던지는 이미지를 어떻게 보아야 할까? 소극적인 여자아이가 남성 중심적인 사회에서 강요하는 '효'라는 가치를 수동적으로 답습하는 것으로 보아야 할까, 아니면 아버지를 살리기 위해 자기 목숨까지 내어 놓는 천지가 감동할 희생으로 보아야 할까?

희생은 선택권이 주어진 상태에서 의식적으로 판단하는 행위를 의미할 것이다. 더 큰 의식의 진화를 위해 작은 의식을 기꺼이 포기하는 것을 희생이라 생각한다. 그러나 이 이야기에서는 심청에게 선택권이 주어지지 않는다. 내버려 두면 아버지가 어떤 위험에 처할지 모르고 아버지를 살리자면 자신의 목숨을 내어 주어야 한다. 이래도 저래도 이기는 길이 없는 이런 상황은 희생보다는 악마와의 거래(devil's bargain)라고 하는 것이 정확할 것 같다. 아버지의 무의식적인 결정에 부화뇌동하는 것을 희생이라 표현할 수 있을까? 심청은 왜 자기에게 주어진 상황 앞에서 질문하지 않는 것일까?

과연 공양미 삼백 석이면 아버지가 눈을 뜰 수 있을까? 아버지는 왜 그런 어리석은 선택을 할 정도로 심리적으로 약한가? 아버지 사회가 말하는 효라는 가치가 자식에게 무조건적인 희생만 강요한다면 이것이 진정한 효인가, 아니면 왜곡된 억압인가? 착한 선택이 과연 최선의 선택인가? 심청이 효녀라면 문제를 정확하게 직시하고 판단하는 아버지의 이성의 눈이 되어 주었어야 할 것이다.

혹시나 청이가 무조건적인 복종 혹은 무비판적인 수용을 했기 때문에 공양미가 시주되고도 심 봉사가 눈을 뜨지 못한 것은 아닐까 생각해 보게 된다. 심청의 거룩한 희생 뒤에는 의식적이고 자발적인 선택이 아니라 강요된 규범을 수동적으로 받아들이는 소극적인 자세가 숨어 있었는지 모른다.

이 이야기에서 제시되는 이미지만으로는 우리의 이러한 질문에 명확한 답을 내릴 수 없다. 어찌되었건 청이는 인당수에 몸을 던졌고 거대한 바닷물에 분해되어 사라져버린다. 이전의 이미지로 새롭게 태어난 대상을 표현할 수 없을 만큼 심리적으로 큰 변화가 일어나는 순간 등장하는 상징이 바로 죽음이다. 이 죽음으로 청이에게서 사라져야 할 것이 무엇이고 다시 태어나야 할 것은 무엇인지, 이야기에 제시되어 있지는 않지만 상상력으로 그 행간을 채워 보자.

【 연 꽃 으 로 탄 생 하 는 심 청 】

모든 죽음은 단절의 아픔과 분해의 고통을 수반한다. 바다라는 생명의 원천이 심청에게는 무덤이고 또 동시에 자궁이다. 기존의 심청은 죽고 완전한 모습인 연꽃으로 새롭게 등장한다. 어떻게 이 과정이 가능했을까? 이 과정은 심청 이야기에서는 완전히 빠진 부분이다. 어떤 버전에서는 심청이 용궁으로 가서 엄마를 만나기도 하지만 어릴 때 흔히 듣던 이야기 전개 방식은 아니다. 용궁 이야기 역시 인당수 아래에서 일어난 일에 대해 상상력을 발휘하여 채워 보려는 시도에서 탄생했을 것이다.

침묵으로 표현되는 바다 속의 여정을 함께 떠나 보자. 이 여정은 앞으로 이 책에서 만나게 될 다른 이야기들을 해석하는 데에도 영감을 줄 수 있을 것이다. 먼저 죽음과 재탄생이라는 큰 변혁의 순간에 인당수에 분해되어 죽어 가야 할 부분이 무엇인지 생각해 보자.

우선 내면화된 우울을 꼽을 수 있을 것이다. 사람들은 자기 내면의 감정과 정서와 직관적인 목소리를 들을 수 없을 때, 그저 일반적으로 제시되는 준거나 가치 기준을 수용하고 따르려 한다. 그러나 일반적 준거나 도덕이 항상 개인의 성장이나 행복과 일치하는 것은 아니다. 사람들의 꿈을 탐구하다 보면 개인의 깊은 내면의 요청은 가끔 사회적 준거와 상반된다는 사실을 확인하게 된다. 대다수 여성이 자기가 진정으로 원하는 것을 표현하려 할 때면 '나는 나만 생각하는 이기적인 사람이 아닌가' 하는 의심을 하게 된다. 이런 자기 의심이 여성이 갖는 최대의 함정이 아닌가 생각한다.

자라면서 여성들에게 주어지는 이미지는 대부분 청이처럼 행동해야 착하고 바르다는 것이다. 따라서 '내가 진짜 원하는 건 그게 아니야' 라는 표현은 대단한 용기를 필요로 한다. 그리고 그러한 자기주장이 이기적인 것인지 아닌지는 자신에게 진실하다면 본인이 가장 잘 알 수 있다. 문제는 자기 내면에서 요청하는 목소리를 듣고 신뢰할 수 있느냐이다. 자신의 마음속 깊은 곳에서의 요구를 거듭거듭 무시하다 보면, 어느새 얼굴에서 기쁨이 발견되지 않는 사람, 생명의 기운이 시들어 가는 사람이 될 것이다. 이렇게 삶에 대한 소극적인 태도와 자신을 의심하는 태도는 분명 인당수에 분해되고 죽어야 한다.

수동적인 것과 수용적인 것의 차이를 구분하지 못하는 무분별 또한 인당수 아래로 사라져야 한다. 수동적인 것은 게으름에서 비롯된다. 자신의 이성, 자신의 판단을 따르기보다 주어진 것을 무의식적으로 받아들이는 것이다. 반면 수용적인 자세는 상황을 충분히 이해하고 의식적으로 판단하여 받아들이는 적극적인 자세다. 심청이 심 봉사의 무책임한 결정을 받아들여 자신의 목숨을 내어 놓는 것이 수동적인 행동인지 수용적인 행위인지는 각자 생각해 보자.

그리고 여자답다, 착한 딸, 효녀라는 표현과 한 여성으로서 진정한 내면의 자생적인 힘을 발견하여 자신을 신뢰하고 존중하고 힘과 자존감이 넘치는 여자다움을 구분하지 못한다면 이런 무분별은 분명 인당수에서 죽어야 한다. 여성성을 참 아름다운 선물이라 표현하자 난감해 하던 후배가 이후 자기 안의 여성의 자생적인 힘을 찾은 이야기가 있어 소개한다.

호주에서 자연과학을 공부했던 이 후배는 권위적인 남성의 대명사라 할 수 있는 아버지와 그 아버지의 기세에 눌려 자신의 의견 한번 분명하게 표현하지 못한 연약한 어머니 밑에서 자랐다. 이 후배는 자신이 언젠가는 남자로 변신할 거라는 믿음을 간직하다가 초경이 있던 날 더 이상 그 믿음이 실현되지 않는다는 사실을 알게 되었다.

외모도 분위기도 남성적인 에너지가 강한 후배다. 하지만 박사 과정을 마치고 자기 분야에 전문인으로 자리를 잡아 가는 지금도 권위적이고 가부장적인 남성들 앞에서는 여전히 주눅이 들고 어떻게 대처해야 할지 모른다. 지금은 아버지와의 관계 회복을 위해 많은 노력을 기울이고 있고, 자신을 알기 위해 내면 작업을 다양하게 시도하고 있다. 이 친구가 최근 꿈 워크숍을 다녀와서 나누어 준 꿈 이야기다.

오른편에 문이 나 있는 생명력이 전혀 없어 보이는 잿빛 사무실 안에 서 있다. 한 남자가 반쯤 열린 문 옆에 서서 나를 향해 총을 겨누고 있다. 나는 반대편 벽 근처에 서 있는데, 머리를 보호하기 위해 양팔로 머리를 감싸 안고 있다. 두려움보다는 약간의 긴장과 흥분까지 느낀다. 잠시 기다리다가 내가 갑자기 머리를 들면서 그 남자를 향해 세 발의 총을 쏘아 그 남자를 죽인다.

다음날 포커싱(focusing)이란 방법으로 이 꿈의 이미지를 작업하다가, 후배는 방 안에 여성적인 이미지가 전혀 없었다는 사실을 깨닫게 되었다. 그리고 그렇게 꿈속의 방 안 이미지에 집중하던 중 갑자기 방 안이 푸르고 흰 빛으로 채워지면서 자신이 스커트를 입고 방에 서 있는 모습을 발견하게 되었다. 그는 춤을 추지는 않았지만 스커트가 몸에 스치는 감각을 마음껏 즐기고 있었다.

평생 여성적인 것을 열등하게 생각하고 거추장스러워하던 이 후배는 더욱이 과학이라는, 대단히 머리를 요하는 반(反) 몸적이고 반(反) 여성적인 학문 분야에서 살다 보니 여성성이란 말 자체를 취약함으로 받아들이게 되었다. 그리고 꿈에서처럼 자신을 판단하고 감시하는 남성을 죽이면서 마침내 자기 안에서 여성적인 힘을 만나기 시작했다. 이제 이 친구는 새롭게 발견해 가는 여성성을 마음껏 즐기고 있다.

이 후배의 경우처럼 여성이 진정한 자신의 힘과 여성적인 아름다움을 발견하는 곳이 내면 세계다. 오랫동안 남성성 중심의 사회에 살아오면서 여성은 스스로의 힘을 이해하지 못했고 발견하지 못했고 신뢰하지도 않았다. 그 결과로 드러나는 현상 하나가 바로 우리 사회에 표출되고 있는 성형 붐과 같은 외모지상주의나 규격화된 아름다움의 기준에 자신을 맞추려는 노력들이 아닐까?

한국 여성이 세계에서 제일 아름다운 몸매를 가지고 있지만 자신의 몸에 대한 자부심은 제일 낮다는 내용의 기사를 홍콩에서 발행하는 한 잡지에서 읽은 적이 있다. 나는 성형을 반대하지 않는다. 그러나 아름다움을 왜 바깥에서만 찾으려 하는지는 묻고 싶다. 아름다움에 대한 열정은 너무나 강한 반면 방향을 잘못 잡고 있는 것은 아닌지 모르겠다. 단언하건대 여성이 자신의 진정한 힘과 아름다움을 찾을 수 있는 원천은 자기 내면이다. 자기 안에서 발견하는 아름다움이 진정한 힘이요, 자존감이며 또 자부심과 연결된다.

자연과학을 공부한 후배도, 대탐험의 원정에 올랐던 제자도 여성적인 아름다움을 만나는 것은 자기 안으로부터임을 보여 준다. 내면에서 만나는 아름다움이 참된 힘이다. 청이가 인당수에서 분해되고 죽어 가듯 여성들에게서 진정으로 죽어야 할 것은 여성이 자신의 힘과 아름다움을 느끼고 즐기지 못하게 하는 깊은 편견과 무지일 것이다.

실제 이런 죽음의 과정이 심청 이야기에는 드러나지 않는다. 오히려 뒤에 이야기할 콩쥐의 여정이 이런 과정을 구체적으로 제시하고 있다. 우리는 심청 이야기에서 죽음의 과정은 볼 수 없으나 심청은 무덤이자 자궁인 바다에서 연꽃으로 다시 태어난다. 연꽃은 무엇을 상징하는가?

연꽃의 미학은 진흙탕에 깊숙이 그 뿌리를 내리고, 흔들리고 요동하는 물 위로 줄기차게 생명의 힘을 솟아 올려 공기 위로 그 정제된 최고의 아름다움을 꽃피우는 데 있다. 아름다움이 꽃의 수려함에만 있다면 연꽃이 수많은 종교의 상징이 되지는 않았을 것이다. 혼탁한 진흙탕에 깊이 뿌리 내리지 않는 꽃의 아름다움은 감상적일 뿐이며, 세파와 연결되지 않는 천상적 숭고

함은 추상적일 뿐이다. 연꽃은 흙과 물과 공기, 지하와 지상과 천상이라는 온 세상에 두루 깊이 뿌리 내리고 있는 강인한 생명력의 결집이요, 완전한 아름다움의 결정체이다.

연꽃으로 태어난 청이는 참 자신의 발견으로 자기 안에 만개한 생명의 힘을 마음껏 발하는, 기쁨과 신비로 충만한 완전한 여성의 탄생을 의미한다. 청이가 왕비가 된다는 표현도 이런 최상의 힘과 아름다움을 성취한 여성이 최상의 아름다움과 힘을 가진 남성을 상징하는 왕과 결합한다는 의미다.

【 잔 치 : 그 풍 요 로 움 과 넉 넉 함 】

왕비가 된 청이는 맹인 잔치를 연다. 잔치란 삶의 풍요함을 나누고 감사하고 축복하는 의례이다. 푸짐한 음식을 만끽하고 음악과 무용이 흥취를 더하고 살맛과 멋을 마음껏 표출하고 즐기는 장이다. 처음 이 이야기를 시작했을 때의 암울함, 가난함, 어두움과 완전히 대조적인 이미지이다. 잔치가 일어나는 공간에서는 공기도 땅도 풍성하고 사람도 그 속에서 생명의 기운을 되찾는다.

전국의 모든 맹인이 다 등장하는 궁궐을 연상해 보자. 완성된 인간, 즉 연꽃의 향을 발하는 왕비와 왕의 에너지가 그득한 공간에서 모든 답답하고 암울하고 빈곤한 영혼이 영향을 받아 풍요로움과 넉넉함을 누리고 즐길 수 있다는 의미가 아닐까? 이 부분을 어느 강연에서 이야기하는데 참석자 한 사람이 자기가 기억하는 심청전은 마지막에 심 봉사만 눈을 뜨는 것이 아니라 잔치에 참여한 봉사들이 모두 다 눈을 뜬다는 것이었다. 맞고 아니고를 떠나 귀한 이미지이고 소중한 통찰이다.

이야기로 되돌아가 잔칫집의 여흥을 즐겨 보자. 잔치의 맨 마지막 순간, 심 봉사가 궁궐로 온다. 청이를 얼싸안는 순간 봉사의 눈이 번쩍 떠진다. 심 봉사의 어두움, 우울함, 암울함의 베일이 마침내 걷히게 되는 이 이미지의 계기는 바로 청이라는 새롭게 만개한 여성성을 다시 얼싸안는 것이다. 처음 이야기를 시작할 때 심 봉사의 '심'이라는 가라앉음, 무거움, 우울함, 어두움은 아내의 죽음으로 상징되는 여성성과의 단절과 관련되어 있다고 했다. 이 어두움은 마땅히 여성성과 다시 결합함으로 해결된다.

물론 심청이 왕비가 되었다고 심 씨 성이 사라진 것은 아니다. 그러나 이때의 '심'은 가라앉음, 우울, 암울함이 아니라 이 한스런 어두움을 극복하면서 얻는 심오함이다. 그런 의미에서 우리 사회에 만연한, 그리고 누구나 두려워하는 우울증은 내면으로의 탐구를 요청하는 초대일 수 있다. 이는 항우울제로 극복할 일이 아니라 진정으로 영혼이 원하는 목소리를 들음으로써 치유할 수 있다.

앞서 심 봉사를 원형적 인물이라 했다. 이 원형적 인물, 심 봉사는 남성성이 극단적으로 우세한 사회에서 오랫동안 여성성을 존중하거나 계발하지 않아, 마침내 여성성과 완전히 단절된, 황폐하고 암울한 심리 상태를 가진 이의 전형적인 모습이다. 일방적으로 남성성이 우세한 사회에서 여성은 자신의 진정한 힘과 아름다움을 찾도록 격려받거나 그것을 찾을 방법이 적절히 제시되지 않는다. 그러나 그러한 사회에서는 여성들만 고통을 받는 것이 아니다. 남성 내면에 있는 여성성 또한 깊이 상처를 받는다. 이런 남성의 증세는 자신이 참으로 살아 있다는 느낌이나 감정으로부터 유리되고 삶의 의미를 잃어 가는 것이다.

청이의 희생이나 우리 산천에 즐비한 처녀귀신으로 화한 수많은 어린 딸들의 이야기는 남성성의 원리에만 가치를 매기고 보상하는 편향된 사회에서 여성성이 이토록 쉽게 희생될 수 있다는 여성성의 운명을 보여 준다.

지혜의 보고인 옛이야기는 집단 심리의 문제만 부각시키는 것이 아니라 해결의 실마리도 제공한다. 이야기의 갈등도 해결책도 첫머리에 제시된다고 앞서 말한 바 있다. 청이 이야기는 현대인이 안고 있는 가장 심각한 문제 중 하나인 삶의 우울함, 공허함, 외로움, 무의미, 무가치가 극단적인 남성성 위주 사회의 당연한 산물임을 보여 준다. 이런 오랜 눈멂에서 탈피하는 길은 청이라는 만개한 여성성을 다시 얼싸안는 이미지로 제공되었다. 바다 위로 떠오른 연꽃처럼 여성성을 꽃피워낼 때, 암울했던 회색의 땅은 잔치 마당으로 변해 가는 것이다. 그 구체적인 방안을 다음 장의 콩쥐팥쥐 이야기에서 찾아보자.

콩쥐는 신데렐라 콤플렉스에 걸리지 않았다

콩쥐팥쥐

옛날 옛날에 콩쥐라는 마음씨 착한 아이가 있었는데 어머니는 일찍 돌아가시고 아버지와 단 둘이 살고 있었다. 아버지가 재혼을 하자 계모가 팥쥐라는 동생을 데리고 왔다. 계모의 등장과 함께 집안에서 콩쥐의 자리는 부엌 바닥이 되었다. 손끝에서 물이 마를 새가 없고 힘든 일은 늘 콩쥐의 차지였다.

어느 날 계모는 콩쥐에게 나무 호미를 주면서 산 넘고 물 건너 집에서 가장 멀리 있는 밭을 찾아 가서 매라고 했다. 팥쥐에게는 쇠 호미를 주며 집 뒤뜰에 있는 채소밭을 매라고 했다. 밭에 도착한 콩쥐는 돌부리로 뒤덮인 황무지 같은 밭의 크기에 기가 질렸다. 밭을 매기 시작하자마자 나무 호미가 돌부리에 부딪혀 부러져버렸고 막막한 콩쥐는 밭고랑에 주저앉아 엉엉 울기 시작했다. 그때 어디선가 검은 소 한 마리가 나타났다. 소는 콩쥐가 왜 울고 있는지 물었고, 여차저차 상황을 설명하자 검은 소는 순식간에 밭을 매 주고는 어디론가 사라졌다.

며칠이 지나 계모는 팥쥐를 데리고 잔칫집에 가면서, 콩쥐에게 부엌에 있는 항아리에 물을 가득 채워 놓으라고 했다. 콩쥐가 물을 길어 붓자 항아리 밑으로 물이 다 새어 나갔다. 항아리 바닥이 깨져 있었던 것이다. 아무리 궁리해도 대책이 없는 콩쥐는 그만 부엌 바닥에 주저앉아 엉엉 울기 시작했다. 그때 갑자기 어디선가 커다란 두꺼비 한 마리가 나타나 콩쥐에게 왜 우는지 물었다. 여차저차 상황을 설명하자 두꺼비는 항아리 속에 들어가 몸을 뉘어 깨어진 구멍을 막았고, 콩쥐에게 물을 길어 부으라고 했다. 그때서야 콩쥐는 항아리에 물을 가득 채울 수 있었다.

다음날은 친척집에 잔치가 있었다. 잘 차려 입고 팥쥐와 잔칫집을 향하던 계모는 콩쥐에게 마당에 쌓아 둔 볍씨의 껍질을 한 톨도 남김없이 까서 쌀가마니에 넣어 두고, 일을 다 마치면 잔칫집에 와도 된다면서 길을 떠났다. 콩쥐가 마당에 나가 보니 볍씨는 산더미처럼 쌓여 있었다. 몇 날이 걸려도 할 수 없는 양이라, 콩쥐는 땅바닥에 퍼질러 앉아 울기 시작했다. 그때 하늘에서 한 무리 참새 떼가 날아 왔다. 콩쥐에게 왜 우는지 묻고 여차저차 상황을 이야기했더니 참새 떼들이 달려들어 순식간에 볍씨를 까 주었다.

일을 다 마무리하고 나자 검은 소가 다시 콩쥐 앞에 나타났다. 검은 소는 콩쥐에게 비단옷을 입히고 꽃신을 신기고 예쁘게 치장하여 잔칫집에 갈 수 있도록 도와주었다. 서둘러 잔칫집을 향하던 콩쥐는 길에서 고을 원님의 행렬과 마주치고, 급하게 행렬을 피하려다 그만 꽃신 한 짝을 떨어뜨린다. 콩쥐가 잔칫집에 당도하자 얼마 지나지 않아 포졸들이 나타나 원님이 꽃신 임자를 찾고 있으며, 그 임자와 결혼할 것이라는 사실을 고했다. 잔칫집에 있는 모든 여인들이 꽃신을 신어 보았지만 꽃신이 발에 맞는 여인은 없었다. 마지막으로 콩쥐가 신자 원님은 길에서 만났던 바로 그 아름다운 여인임을 한 눈에 알아보았다. 둘은 결혼하여 행복하게 잘 살았더란다.

【 콩쥐 : 어떻게 볼 것인가? 】

콩쥐를 치열한 삶 속에서 지혜를 겸비해 나가는 영웅으로 보아야 할까, 아니면 몽상만 하다가 운이 좋아 원님에게 발탁되어 팔자를 고친 신데렐라 콤플렉스의 대명사로 보아야 할까?

되풀이 강조하지만 이야기 풀이에는 다양한 시각이 허용된다. 풀이에 정답이란 있을 수 없다. 이런 풀이가 맞느냐 아니냐의 문제보다는 어떤 풀이가 더 많은 통찰과 의미를 제공하는가가 관건이다. 다양한 시각으로 이야기에 접근할수록 더 많은 가능성이 보이고 더 깊은 상상력의 세계로 들어갈 수 있다. 이것이 바로 옛이야기를 수없이 되새김질하며 매번 다른 맛을 음미하는 이유이다. 콩쥐를 자랑스럽고 용감한 영웅으로 보느냐, 아니면 수동적이고 어리석게도 신분 상승이란 환상을 추구하는 여성으로 보느냐 하는 시각 모두 중요하다. 신데렐라 콤플렉스로 보는 시각의 풀이는 이미 익숙하고, 여기서는 제목에서 명시했듯 콩쥐를 영웅의 시각으로 접근해 보려 한다.

　콩쥐를 영웅이라 생각하는 이유는 이 이야기에 등장하는 상징들을 통해 콩쥐 내면에서 영웅적 세계관을 발견할 수 있기 때문이다. 이야기의 상징들은 우주적인 보편성을 지닌다. 여성성이란 말이 화두로 떠오르는 이 시기에 콩쥐 이야기에는 여성성을 계발하기 위한 구체적인 과제들이 제시되어 있어 그 중요성이 부각된다. 지금 우리가 가장 절실히 필요로 하는 여성성 계발을 위한 단순하고 적절한 이미지를 제공해 주기 때문이다.

【 좋은 　어 머 니 와 　나 쁜 　어 머 니 의 　분 리 】

　실제 콩쥐에게는 어머니가 둘이다. 사악, 잔인, 표독, 냉혹함, 파괴의 전형인 계모가 매일 일상에서 부딪치는 어머니이다. 그러나 콩쥐에게는 또 다른 어머니가 존재한다. 돌아가신 어머니가 콩쥐의 가슴에 중요한 자리를 차지하고 있다. 돌아가신 어머니는 계모와는 완전히 상반된 특질을 지닌다. 선함, 인자함, 따뜻함, 포근함, 완전한 사랑을 두루 지닌, 말 그대로 이상적인 어머니요 사랑의 체현이다.

　옛이야기에서는 주인공이 어릴 때 어머니가 돌아가실 경우, 새로 등장한 어머니는 계모의 일반적 편견인 마녀의 사악함을 보여 준다. 장화홍련, 백설공주, 헨젤과 그레텔, 바실리사 등의 이야기는 모두 좋은 엄마가 일찍 죽고 사악한 새엄마가 나타나 주인공을 괴롭히는 것으로 배경 설정을 한다.

이와 관련된 신문 기사가 있었다. '동화 속엔 왜 엄마가 없을까?'라는 제목의 기사였다. 그리고 신데렐라, 백설공주 등을 예로 들며 '어머니 부재의 원인 분석'이란 소제목을 달고 있었다. 외국의 어느 잡지 기사를 번역하여 살을 붙였는데 여러 이야기에서 어머니가 없는 주인공을 예로 들면서 자녀의 독립심을 길러 주기 위해서는 이야기에 등장하는 주인공들처럼 어머니의 과잉보호가 자제되어야 한다고 결론을 맺는다. 결론에는 동의하지만 동화 속에 어머니가 부재하다는 표현에는 이견을 표한다.

이 기사에서 예로 등장한 신데렐라, 백설공주, 빨간 모자 혹은 빨간 두건에는 모두 어머니가 등장한다. 앞의 둘은 계모로 등장하고 빨간 모자에서는 어머니와 할머니가 등장한다. 이 기사에서 '어머니의 부재'라고 했던 것은 계모를 어머니로 인정하지 않고 사악한 나라에서 등장한 남으로 보기 때문이다. 이런 시각은 자녀들이 계모나 마녀로 대별되는 어머니의 부정적인 특질을 이야기를 통해 자연스럽게 이해할 수 있는 기회를 앗아 간다는 점에서 위험하기까지 하다. 어머니 원형의 긍정적인 측면만 바라보고 자라다 보면 결국은 어머니 원형의 온전한 진실에 접근할 수가 없고 진실을 다루는 데 더욱 어려움을 겪을 것이다. 악마나 마귀 같은 계모에 대해서는 뒤에서 집중적으로 다룰 것이다.

여기서는 계모를 어머니로 인정하면서 풀이를 시도해 보려 한다. 콩쥐의 심리에서 좋은 엄마란 아직 미성숙한 아이가 자신이 간직하고 받아들이고 싶은 어머니의 모습으로, 나쁜 엄마란 콩쥐가 거부하고 싶고 받아들이고 싶지 않은 어머니의 모습으로 생각해 보자.

어린 아이들이 흔히 하는 표현 중, "엄마는 우리 엄마가 아니니까 나한테 화내는 거지? 크면 진짜 우리 엄마 찾아 갈 거야" 하는 식의 맹랑하고 얄궂은 선언이 있다. 유아기적 심리에서는 어머니에게 계모란 딱지를 붙임으로써 자신이 유지하는 심리적인 안전거리를 정당화하거나 어머니에 대한 거부감에서 발생하는 죄책감을 면할 수 있을 것이다. 반면 좋은 엄마란 돌아가시고 없기 때문에 더욱 더 이상화시키기 쉽다.

좋은 엄마의 이미지가 강하면 강할수록 나쁜 엄마의 이미지는 더욱 사악해진다. 실제로 성장 과정에서 어머니로부터 학대를 많이 받은 사람일수록 어머니를 지나치게 이상화시키는 경향이 강하다고 한다. 이렇게 자기 심리 안에 분리된 여성성을 가지고 있거나, 선과 악에 대한 이미지의 간극이 큰 사람일수록 일생 동안 얼마나 큰 고통을 받게 되는지 여실히 보여 주는 한 친구가 있어 소개한다.

이 친구 이름은 클레어다. 함께 신화 공부를 했고 박사논문을 동시에 시작했다. 독실한 가톨릭 신자인 이 친구의 논문 주제는 무조건적인 사랑이었다. 자기 딸과 자기의 이야기를 무조건적 사랑이란 이상에 적용해 보려는 의도였다.

클레어는 어머니를 포함해서 외가 쪽 여성들이 3대째 알코올의존증이었다. 이 친구가 그런 집안 분위기에서 도망칠 수 있는 유일한 길은 고등학교를 졸업하자마자 수녀가 되는 것이었다. 수녀원에서 5년 정도 살다가 그곳을 떠났다. 그리고 한동안 방황의 시간을 보내다가 괌으로 가서 영어 교사가 되었다.

교편 생활을 하던 어느 날 안면이 조금 있던 괌 원주민 여인이 다가와 밑도 끝도 없이 자기가 임신을 했는데 약혼자가 아이를 낳으면 헤어진다고 협박을 한다며 낙태는 싫고 아이를 낳을 테니 클레어가 엄마가 되어 줄 수 있느냐고 물어 왔다고 한다. 운명적 결정은 종종 찰나에 이루어지는가 보다.

그녀는 단 두 번도 생각해 보지 않고 그 자리에서 그러마고 답했으며, 그 대답이 얼마나 힘든 운명적 선택이 될지는 그 누구도 짐작하지 못했다. 그녀는 그 순간부터 임신한 여인의 몸이나 심적 변화를 함께 나눴고, 출산 방법과 과정도 함께 계획하고 함께 진통했다. 마침내 딸아이가 태어났고, 클레어는 그 아이를 바로 입양했다.

멜리아라는 이름의 이 딸에게 클레어는 자신이 어머니로부터 받아 보지 못한 모든 것을 해 주려고 최선을 다했다. 그런데 이런 멜리아는 초등학교에 다니면서부터 정신질환 편람(DSM)에 등장하는 다양한 진단명들을 하나씩 달아나가기 시작했다. 집중장애, 만성우울증, 경계성 성격장애, 마침내 정신분열증으로 진단되었다.

클레어의 일과는 딸의 상태에 따라 병원에서 학교를 왔다 갔다 하는 것으로 채워졌다. 게다가 멜리아는 자라 가면서 자신뿐 아니라 타인에게 가학 행위를 하기 시작했다. 주변 사람들에게 칼을 휘둘렀고, 결국 감옥과 정신병동을 오가게 되었다. 클레어가 논문을 시작할 때도 이런 상황이 지속되고 있었고 무조건적인 사랑은 클레어가 가슴 절절이 이루고 싶은 간절한 염원이었다.

논문 학기라 매 시간 소그룹으로 나누어 각자 자기 논문에 관한 생각이 발전해 가는 과정을 발표했고 나머지 학생들은 그에 대해 피드백을 주었다. 이 수업에서 클레어가 무조건적인 사랑이란 단어를 입에 올릴 때마다 사실 그 교실에 앉아 있던 모든 학생들은 온 몸에 알레르기 반응이 일어났다. 그러나 감히 누구도 클레어의 '간절한 염원'을 비판할 용기는 없었다. 그러던 어느 날 흰머리가 빛나는 할머니 교수가 "클레어, 무조건적인 사랑 같은 거룩한 표현은 성인들이나 하는 것이고 우리 같은 범인들은 찰나적으로 그 맛을 볼 뿐이야. 우리가 그런 거룩한 말대로 살아가려면 고통만 가중돼"라고 말했다. 나는 지금도 이 지혜로운 여인의 용기에 찬사를 보낸다.

두드러기 나게 거룩한 노래로 우리의 심기를 편치 않게 만들던 클레어는 논문을 쓰던 어느 날, "나는 좋은 엄마다. 그리고 때로 나는 나쁜 엄마다"라는 사실을 공개적으로 선언했고 우리 모두는 클레어에게 환호하고 갈채를 퍼부었다. 우연인지 모르지만 그즈음 멜리아도 많이 회복되었고 약물 치료를 받으면서 대학에 다니고 운전도 하게 되었다.

클레어처럼 좋은 엄마, 이상적인 엄마가 되기 위해 무조건적인 사랑같은 추상적인 개념을 현실에서 살아내려 하는 경우, 아무리 노력해도 도달할 수 없는 그 높은 목표 때문에 당사자는 죄책감만 가중된다. 좋은 엄마가 되겠다는 강한 의지만큼이나 자기 자신 안에서 일어나는 진솔한 감정을 부인하고 억압하고 통제하여 이중삼중으로 자기 고문을 하는 것이다.

클레어의 경우는 대단히 극적이다. 그러나 이 시대를 살아가는 우리는 누구도 좋은/나쁜, 혹은 친모/계모로 분리된 여성성의 이미지에서 자유로울 수 없다. 이야기들에 등장하는 분리된 여성성의 이미지는 우리의 집단 심리를 거울처럼 반영하고 있을 뿐이다.

문제는 이런 문화권에서 온전한 여성성, 즉 분리되지 않은 여성성의 모델을 찾을 수 없다는 데 있다. 따라서 이런 문화권에는 여성들이 온전한 여성으로 살아갈 수가 없다. 그리고 이러한 현상은 여성들에게만 영향을 미치는 것이 아니라 남성 내면의 여성성 즉 아니마(anima)에게도 분리의 고통을 준다. 이 여성성 분리의 원인과 현상에 대한 논의는 다른 기회를 기약해 본다.

지금까지 우리는 콩쥐의 어머니가 계모와 친모로 나뉜 것을 통해, 우리의 집단 무의식 속에 원래 하나였던 것이 둘로 분리된 이미지가 존재하고 있음을 알아보았다. 친/계모를 하나로 묶어 보았듯이 이번에는 콩쥐 팥쥐를 한 사람으로 묶어 들여다보자.

【 콩쥐 vs 팥쥐 : 성장과 안정의 서로 다른 두 욕구 】

'한 사람 안에 존재하는 서로 다른 두 영혼'이란 표현이 있다. 콩쥐 팥쥐 자매의 갈등을 한 사람 안에 존재하는 상이한 갈등으로 다루기에 앞서 우선 두 자매의 특징부터 살펴보자.

팥쥐의 행동 양식은 일거수일투족 어머니를 따라 다니는 것이다. 잘 차려 입고 어머니랑 잔칫집을 드나들거나 어머니 편에 서서 콩쥐를 핍박하는 데 가담하기도 한다. 팥쥐의 행동은 한마디로 어머니의 모방, 혹은 어머니 행위의 답습이라 할 수 있다.

콩쥐는 팥쥐와 정반대 성향을 보여 준다. 이야기 전체에서 콩쥐가 계모와 함께하는 모습은 등장하지 않는다. 전반적으로 콩쥐의 이미지는 혼자 무언가를 감당해내야 한다. 자기 안에서든 밖에서든 자연적인 힘에 의존하여, 계모와 팥쥐로부터 받는 끝없는 시련과 시기와 질투를 극복하면서 성장해 나간다.

지금부터 콩쥐와 팥쥐를 한 사람으로 묶어서 생각해 보자. 콩쥐 내면의 팥쥐 성향과 팥쥐 내면의 콩쥐 성향을 보는 것이다. 콩쥐 성향은 어머니의 영향권으로부터 벗어나 독립하고 끝없이 변화와 성장을 꿈꾸는 성장 욕구를 대변한다면, 팥쥐 성향은 어머니 품에서 벗어나지 않으려 애쓰며 성장과 독립보다는 어머니 품이 주는 안정과 편안함을 꾀한다. 말하자면 팥쥐 성향은 콩쥐 내면에서 일어나는 변화에 대한 저항이나 두려움일 것이다. 이럴 때 팥쥐 내면의 콩쥐적 기질은 팥쥐적인 안정과 편리 추구의 성향에 위협이 된다.

성장 추구나 안정 지향은 우리 모두에게 존재하는 갈등이다. 그리고 지금 사회에서 일어나는 수많은 갈등 현장에서 우리는 이 두 가지 욕구가 대립하는 모습을 볼 수 있다. 누구나 이런 갈등에서 놓여나길 원하지만, 심리학적으로 표현하자면 이런 갈등에서 해방되는 것은 곧 생명의 에너지의 흐름이 중단됨을 의미하며, 아마도 죽은 사람이나 죽은 사회만이 이런 갈등과 긴장에서 해방될 수 있을 것이다. 삶이란 바로 한 사람 안에 거주하는 서로 다른 영혼 사이의 역설을 다루며 빚어 가는 예술이 아닐까?

콩쥐의 이미지같이 성장이나 변화를 희구하는 영혼은 항상 기존사회에 위협으로 등장한다. 콩쥐에게 가해지는 식구들의 핍박이란 이런 집단의 저항으로 볼 수 있다. 콩쥐란 한마디로 미운 오리 새끼이고 의심할 여지없이 왕따의 대상이다.

콩쥐의 시련을 여성성과 관련해 보자면, 콩쥐에게는 어려서부터 새로운 여성성이 탄생할 싹이 엿보였고 그렇기 때문에 집안의 여성들이 합심해서 콩쥐에게 시련을 가했을 수 있다. 새로운 가능성, 새로운 여성성은 분명 무의식 내의 본능적 질서를 교란하기 때문에 불편하다. 이들에겐 콩쥐란 존재 자체가 위협이 된다. 스위스의 심리학자 융은 동물 세계에도 이런 경향이 관찰된다고 말했다. 한 무리 양떼에서 양 한 마리가 독자적으로 걷고자 하면 다른 양들이 대단히 불쾌한 반응을 보인다고 한다(Von Franz 153).

콩쥐만이 가진 새로운 싹이 구체적으로 형상화되는 과정은 콩쥐에게 주어지는 과제를 통해 분명히 드러난다. 그러나 콩쥐에게 이런 모진 시련과 핍박이 가해질 때 콩쥐 아버지는 어디에서 무엇을 하고 있었을까? 이번에는 '그것이 알고 싶다– 아버지 편'으로 들어가 보자.

【 무심한 아버지와 사악한 계모 : 환상의 커플 】

아버지는 콩쥐 엄마가 죽었을 때 순발력 있게 재혼하여 콩쥐팥쥐 이야기가 전개되도록 장을 만들어 주고는 이야기에서 사라져버린다. 사망하거나 먼 길을 떠난 것도 아닌데 잠수를 하여 계모가 딸을 가혹하게 대해도 표면

에 그 모습을 드러내지 않는다. 아버지가 계모의 행위에 동의하여 부화뇌동했다고 받아들여야 할까, 아니면 여자들 일에 끼어들지 않겠다고 결심하고 그 의지를 관철하는 올곧은 한국 남자로 보아야 할까? 이도 저도 아니면 집안의 갈등에 머리가 아파 모로 누운 도인처럼 자기방어적 무관심을 견지하는 것일까?

의외로 옛이야기에는 콩쥐 아버지처럼 존재하되 존재하지 않는 아버지들이 많다. 옛이야기의 모티프를 차용한 영화 〈장화홍련〉에서의 아버지 역시 21세기에 등장함에도 불구하고 역할이 대단히 애매모호했다. 이렇게 아버지가 이야기 전개에서 유명무실 사라져버리는 현상을 우리는 어떻게 이해해야 할까?

콩쥐팥쥐가 속하는 신데렐라 군의 다른 이야기에서 실마리를 찾아보자. 중국에는 새로 결혼한 아내가 사악한 마녀로 등장하는 이야기가 있다. 마녀는 결혼을 하자마자 제일 먼저 남편, 즉 아이들의 아버지에게 주술을 걸어 판단력을 상실하게 만든다. 이는 사라진 아버지 역할에 대해 '그것이 알고 싶다' 라고 문제 제기를 하는 사람들에게 합리적으로 설명하기 위해 후대에 삽입한 부분으로 보인다. 또 다른 이야기에서는 서두에 아버지가 어머니의 무덤에서 딸을 겁탈하려 하여 딸이 아버지로부터 도망치는 근친상간의 경향을 드러낸다. 이는 프로이트 이론을 적용할 수 있는 공식 같은 전개이다. 그런데 콩쥐팥쥐 이야기에서는 수긍할 만한 근거 없이 아버지가 이야기에서 증발해버린다.

민담학자 마리아 타탈(Maria Tatar)은 많은 옛이야기들이 편리하게도 아버지를 본 줄거리에서 빼버리고 어머니의 나쁜 행실만을 강조해 왔다고 주장하면서, 그 이후로 보이지 않는 아버지와 괴물 같은 어머니가 이야기를 구성하는 환상의 커플로 등장했다고 말한다(139). 이는 시간이 흐르면서 이야

콩쥐는 신데렐라 콤플렉스에 걸리지 않았다

기 속에 아버지의 부재 혹은 아버지의 영향력 상실에 대한 이미지가 인위적으로 개입되었다고 바라보는 시각이다. 이 설명은 옛이야기가 얼마만큼 사회, 역사적인 영향을 받는가 하는 질문과 연결되어 있다. 심리학적 시각을 도입하면, 이야기가 우리에게 주어지는 것이냐 아니면 우리가 만들어내는 것이냐 하는 근본적인 질문과도 관련된다. 그러나 마리아 타탈 식의 설명은 아버지 부재 현상에 대한 심리학적인 의문을 충족시켜 주지 못한다.

일단 심리학적 시각으로는, 어린 여성의 삶에서 어머니보다 아버지의 비중이 많이 약하기 때문에 이런 현상이 나타난다는 설명이 가능하다. 아버지가 딸의 정신적인 성장 발달에 영향을 끼치지 않는다는 의미가 아니다. 여성성 계발에 관한 한 아버지의 역할이 덜 직접적이거나 상대적으로 미미하다는 추측이다. 비중이 약하기 때문에 오랜 세월 사람들의 입과 가슴으로 회자되는 과정에서 자연스럽게 빠진 것이 아닐까 하는 것이다. 그 이유들을 유추해 볼 따름이지만 실제 구전되는 많은 옛이야기들이 아버지와 아들, 어머니와 딸, 혹은 형제지간 아니면 자매지간처럼 동성 간의 갈등을 다루는 경향이 두드러진다(Dundes 223).

지금까지 이야기의 전반적인 상황 설정에 대해 밑그림을 그리듯 배경을 훑어보았다. 드디어 여성성 계발과 직접적으로 관련이 있는 콩쥐에게 주어진 과제들에 초점을 맞추어 보자.

계모는 콩쥐에게 세 가지 과제를 준다. 첫 번째는 황무지 같은 밭을 개간하는 것이고 두 번째는 밑 빠진 독에 물을 채우는 것이고 세 번째는 산더미 같이 쌓인 볍씨를 까서 정리하는 것이다. 이 세 가지는 다 불가능한 과제들이고 콩쥐는 특별한 동물들의 도움으로 이 과제를 무사히 수행한다. 불가능하게 보이는 과제를 해결하고 나면 콩쥐도 잔치에 참여하게 되는데, 심청 이야기에서처럼 마지막에 잔치가 등장하는 것은 이 이야기도 "영원히 행복

하게 잘 살았더란다"라는 결말로 이어짐을 예고하고 있다.

잔칫집으로 가기 전에 콩쥐가 치러내는 과제들을 살펴보자. 이 부분은 어쩌면 인당수 깊은 물에서 청이에게 일어난 사건에 대한 실마리를 제공하고 있는지도 모른다.

【 여성성 I : 너름의 지혜 】

계모는 콩쥐에게 나무 호미를 주면서 집에서 가장 먼 곳에 있는, 돌로 뒤덮인 황무지 밭을 매라고 하고, 팥쥐에게는 쇠로 만든 호미를 주면서 집 뒤뜰에 있는 채소밭을 매라고 한다. 계모가 말한 밭에 도착한 콩쥐는 우선 그 어마어마한 밭의 넓이에 압도당한다. 더욱 황망하게도 일을 시작하자마자 돌부리에 걸려 나무 호미가 부러져버린다. 퍼질러 앉아 울고 있을 때 갑자기 검은 소가 한 마리 다가와 "콩쥐야 왜 그렇게 슬프게 울고 있니?"라고 묻는다. 이차저차 사정을 설명하자 소는 네 발 걷어붙이고 눈 깜짝할 사이에 그 너른 밭을 다 매어 준다. 이것이 콩쥐가 다루는 첫 번째 과제이다.

우선 이 과제에서 콩쥐와 팥쥐에게 주어진 밭의 위치와 크기부터 살펴보자. 팥쥐에게는 집 울타리 안의 밭이 주어지고 콩쥐에게는 집에서 가장 멀리 떨어진 산 너머 물 건너의 밭이 주어진다. 위에서 언급했듯 팥쥐의 역할은 결코 집 울타리, 즉 어머니의 영향권에서 벗어나지 못한다. 이와 대조적으로 콩쥐의 일은 집에서 가능한 한 가장 먼 곳에서 이루어지는데, 이 말은 집으로 상징되는 부모의 영향력이 도달할 수 없는 공간을 뜻한다. 부모의 의미를 확대해 보자면 기존 세대, 즉 기존 문명의 영향력이 미치지 않는 처녀지에서 콩쥐가 과제를 치르게 되는 것이다.

밭을 가는 도구에서도 이런 특징을 살펴볼 수 있다. 팥쥐에게 주어지는 쇠 호미는 밭 갈기에 편리한 도구이다. 팥쥐는 부모님 세대가 발명해 놓은 문명의 이기를 이용할 수 있는 반면, 콩쥐는 편리와 효율과는 거리가 먼 나무 호미를 받는다. 이 나무 호미조차 일을 시작하자마자 부러진다는 사실은 기존에 존재하던 문명의 이기를 콩쥐가 절대 이용할 수 없다는 표현이다. 완전히 자신의 방식으로 주어진 일을 처리해야 하는 것이다.

밭의 크기에서도 콩쥐와 팥쥐의 차이점은 잘 드러난다. 집 뒤뜰의 밭이란 가족의 손길이 늘 닿는, 감당하기 어렵지 않은 크기이다. 이에 반해 콩쥐에게 주어진 밭은 광활한 야성 그 자체다. 여기서 광활함이란 부동산이나 상품 가치를 말하는 것이 아니라 사물을 보는 시각을 뜻한다. 그리고 광활한 시야는 부의 상징으로도 연결된다. 콩쥐 앞에 펼쳐지는 이 광활한 땅을 통해 그동안 집안에만 국한되었던 콩쥐의 세계가 수평으로 확장하는 계기가 마련되는 것이다.

시야의 확대나 광활함이란 개념은 고대 동양에서 여성에게 권장되는 덕목은 아니었다. 한 예로 『주역』에서는 여자가 바늘구멍으로 들여다보는 것은 괜찮지만 남자에게는 해롭다는 표현이 있다(Von Franz 54). 쌀 한 톨에서 우주를 보는 혜안이 있으면 모를까, 대개 좁은 시야는 불필요한 집착으로 연결되기 쉽고, 이런 시야를 가진 사람은 좁은 문으로 들어가는 삶이 아니라 좁은 문에 자신을 가두어버리는 삶을 살게 된다. 가정에서 심리적인 중심인 어머니의 시야가 좁으면 자녀들의 세계는 어떻게 될 것이며 앞으로의 미래는 어떻게 될 것인가? 너른 시야란 모든 사람이 갖추어야 할 덕목이지만 특히 여성–어머니–주부에게 더더욱 절실하다고 생각한다.

현대 미국 소설가 중 생태와 평화 운동에 대해 급진적인 목소리로 떠오르는 바버라 킹솔버(Barbara Kingsolver)의 심미적인 표현이 있다. 처음 그랜드 캐니언을 대한 그녀의 묘사이다.

"캐니언을 보기 전까지는 진정으로 그랜드가 무슨 뜻인지 알지 못했다.

그랜드(광활함)는 사물을 보는 관점인데 이 관점은 쉴 새 없이 일어나는 우리의 욕망들을 고요히 잠재운다. 발밑에 끝없이 펼쳐지는 진홍의 심연을 가만히 바라보노라면 내면의 리듬인 태곳적의 영성으로 고요히 몰입하게 되어 그저 응시하게만 되고 감동의 숨이 벅차오름을 느낀다. 마치 우리 존재는 너무나 미세하여 우리가 원하는 것들은 끝내 이루어지지 않아도 상관없을 것 같다."

킹솔버의 표현처럼 콩쥐에게 팥쥐나 계모의 핍박, 힘든 가사, 부엌 바닥에서 자는 새우잠, 잿구덩이 속으로 떨어진 자신의 처지 같은 것은 이렇게 광활하게 열린 그녀의 세계에서는 아주 미세한 티끌처럼 여겨지지 않았을까? 넓은 밭은 콩쥐에게 열린 새로운 시각이며 새 세상이다. 그렇기 때문에 시야를 넓히기 위해서는 모험이 필연적이다. 모험은 용기를 필요로 하고 용기란 여성-인간-에게 필수 덕목이다. 용기 있는 자만이 원하는 것을 쟁취하는 것이 아니라, 용기 있는 여성만이 누리는 풍요로움이 있다.

이 광활한 곳, 그 어디에서인지는 모르지만 갑자기 검은 소가 등장한다. 어떤 이는 절박한 상황에 처한 딸을 도와주기 위해서 돌아가신 콩쥐 어머니의 영이 나타난 것이라 설명한다. 그러나 이 설명은 콩쥐라는 원형적 여성을 너무 개인적으로 다루는 느낌이 들 뿐만 아니라 한여름 밤을 식히는 납량특집도 아닌데 죽은 영이 왔다 갔다 한다고 생각하면 오금이 저린다.

소는 생명의 원천이자 삶의 젖줄이다. 예로부터 농업 중심의 사회에서 소는 풍요와 다산의 상징이고 이것은 곧 부와 직결된다. 특히 이 이야기에 등장하는 검은 소는 검고 기름진 토양의 색, 즉 비옥한 풍요 그 자체이다. 『도덕경』에서는 검은 소가 신비로운 여성, 여성성의 기본 원리, 하늘과 땅의 원천을 의미한다고 말하고 있다. 콩쥐에게 다가온 검은 소를 콩쥐 어머니의 현현보다는 풍요, 부, 다산이란 여성의 신비를 대표하는 대지의 어머니

(Mother Earth)의 상징으로 보는 것이 오히려 타당할 듯하다.

검은 소가 등장하게 만드는 콩쥐의 직접적인 행위는 통곡이다. 너무도 막막하고 거머쥘 지푸라기 하나 없이, 망망대해에 돛도 노도 없이 버려졌을 때, 뭇 생명 안에서 저절로 터져 나오는 생존의 오열이었을 것이다. 깜깜절벽 사면초가의 순간 뱃속 깊은 곳에서부터 치밀어 올라 터져 나오는 통제 불능의 원시적인 울음, 동물적인 포효를 토해 본 적이 있는가? 굳이 종교적인 언어를 붙이자면 완전한 내맡김, 순수한 열림, 회개라 할 수 있을 것이다.

무엇을 해야 할지, 어디로 가야 할지, 무엇을 느끼는지 삶의 나침반도 생명의 감각도 마비되어버리고 이정표도 없는 그 압도적인 외로움 속에서 지금까지 단 한번도 만나 보지 못한 세계의 열림이 일어나는 것이다. 마치 수천 년 수만 년 잠자고 있던 무언가가 깨어나는 것 같은 순간이다. 태곳적 원형인 검은 소와의 만남이란 이런 것이 아니었을까? 콩쥐의 애끓는 통곡은 심연의 원시 세계를 일깨울 만치 순수하고 절절하지 않았을까 싶다.

검은 소는 운이 좋아 하늘에서 갑자기 뚝 떨어진 구원의 사자가 아니라, 콩쥐의 완전한 열림과 원초적인 생명에의 염원이 일깨운, 콩쥐 안에 처음부터 존재하고 있었던 동력이라고 볼 수 있다. 이 단계에서 안과 밖의 경계는 그리 중요한 것은 아니리라. 게슈탈트 식으로 이야기나 꿈을 해석할 때에는 등장하는 모든 인물, 배경, 느낌이나 감정조차 자기 심리의 일부라고 본다. 따라서 이 책에서는 검은 소를 콩쥐 심리의 산물로 볼 것이며, 소의 등장을 기존의 세계가 산산이 부서질 때 수천 년 굳게 질러 놓았던 빗장이 열리듯 심연의 내면이 드러나는 순간으로 해석한다.

그런 의미에서 콩쥐 역시 자기 발견에 소극적이고 미성숙한 아이가 원님과의 만남을 지상목표로 삼고 회칠하고 연지 찍어 꽃단장을 하고 비단신까지 갖춰 신어 운 좋게 걸려든 삶의 구원자를 낚는 데 성공한 여성으로 보지 않는다. 가장 치열하게 고민하고 도전하고 산산이 부서지는 죽음의 모험을 강행하면서 자기의 의식 세계를 넓혀 가는, 용감하고 자유로운 영혼으로 보고자 한다. 콩쥐는 이 광활한 밭을 가는 과제를 통과하면서 검은 소가 상징하는 비옥하고 풍요로운 대지의 어머니의 힘을 자기 안에서 발견한다.

【 여 성 성 II : 깊 음 의   지 혜 】

콩쥐의 두 번째 과제는 밑 빠진 독에 물 채우기이다. 이 과제 또한 기존의 가치 체계로는 불가능해 보인다. 첫 번째 과제에서 주어진 황량하고 너른 밭이 아니라 부엌 안에 있는 독에 물을 부어 넣는, 전혀 다른 느낌의 세계가 주어진다. 물이란 아래로 아래로 흘러 낮은 곳으로 임하는 속성이 있다. 첫 번째 과제에서 얻은 수평으로의 확장이 아니라 수직으로의 확장 혹은 깊이의 탐구가 과제로 제시된 것이다.

물은 뭇 생명의 원천이다. 예로부터 대부분의 문화권에서 우물에서 물을 길어 집안에 물을 간직하고 보존하는 역할은 여성의 관할이었다. 생명의 신비를 온몸으로 체험하는 여성이 생명의 원천수를 관장하는 것은 자연스러운 이치라 생각된다. 특히 부엌에 보존하는 물 항아리는 가족들을 위한 젖줄이다.

동서양을 떠나 물은 지혜의 상징으로 간주된다. 소중한 것은 쉽게 얻을 수 없듯이 깊은 지혜와 높은 위험은 불가분의 관계에 있다. 심청 이야기에서 물은 심리학적으로 무의식과 관련된다는 사실을 언급했었다. 무의식의 물을 탐구하려는 사람은 반드시 수심의 정도와 물살의 세기와 물 흐름의 특성을 파악해야 하고 자기 자신의 능력과 한계도 잘 이해해야 한다. 그렇지 않으면 물에 분해되어 물거품으로 사라질 위험에 노출되기 때문이다.

인류가 쌓아 올린 지혜의 전통 중 인간의 내면세계 탐구를 고도로 발달시킨 것이 바로 힌두이다. 힌두의 구루들은 제자들이 혼자서 명상하는 것을 권하지 않는다. 무의식의 심연에서 길을 잃을 위험을 누구보다도 잘 알고 있기 때문이다. 이를 신화적으로 표현하자면, 여의주를 얻으려고 용을 찾아 나섰다가 용한테 먹혀버려 용 주변에 즐비하게 널려 있는 해골더미에 자신의 인골을 추가하는 비극적인 운명으로 끝날 수 있다는 것이다. 자신의 한계를 모르는 도전은 파괴적인 결말로 연결될 확률이 높고 그 파괴는 치명적이다.

이 이야기를 가지고 워크숍을 하던 중, 밑 빠진 독에 물 채우기 이미지를 전혀 다르게 해석하는 작가를 만났다. 이 여성은 밑이 깨어져 있지만 물을 붓고 또 부을 수밖에 없었던 자신의 체험을 참여자들에게 나누어 주었다.

인도에서 짧지 않은 세월 동안 명상을 하고 한국으로 갓 돌아온 여성이었다. 돌아와서도 혼자서 명상을 계속 했는데 어느 순간 완전한 어두움에 직면하게 되었다. 더 이상 앞으로 나갈 수도 뒤로 물러설 수도 없었다. 명상만 하면 만나는 세계는 칠흑 같은 암흑이었다. 이 시기 이 여성이 직면한 어둠은 내면세계만이 아니었다. 직장을 잃었고 친구들이 떠나갔고 가족들조차 이 여성을 낯설어하였다. 아무도 자기를 이해해 주지 못했다. 그럼에도 불구하고 콩쥐가 밑 빠진 항아리에 물을 채워 보려 물을 길어 붓고 또 붓는 심정으로 명상을 계속하였다. 그러던 어느 날 그 칠흑 같던 어두움이 한 마리 늑대로 변하더라는 것이었다.

자신을 알고자 하는 치열함은 참 소중하다. 이런 깊은 체험을 나누어 준 열린 마음에 감사드린다. 동시에 이 경험은 힌두 구루들이 혼자 하는 명상을 경고하는 이유를 짐작케 만든다. 그리고 이야기 풀이에 한 가지 답은 없다는 사실을 다시 한 번 상기시켜 준다. 붓고 또 부어 불가능을 가능으로 바꾸는 이 여성의 경험과 또 다른 각도로 콩쥐의 이미지를 들여다보자.

흔히 여성의 심리를 집중되지 않은 심리라고 한다. 너무 많은 가능성과 창의력이 홍수처럼 넘쳐흘러 그 모든 것을 한꺼번에 시도하려는 성향이 여성들에게 강하다고 한다(Johnson 57). 나 자신을 반추해 보면 이는 분명 맞는 말이다. 바쁘지 않도록 한가로움을 잘 유지하면 매 5분마다 대단한 아이디어들이 떠오른다. 그 아이디어들이 책으로 담겨졌다면 아마 다작을 하는 사람들의 반열에도 들었을 것이다.

여성에게는 밑 빠진 독의 이미지처럼 가능성만 차고 넘쳐 하나도 형상화되지 않거나 자기 것으로 고이지 않는 심리가 강하다. 이런 경향이 특히 강한 사람들은 머릿속에 가능성의 성찬을 차릴 수는 있지만 먹어서 배가 차고 마음이 살찌는 밥상을 차려내지는 못한다. 이런 성향의 소유자일수록 자기가 소화하고 즐길 수 있는 양의 한계를 깨달아, 밑 빠진 독에 물을 붓듯 모든 것이 그냥 새어 나가지 않도록 주의를 기울일 필요가 있다.

두 번째 불가능한 과제를 다루는 콩쥐의 해결책을 자세히 보자. 이 과제를 달성하는 데 커다란 두꺼비 한 마리가 등장한다. 두꺼비의 등장이 수리수리 마수리 주문을 외자 펑! 하고 나타나는 요술이 아님을 검은 소의 등장에서 살펴보았다. 되풀이하지 않기 위해 바로 두꺼비가 무엇을 상징하는지 살펴보자.

두꺼비와 물과 달의 연관성은 세계의 여러 신화에서 빈번히 관찰된다. 동양 사상에서는 두꺼비가 생태학적으로 어두운 곳과 습한 것을 좋아하여 물과 달과 어두움과 함께 음의 성질로 간주된다. 또 하늘에 똥침이라도 놓을 듯 끝이 뾰족한 모자를 쓰고 천년만년 먹은 듯 깊은 주름이 팬, 개성 있는 매부리코의 서양 마녀들이 마법의 영약을 만들 때 커다란 가마솥 안에 반드시 넣는 재료가 두꺼비이다. 음과 마법과 지혜로 상징되는 여신이 쇠락하여 마녀가 되었겠지만 동양에서의 물과 달과 두꺼비의 연결과 유사한 연상이 서양에도 있음을 짐작케 한다. 이 물–달–여성을 함께 묶어 주는 중국의 이야기가 있다.

한국인은 달에서 옥토끼를 보지만 중국인은 두꺼비를 본다. 이들은 두꺼비를 달의 여신이라 부르는데, 이것은 궁술의 달인이었던 이 씨의 이야기에서 비롯된다. 어느 날 이 씨의 아내가 이 씨가 서왕모로부터 하사받은, 영생의 비밀이 간직되어 있는 도안을 가지고 달로 도망을 친다. 그리고 달에 도착한 아내는 두꺼비로 변신하여 달의 여신이 되었다는 이야기이다(Chevalier 1010). 이 이야기에서 달–두꺼비–여성은 영생과 연결된다.

여성과 남성의 시각, 즉 역사적으로 여신 시대와 남신 시대에 죽음을 바라보는 시각은 확연한 차이를 드러낸다. 우리에게 친숙한 남신 시대의 관점—대체로 그리스도교적인 관점—으로는 한 사람은 일생에 한 번 태어나고 한 번 죽는다. 마치 변하지 않는 태양의 이미지처럼. 이런 관점으로 바라보는 죽음이나 영생은 추상적일 수밖에 없다. 이 세상은 불안전하여, 죽으면 영원한 세계, 즉 완전한 천국으로 들어간다고 한다.

반면 여신 시대의 관점으로는 차고 이지러지며 죽었다가 다시 살아나는 달처럼 한 사람의 생애는 탄생과 성장과 죽음과 재탄생의 주기가 반복된다. 여기서 영생이란 죽음이 끝이 아니라 재탄생으로 연결됨으로써 이 땅에서 생명이 끝나지 않고 영원히 번성한다는 의미이다. 마치 달의 주기처럼 일생에 수십 수백 번 삶과 죽음과 재탄생의 주기가 되풀이되는 것이다. 계절의 변화를 겪는 자연의 모습처럼.

콩쥐의 두 번째 과제인 깊이로의 탐구는 죽음의 세계를 포함하는 깊이를 말한다. 두꺼비가 겨울잠을 자러 들어가듯, 달이 이지러져 죽음의 세계로 들어가듯, 내면의 부를 찾으려는 사람들은 의식적으로 죽음의 세계, 어두움의 세계, 지하의 세계로 들어간다(이 세계를 그리스 신화에서는 하데스[Hades]

로 표현한다. 이 세계 탐험을 위한 구체적인 방법은 뒤에서 다룰 예정이다). 거듭되는 죽음을 통하여 견고한 자아의 틀을 깨고 넓혀 나가, 점점 더 본질적인 자기를 찾아 가는 과정이 바로 인생 아닐까?

밑으로 밑으로 향하는 물을 채우는 이 과제는 콩쥐의 세계를 수직으로 확장한다. 첫 번째 과제에서 만난 수평의 광활함을 내면의 세계에서 심연의 광활함으로 만날 수 있지 않을까? 두꺼비가 겨울잠을 자기 위해 지하 세계로 들어가듯, 이 심연의 세계는 필연적으로 죽음의 세계 즉 무의식의 세계와 닿아 있다. 깊은 물, 깊은 지혜를 원하는 사람에게 이 세계의 탐험은 필연적이다. 삶이란 죽음의 깊이를 요구하기 때문이다. 수평과 수직의 광활함으로 무한히 열려진 콩쥐가 이 다음에 탐구할 세계는 무엇일까?

【 여 성 성 Ⅲ : 분 별 의   지 혜 】

산더미처럼 쌓여 있는 볍씨를 하나씩 까는 일이 콩쥐의 세 번째 과제다. 이렇게 작은 곡식 알갱이를 가려내 분류하는 것은 여성 영웅의 여정을 다루는 신화에 빈번히 등장한다. 프시케와 에로스 신화에서는 예비 시어머니 아프로디테가 예비 며느리 프시케를 시험하기 위해 여러 가지 알곡이 뒤섞인 거대한 곡식더미를 주면서 종류별로 가려내게 만든다. 한 톨이라도 섞이면 미션 실패. 러시아의 대표적인 여신 바바야가 또한 어린 바실리사에게 나쁜 알갱이와 좋은 알갱이를 하나하나 가려내라 명한다.

가려내기 작업은 대단한 끈기를 요한다. 엄청난 시간과 인내가 필요하다. 우리는 앞서 심청 이야기에서 분류, 분석을 남성성의 특질이라 하였다. 그러나 콩쥐에게 주어진 곡식 껍질 까는 일은 분류 분석과는 성질이 다르며, 섬세함과 인내를 요하는 일이므로 여성성의 원리에 속한다. 전자의 경우는 성분이나 크기에 따라 알곡을 가려 그 속에서 패턴을 발견하는 것으로, 이

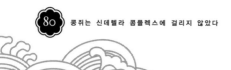

성의 원리에 속한다. 반면 후자의 경우는 하나하나 자세히 들여다보고 일일이 가려내어 이것은 이것, 저것은 저것 식으로 분별해내는 작업이다. 이 과제가 여성 영웅의 이야기에 빈번히 등장하는 원인은 무엇일까?

심리학적으로 여성들은 분화되지 않는 혼란을 선호하는 경향이 강하다고 말한다. 본능적으로 애매모호함을 좋아하는 기질이 있다는 것이다. 여성들 사이에서 흔히 등장하는 갈등은 바로 이러한 기질, 명확하게 표현하지 않는 경향 때문에 발생한다. 이 분별 작업은 애매함을 선호하는 여성들의 기질을 보상하는 기능을 하기 때문에 중요하고, 수많은 여성 신화에서 과제로 주어진다(von Franz 156).

주부들의 일상을 떠올려 보면 알곡을 가리는 일이 어떻게 일어나는지 확연히 드러난다. 가족의 아침 출근과 등교 시간을 머릿속에 그려보자. 남편은 남편대로 아이들은 아이들대로 학교 준비물에서부터 용돈에 이르기까지 수많은 요구를 한꺼번에 쏟아낸다. 심지어 양말 제짝 찾는 것까지. 어제 벗어 둔 바지가 사라졌다고 할지도 모른다. 이럴 때 주부에게 요청되는 것은 이성적인 분류 분석이 아니라 각각의 요청을 하나하나 인내를 가지고 다루는 것이다. 이를 피하는 유일한 마법은 "자기 일은 자기가 하자"를 세 살 때부터 훈련시키는 것이다.

신화를 전공한 지 10년이 넘으니 직업병 같은 게 있다. 해법이 잘 떠오르지 않는 어려운 상황에 처할 때, 이야기 주인공들은 어떻게 할까 상상하는 것이다. 수많은 골칫거리가 한꺼번에 밀어닥쳐 사면초가의 상황이 되면, 종종 콩쥐가 알곡을 가리는 이미지를 떠올린다. 알곡을 하나하나 가려내듯 뒤얽힌 문제들의 가닥을 하나씩 풀어내어 각각의 대비책을 강구한다. 살다 보면 흔히, 다루기 힘든 일들은 엎친 데 덮친 격으로 한꺼번에 터져 문제의 홍수를 이루기 마련이고, 나는 그 속에 갇혀 숨을 헐떡거리게 된다. 이럴 때 문제의 홍수를 한꺼번에 해결할 개벽은 절대로 일어나지 않는다. 산더미같이 압도하는 알곡을 하나씩 가려내어 인내를 가지고 각각 해결해내는 것이 유일한 해결책이다.

콩쥐 이야기에서 이 과제를 해결할 지혜를 제공하는 동물은 한 무리의 참새 떼이다. 첫 번째, 두 번째 과제에서는 한 마리의 짐승이 도와주는 데 반해 이번에는 한 무리라는 게 눈길을 끈다. 시야의 확장과 내면의 탐구는 결국 혼자서 이루어야 하는 과업인 반면, 이 개인적인 작업이 끝난 후에는 협동적인 노력으로 문제를 푸는 법도 배워야 한다는 의미가 아닐까?

분명 어떤 일에 마음을 모아 그룹이 함께할 때, 개인이 문제를 다루는 것과는 비교할 수 없는 특별한 힘이 생겨난다. 특히 여성들이 그룹을 만들어 (women's circle) 자신의 목소리를 발견하고 또 다른 여성의 소리를 들으면서 지혜를 나누고 서로를 격려하며 나아갈 때의 느낌은 너무나 소중하다. 이 느낌을 잠시 망각하고 살다가 다시 깨닫는 기회가 최근에 있었다.

8년 만에 고대하며 되돌아온 고국은 참 낯설었다. 외국 생활에서 그리워하던 고향은 할머니가 사시던 조그만 농촌 마을과 김영동의 〈바람의 소리〉에서 들을 수 있었던 서정적인 낭만이었다. 서울에서의 삶은 달게 꾸던 고향의 꿈이 개꿈이었음을 매일매일 깨닫게 해 주었다. 시끄럽고 복잡하고 정신없이 돌아가는, 시간 없는 사람들과 바쁜 리듬 속에 갑자기 노출된 내 몸짓은 이 거대하게 바쁜 기계 같은 리듬에 잡아먹히지 않으려는 몸부림 같은 것이었다.

그래서 의도적으로 선택한 것이 모임과 단체들을 멀리하는 것이었다. 가급적이면 집 밖을 나서는 일을 줄이는 것이 내가 적응해 가는 방식이었다. 한적한 바닷가 마을에서 늘 자연과 가까이하던 은둔자적인 기질이 몸에 배어 있어서 그런지 혼자 있는 고요한 시간이 간절했다. 내성적인 나의 성향을 충족시키기 위해서도 그랬고, 혼자 있는 시간의 충만함을 잘 알고 있기 때문에 더욱 그랬다. 의도적으로 '너무 빠른 사회 동화 거부'의 노력을 했음에도 귀국한 지 얼마 되지 않아 전업 직장생활을 1년 동안 하게 되었고, 그 후에 되돌아본 나 자신의 모습은 스스로도 충격적이었다.

한국을 떠나기 전의 나의 삶의 방식, 다시는 돌아가고 싶지 않은 모습을 꽤 답습하고 있었다. 지난 8년 간 치열한 몸과 의식의 전환으로 변화되었다고 생각한 나 자신이 결국 환경 앞에 굴복하고 만 것 같아 두려운 탄식을 친구에게 했다. "그동안 다른 문화권에서 배우고 투쟁하며 산 시간이 대체 무슨 소용이 있는 거지?" 이 탄식을 들은 친구는 이렇게 말했다. "네가 분명 다른 세상을 접했고 다른 방식으로 살아가는 것을 배웠지만 그 생각을 적용하고 펼쳐나가기 위해서는 끝없이 너의 사고를 반추해 보게 하고 지지해 주는 그룹이 필요해." 혼자서 하는 투쟁이란 취약할 수밖에 없다는 것이었다. 그제야 나는 여성들의 모임(women's circle)을 생각하게 되었다. 이때 만들어진 그룹은 지금까지 지속적으로 만남을 갖고 있다.

시야를 넓히고 내면 탐구를 하는 과정은 궁극적으로 혼자 하는 작업이다. 그러나 결국 소중한 친구들과 수많은 스승들, 귀한 책들이 과정에 함께해야 좋은 결과를 낼 수 있다. 협력해서 문제를 다루고 고민을 토로하고 기쁨을 나누고 서로를 들어 주는 무리가 필요함을 참새 떼가 시사한다면 지나치게 개인적인 투사를 하는 것일까?

무리가 함께한다는 사실 외에도 결코 간과할 수 없는 참새의 속성이 경쾌하고 발랄함이다. 먼저 등장했던 두꺼비와는 극적인 반대편에 있다. 두꺼비는 아래로 향하는 무거움이나 신중함을 연상시키는 반면 참새 떼는 공중을 향하여 폴폴 나는 가벼움과 발랄함으로 다가온다. 가벼움의 미학. 실낱같은 나뭇가지에 앉아도 가지 끝에 미동도 일으키지 않을 듯, 해변 모래사장에서 질주해도 모래 위에 자국조차 남기지 않을 것 같은 가벼운 참새들의 재잘거림이지만 공기를 달뜨게 하는 미세한 파고를 아주 멀리까지 확산시킨다. 감성을 자극하는 이 재잘거림은 그리스의 미의 여신 아프로디테의 대표적 특성이다. 아프로디테의 새가 참새이기도 하다.

미의 여신 아프로디테는 어느 날 인간과 사랑에 빠진다. 왕국의 공주로 변장을 하고 사랑하는 연인을 만나러 숲을 가로지르는데 여신이 숲에 발을 들여 놓자마자 숲속에 사는 모든 꽃과 나무와 짐승들이 짝짓기를 시작한다.

오월의 신록이 드러내는 유혹처럼, 혀끝으로 전해지는 달콤한 꿀처럼, 재잘대며 울려 퍼지는 참새들의 노래처럼 온 숲 가득 사랑의 에너지가 전파되고 전염된다. 이런 가벼움은 설레는 유혹이고 생명의 본질적인 힘이다.

가벼움의 미학은 우리 사회에서 별로 중시되어 오지 않았다. 공식적인 모임, 종교 의례, 학교 수업, 학술대회, 대중 강연 등은 참을 수 없는 무거움으로 가득하다. 남을 지루하게 만드는 것이 당연한 권리인 양 행사되고, 또 지루함을 참아내는 인내력이 도의 경지에 올라야 할 때도 많다. 이렇게 심각하게 짓눌린 공기의 틈새를 엿보아 상상을 초월하는 재치와 위트로 무거움을 한순간에 뒤집어버리는 재주가 있다면 이는 천재적인 예술이다. 나는 마릴린 먼로의 낡은 필름을 보면서 가벼움의 미학과 힘이 성스럽다는 느낌을 받았다.

베트남전쟁 당시 장병 위문을 위해 베트남으로 간 먼로가 단상 위에 오르자 거기 있는 수십 수백만 참전용사들이 마치 주술에 걸린 듯 무장 해제되었다. 전장에서의 피로와 외로움과 피비린내를 순식간에 녹여내려 달콤함으로 감싸버린 먼로는 그 자리에서 여신이었다. 나는 1970년대에 살아 있는 아프로디테를 보았다.

참새의 가벼움이 두꺼비의 무거움 다음에 등장한다는 사실 또한 흥미롭

다. 가벼움은 달콤함과 여유로움으로 연결되지만 신중하지 않은 가벼움은 경박할 수 있다. 반대되는 두 가지 성향이 어떻게 공존할 수 있느냐고 반문할지 모른다. 그러나 우리 주위에서 생명력으로 빛이 나는 자유로운 영혼들을 살펴보면 이 대극적인 두 특질이 한 사람 안에서 얼마나 조화롭게 존재하는지 발견할 수 있다. 두 가지 특성이 공존할 수 없다는 생각이 오히려 이분법으로 채색된 것이다.

옛이야기를 그저 황당한 상상의 산물이라 생각할지도 모른다. 그러나 이야기의 공식을 이해하면 이야기만큼 철저한 문법과 확실한 논리를 가진 표현 양식이 없음을 알 수 있을 것이다. 가장 절제된 단순함으로 최고의 지혜를 표현하는, 수백 수천 년을 살아가는 이야기의 표현법을 엿보기 위해 콩쥐 이야기의 전체 구조를 한번 살펴보자.

【 콩 쥐 의 의 식 : 세 가 지 동 물 과 온 세 상 】

이야기에 등장하는 동물들은 꿈에서와 마찬가지로, 등장인물의 본능의 세계를 의미한다. 첫 번째 과제에 등장한 검은 소는 비옥한 대지를 상징한다. 끝없이 펼쳐지는 광활한 지평선처럼 콩쥐의 시야를 수평으로 확장해 주며 두 번째 등장한 두꺼비는 물이 아래로 흐르듯 지하 세계 즉 죽음의 세계와 깊이라는 수직의 세계로 콩쥐의 의식을 확장한다. 마지막으로 등장하는 참새 떼는 콩쥐의 시야를 공중, 즉 창공이란 위의 세계로 열어 준다. 넓게 보는 시야를 가르쳐 준 다음, 아래로 영혼의(soul) 깊이에 닿고 위로는 영(spirit)의 세계로 시야를 확대해 준 것이다.

이 세 동물이 각각 점유하는 세상은 땅과 지하와 천상이다. 이 동물적 본능의 힘을 이해하고 받아들인다는 사실은 콩쥐의 의식세계가 지상, 지하, 천상의 3계 즉 온 세상에 두루 넓고 깊게 높이 연결되어 우주적으로 열린다는 의미이다. 콩쥐는 검은 소를 통해 비옥하고 기름진 땅의 풍요로움을, 두꺼비를 통해 깊이로 향하는 무거움과 신중함을, 그리고 참새 떼를 통해 가벼움과 생동감을 얻는다. 무겁기만 하면 삶이 너무 심각해지고 가볍기만 하면 경박해질 수 있다. 이 무거움과 가벼움이 땅의 비옥함과 조화되어 전인 격적으로 발달한 여성인 콩쥐를 자신의 의식세계를 무한히 확장한 우주적인 영웅이라고 부를 수 있지 않을까?

옛이야기에서는 이런 완성된 여성이 완성된 남성을 만나 결혼을 하는 것이 공식적 결말처럼 되어 있다. 앞 쪽에서 풀어 본 심청의 이야기도 마찬가지다. 심청 이야기에 나오는 임금이 콩쥐에겐 원님으로 표현될 따름이다. 서양 이야기에 나오는 왕이나 왕자, 우리 이야기의 원님, 또는 임금이 다 인간으로서의 완성 혹은 신적 힘을 지닌 최고 의식의 단계에 이른 남성을 은유적으로 말하는 것이다. 이들의 결혼은 최고의 여성과 최고의 남성이 이루는 완전한 결합을 뜻한다.

마치기 전에 의문 하나를 더 짚어 보자. 이 결합을 가능하게 하는 매개가 왜 하필 꽃신일까? 꽃신은 무엇을 상징하고 또 잃어버린 신발을 찾는다는 것은 무슨 뜻일까?

【 왜 하필 꽃신인가? 】

신발에 대해서는 여러 다른 해석이 존재한다. 프로이트적 관점에서는 신발을 여성의 성적인 부분에 연결시킨다. 브루노 베텔하임은 신발이 여성의 질을 말하며 결혼반지처럼 신체 일부가 미끄러져 들어가 딱 맞아떨어지는 아주 작은 용기라고 해석한다(264-273). 신데렐라 이야기에 등장하는 유리 구두가 이 설명을 하기에는 더욱 적합하다. 유리 구두란 아주 취약하여 쉽게 깨어질 수 있는 처녀성의 상징이라고 한다. 여성의 발을 작게 만들어 특이한 성적 취향을 즐기는 중국의 풍속을 보아도 여성의 신발은 성적 연상을 일으키는 대상인가 보다. 이런 맥락으로 콩쥐가 신발을 잃는 것과 원님이 콩쥐의 신발을 찾는 것의 의미는 속궁합이 맞는 한 쌍의 만남으로 해석할 수도 있겠다.

콩쥐의 신은 꽃신이다. 신데렐라의 신은 유리 구두고 중국의 여성용 신은 깃털처럼 가볍고 작은 비단신이다. 신발의 크기나 재질은 문화의 차이에 따라 분명 달라지는 것 같다. 신데렐라 시리즈에서 신발만큼 눈길을 사로잡는 것이 괘종시계다. 시계가 열두 번을 치는 순간 모든 마법이 풀려버리는데 유독 왕자의 손에 들려 있는 유리 구두 한 짝과 신데렐라의 주머니 속에 있는 다른 짝은 마법이 풀리지 않는다. 열두 시란 어제와 오늘, 혹은 오늘과 내일의 두 날이 만나는 경계의 시간이다. 신데렐라가 궁궐의 화려한 파티에서 잿구덩이의 부엌으로 돌아오는 전환의 순간이기도 하다.

물론 콩쥐팥쥐에서 시계는 등장하지 않는다. 그리고 마법이란 요소가 신데렐라 이야기처럼 강조되지도 않는다. 그러나 검은 소가 나타나 콩쥐를 공주처럼 완벽하게 치장해 주고 꽃신까지 신겨 준 세계, 또 콩쥐가 과제를 수행하면서 만난 참새 떼와 두꺼비, 검은 소가 등장한 세계는 콩쥐에게 늘 존재하는 일상은 아니었다. 어느 순간 물거품처럼 사라져버리고 콩쥐는 다시 부엌 바닥이란 현실의 세계로 돌아오는 것이 당연하다.

신발은 땅과 사람을 연결해 준다. 자기 삶에 대한 책임감과 충족감을 나타내는 상징이기도 하다. 검은 소가 준 신이 콩쥐의 발을 떠나서도 원래의 모습을 유지하고 있다는 사실은 검은 소와 두꺼비와 참새를 만났던 세계뿐 아니라 집안일로 거칠어진 손, 남루한 옷차림, 부엌 바닥과 구정물, 계모와 팥쥐의 시기와 질시의 세계에도 굳건히 서 있을 수 있다는 의미일 것이다. 이 두 세계 모두 콩쥐의 의식에 구체적인 실체로 확고히 자리하고 있다는

말이다. 깨어 있는 세계와 꿈의 세계, 현실의 세계와 상상의 세계, 의식의 세계와 무의식의 세계 모두에 굳게 발을 딛을 수 있기에 콩쥐의 꽃신이 양쪽 세계에서 제 모습을 잃지 않았다고 볼 수 있겠다.

【 여 성 영 웅 콩 쥐 의 초 대 】

콩쥐의 여정을 살펴보면 여성 영웅이 탄생하는 과정이 남성 영웅의 그것과 확연히 다름을 알 수 있다. 남성 영웅들의 일반적인 패턴은 아버지 없이 태어난 아들이 마을에서 사생아라 구박받고 15살이 되면 아버지를 찾아 어머니 곁을 떠나는 것에서 시작한다. 험난한 모험이 이어지고 마침내 괴물이나 원수를 물리치고 보물을 얻어 승전가를 부르며 마을로 돌아와 어머니의 영예를 회복하고 새로운 질서를 확립하는 것이다. 그러나 여성 영웅의 여정은 외부로 나가 어떤 것을 획득하는 식으로 진행되지 않는다. 콩쥐처럼 자기 내면의 세계로 들어간다.

자기 내면에서 치유의 힘과 비밀을 발견하는 과정은 대단히 고독하다. 여성 영웅의 뼈를 깎는 고독은 남성 영웅의 불굴의 모험과 동일한 것이다. 콩쥐가 영웅의 여정을 시작하게 되는 계기는 갑자기 처지가 격하하여 부엌 바닥과 구정물로 떨어지는, 예기치 않은 시련이다. 해결 불가능한 시련을 겪어 가면서 자신의 진정한 힘을 발견해 가는 콩쥐의 여정은 특별한 운명을 지닌 여성에게 주어지는 소중한 초대이다.

콩쥐의 여정에서 남성 영웅의 여정과 판이하게 다른 이미지 하나는 통곡이다. 눈물을 연약함의 표시라고들 한다. 그러나 진정한 울음은 자신의 약함을 인정하는 용기에서 비롯된다. 아무런 가식 없이 가장 순수한 마음으로 "너무 힘들다"라고 고백하고, "나는 할 수 없으니 천지신명이시여 굽어 살피소서"라고 자기 한계에 대해 진솔하게 토로하는, 간절한 구원에의 요청이다. 이런 모진 시련과 고통으로 울어 본 사람만이 자신의 아픔뿐 아니라 이웃과 사회의, 그리고 우주적인 비극에 슬퍼하고 아파할 수 있을 것이다. 여성 영웅에게 가장 중요한 덕목은 자신뿐 아니라 주변의 고통에 함께하는 깊은 연민과 열린 감성이다.

콩쥐 이야기가 옛이야기 중에서도 특별히 많은 사랑을 받은 이유는, 누구나 삶의 시련 앞에 수백 번 깨어지면서 영혼의 순수함과 아름다움을 이해하게 되기 때문일 것이다. 콩쥐란 영웅은 초인적인 힘이나 불굴의 의지와 용기를 가지고 태어나 남들은 꿈도 꿀 수 없는 불가능한 과제를 성취하는 특별한 사람이 아니라, 남보다 많은 시련을 겪으며 더 깊이 상처받고 더 많은 갈등을 하면서 상처로 얼룩진 가슴을 감싸 안고도 꿈이나 비전을 향하여 나아가는 상처받은 영혼이라는 인간적인 면모를 보여 준다.

원형적 여성 콩쥐의 이야기는 영웅으로의 여정을 떠나는 수많은 사람들에게 자신이 먼저 체험하고 도달했던 세계의 영성적 지도를 제시해 준다. 그래서 그녀의 이야기는 우리 모두 자기실현에 도달하여 완전한 인격의 소유자가 되도록 하는 초대장이다. 물론 콩쥐의 초대에 응하느냐 아니냐는 여러분의 몫이다.

참 고 문 헌

• Bettelheim, Bruno. The Uses of Enchantment: The Meaning and Importance of Fariy Tales. New York: Vintage Books, 1977.

• Chevalier, Jean and Alain Gheerbrant. A Dictionary of Symbols. Oxford: Blackwell, 1994.

• Dundes, Alan. Little Red Ridinghood: a Casebook. Madison: U of Wisconsin P., 1987.

• Franz, von, Marie-Louise. The Feminine in Fairytales. New York: Spring Publ., 1976.

• Johnson, Robert. She: Understanding Feminine Psychology. New York: Harper&Row Publ., 1976.

• Tatar, Maria. Off with Their Heads: Fairy Tales and the Culture of Childhood. New Jersey: Princeton UP., 1992.

어머니의 품을 떠나는 성장통

해님달님

✿

　옛날 깊은 산골에 오누이가 어머니와 살고 있었다. 어느 날 어머니는 산 너머 마을 잔 칫집에 일을 하러 가게 되었다. 일하러 간 사이 호랑이가 나타날지 모르겠다고 걱정한 어머니는 자기가 없는 동안 문을 굳게 잠그고 절대 아무에게도 열어 주지 말라고 당부 를 했다.

　종일 일을 하고 오누이에게 돌아오던 산길에서 어머니 앞에 호랑이가 나타났다. "떡 하나 주면 안 잡아먹지." 떡을 하나 주자 호랑이는 날름 삼키고 또 달라고 했다 "떡 하나 더 주면 안 잡아먹지." 이 과정을 되풀이하다 보니 어느새 떡은 동이 나 있었다. 떡이 없 어지자 호랑이는 "팔 하나 주면 안 잡아먹지" 한다. 어머니가 팔을 하나 떼어 주자 호랑 이는 또 욕심을 낸다. "팔 하나 더 주면 안 잡아먹지." "다리 하나 주면 안 잡아먹지." "몸 통만 주면 안 잡아먹지." 어느새 머리만 남은 어머니는 오누이가 있는 집을 향하여 데굴 데굴 굴러갔다. 오두막 근처에 다다르자 호랑이는 어머니 머리를 덥석 먹어버리고는 어 머니 옷으로 변장을 하고 오두막에 당도했다.

　호랑이는 문을 두드리면서 "얘들아, 엄마가 왔으니 문을 열어라" 외쳤다. 그러자 안 에서 오누이가 "우리 엄마 목소리가 이상해요"라고 답했다. 호랑이는 "하루 종일 일을 많이 해서 피곤해서 그렇지. 빨리 문 열어라"라고 대답했고, 오누이는 엄마인지 확인하기 위해 문틈으로 손을 내밀어 보라고 했다. 호랑이의 털이 수북한 손을 보고는 엄마가 아님을 알아차렸으나, 호랑이는 다시 손에 밀가루를 칠해서 오누이를 속이고 만다.

오누이가 문을 열자마자 엄마 대신 호랑이가 서 있었고, 오누이는 우물 옆 나무 위로 올라가 몸을 숨겼다. 오누이를 찾아다니다가 우물 속에 비친 오누이를 발견한 호랑이는 물속으로 들어가려 했다. 이 모습을 지켜보던 오누이가 나무 위에서 까르르 웃음을 터뜨렸다. 소리 나는 곳을 올려다 본 호랑이는 오누이를 발견했다. 나무에 오르려 갖은 애를 써보지만 쉽지 않았다.

호랑이가 줄줄 미끄러지는 모습을 보면서 오누이는 꾀를 내어 나무에 참기름을 바르면 쉽게 올라올 수 있다고 가르쳐 주었다. 나무등치에 참기름을 바르자 더욱 미끄러웠다. 그 안타까운 모습을 보고 오누이는 동정심이 생겨, 도끼로 나무등치를 찍어 흠을 내면 쉽게 올라온다고 일러 주고 만다. 호랑이가 도끼로 흠을 내고 나무에 기어 올라가 막 오누이를 낚아채려는 순간, 오누이는 하늘에 대고 살려주십사 기도를 했다.

그때 하늘에서 동아줄 두 개가 내려왔다. 오누이는 각각 하나씩 잡아 타고 하늘로 두둥실 올라가버렸다. 호랑이도 오누이처럼 기도를 했다. 그러자 하늘에서 썩은 동아줄이 내려와 하늘로 오르던 호랑이는 그만 땅에 떨어져 죽고 말았다.

하늘에 오른 오누이는 해와 달이 되었다.

【통과의례: 삶과 죽음의 드라마】

신화와 의례가 살아 있는 원주민 종족들은 일생 동안 수차례 통과의례를 치른다. 통과의례란 삶과 죽음의 드라마다. 이들의 일생은 수많은 죽음과 수많은 탄생이 거듭되는데, 매 죽음의 순간마다 기존 세계는 파괴되고 더 넓고 깊은 세계가 열린다. 그러므로 죽음은 새로운 세계의 탄생을 위해서 필연적인 과정이다. 이 과정을 거듭하면서 진정한 자신을 찾아가는 것이다.

전통적으로 통과의례는 반드시 연장자가 전 과정을 인도한다. 부족의 구성원이 죽음과 탄생의 과정을 무사히 치러내도록 공동체가 의례라는 안전한 장을 마련해 주는 것이다. 그리고 참가자의 인생의 전환을 공동체 전체가 함께 지켜보고 인정하고 축복한다.

　그렇다면 통과의례가 사라지거나 의미가 퇴색한 사회 구성원의 일생은 어떠할까? 이런 사회에서 탄생과 죽음은 일생에 단 한 번 있는 사건이다. 삶 전체가 모노톤으로 단조롭게 흘러간다. 나이가 들지만 그에 걸맞은 인정도, 축복도 없고 성장에 따라 적절하게 주어져야 할 역할도 분명하지 않다. 이런 사회에서는 성장에 따른 적절한 변환(transformation)이 이루어지지 않는다. 그래서 어른 같은 아이와 아이 같은 어른이 뒤죽박죽 섞여 살아간다. 자기를 탐색하는 삶의 여정이 개인의 과제로 주어져, 대다수 사람들이 힘겨운 성장통을 앓으며 혼돈 속에서 살아간다.

　해님달님 이야기는 수많은 통과의례 중에, 자녀들이 성장하여 부모의 자식으로서가 아니라 사회의 한 구성원으로 자신의 정체성을 전환하는 시기를 다루고 있다. 신화적인 표현을 빌자면 어머니의 세계에서 아버지의 세계로 나아가는 시기이다. 이 과정이 공동체에서 의례로 집행되지 않을 경우 호랑이가 등장하여 결국 혼란 속에서 파괴적으로 치르게 된다는 경고의 메시지도 담고 있다.

　여기서는 어리석고 순진한 오누이가 자신의 고유한 특질을 찾아 각자의 개성을 온전히 발하는 해와 달로 탄생하는 과정에 등장하는 상징적 표현에 이야기 풀이의 초점을 맞추려 한다. 이 과정은 비단 자녀뿐 아니라 어머니에게도 중요하므로, 이 시기 자녀와 어머니의 역할과 과제에 대해서도 성찰해 보려 한다. 마지막으로 통과의례가 남아 있는 사회의 사례들을 소개하여, 우리 사회에도 적절한 통과의례를 창조할 수 있는 통찰을 얻기를 원한다.

【 여 행 의 출 발 점 : 어 머 니 의 집 】

이 이야기는 산골 오두막에서 시작된다. 산골 오두막이란 인간 세계의 끝 언저리쯤에 자리한다. 바깥 세계의 영향력은 미처 이곳까지 도달하지 못한 다. 오두막 문 밖으로는 무한한 야생의 자연이 펼쳐진다. 오두막의 안팎으 로 지나친 고립과 과도한 노출이라는 대조적인 두 가지 에너지가 팽팽하게 맞닿아 있다. 이 긴장된 에너지는 오두막이 언제라도 삽시간에 변화의 소용 돌이에 휘말릴 가능성이 있음을 말해 준다.

야생의 땅에서 오두막은 곧 어머니의 보호막을 뜻한다. 어머니가 자녀의 심리에 절대적인 영향력을 행사하는, 심리적인 자궁이다. 보편적인 어머니 의 역할이란 자녀에게 먹을 것을 제공하고 위험으로부터 보호하는 것이다. 이 양육과 보호가 어머니 원형의 두 주요한 특징이며 세계의 어머니 여신들 이 공통적으로 드러내는 특징이기도 하다.

절대 아무도 건드릴 수 없는 어머니의 본능에 관한 이야깃거리들이 집집 마다 있으리라 생각한다. 우리 집도 예외가 아니다. 몇 해째 식구들이 한자 리에 모일 때마다 입요깃거리로 밥상 위에 올라 계속 배꼽 잡고 넘어가게 만드는 사건이 있다.

몇 해 전 아버지에게 담석이 발견되었다. 서울의 한 병원에서 수술을 받 기로 하고 대구 집으로 내려오셔서 수술 날을 기다리시던 중 담석이 움직이 기 시작했고 통증이 극에 달했다. 급하게 구급차를 불러 대구에서 서울로 옮겼다. 하필 눈이 내려서 도로 사정도 좋지 않았고 여섯 시간 만에 겨우 응 급실에 당도했다. 이때 우리 어머니 가방 속에서는 고이 간직하여 숨겨온 고들빼기김치 통 하나가 나왔다.

몸속의 돌들이 장기와 연결된 관에서 움직일 때의 아버지의 통증은 짐작 컨대 산통과 같았을 것이다. 고통으로 신음하는 남편을 구급차로 옮기는 다

급한 상황에서도 서울 사는 딸에게 고들빼기김치를 갖다 먹여야 한다는 투철한 잠재의식을 지닌 우리 어머니. 자식을 먹이겠다는 엄마의 일념을 누가 감히 말리리오. 구급차 타고 온 김치를 받아먹게 된 우리 언니의 첫마디, "참 본능적이잖아."

유학 생활 8년 동안 한결같았던 우리 엄마 전화 문구는 "밥은 잘 묵꼬?"였다. 서른이 넘은 딸에게 이런 유치한 질문을 한다고 고개를 갸우뚱거리던 미국인 친구들은 한국 엄마의 고래 심줄보다 질긴, 자식 먹이는 본능을 결코 이해하지 못할 것이다. 그러나 이런 질긴 본능도 잘라야만 한다는 것이, 허리끈 메고 비싼 돈 들여 공부시켜 놓으니 잘난척하는 딸이 주장하는 바이다.

이 산골 오두막집에 긴장이 감도는 것은 뱃속에서 태아가 자라나 중력이 증가하는 것과 같이, 어머니의 집인 자궁을 떠나 새 세상으로 나아갈 때가 되었음을 말해 주는 것이다. 오누이가 어머니의 보호막 안에서 바깥 새로운 세상으로 나아갈 또 다른 탄생의 순간이 임박했음을 예고하는 것이리라. 이럴 때 고래 심줄보다 질긴 어머니의 보호 본능은 덕이 아니라 독이 될 수 있다.

두 종류의 어머니가 있다고들 한다. 자녀가 어릴 때 좋은 어머니와 성장한 자녀에게 좋은 어머니이다. 이런 구분이 가능한지는 모르지만 한 어머니가 두 가지 장점을 다 갖지는 못하기 때문에 자녀도 어머니도 고통을 받게된다. 혹시 아주 현명한 어머니가 있어서 스스로 심리적인 탯줄을 자르면서 '이제 내 품을 떠나라' 라고 말할 수 있을지는 모르겠다. 하지만 진짜 이를 실행할 수 있을지는 의문이다.

어머니가 자녀를 보듬는 본능이 고래 심줄보다 강하다고 표현했다. 자녀들이 안전한 어머니 품에 머물고자 하는 본능도 늑대 심줄은 될 것이다. 이를 자르는 것이 의지나 결심만으로 가능하다면, 거의 모든 사람들이 가지고 있다는 어머니 콤플렉스는 그다지 큰 이슈가 아니었을 것이다. (제임스 힐먼은 남성이 궁극적으로 어머니 콤플렉스를 극복할 수 없기 때문에 반대급부로 가부장제가 도래한 것이라고 말했다.)

해님달님 이야기에서는 이 탄생이 산파가 조력하거나 사제가 관장하는 것이 아니라 호랑이의 등장으로 시작된다. 이렇게 가장 원초적인 자연의 힘으로 새 생명의 탄생이 이루어지는 경우를 무의식이 행하는 탄생이라고 말하는데, 이런 경우 엄청난 파괴력이 뒤따르고 혼란이 가중된다.

우리 사회에 가장 시급하게 부활되어야 할 것 하나를 들라면 단연 청소년을 위한 통과의례라 생각한다. 이는 어머니의 통과의례와도 맞물려 있다. 해님달님 이야기를 통해 통과의례의 의미를 되새기면서 의례를 부활시킬 수 있는 통찰을 얻기를 희망한다.

우선 소위 원주민 사회, 신화적 상상력을 바탕으로 살아가는, 의례가 살아 있는 사회의 통과의례를 통해 의례가 어떤 것인지 살펴보자. 언젠가 기숙사에서 친구들과 함께 보았던 한 영화를 소개한다.

아마존 유역의 정글이다. 백인들이 서서히 정글로 자신의 영토를 확장해 감에 따라 이곳에 살고 있던 원주민 종족의 삶의 터전이 위협을 받는다. 밀고 밀리는 분쟁이 끊이지 않다가 그 와중에 부모가 죽고 혼자 남겨진 백인 아기를 인디언 여인이 데려다 키우게 된다. 아이는 인디언 마을에서 인디언 식으로 자란다. 그러던 어느 날 부락의 어른이 아이를 어머니 앞에 데리고 와서 오늘이 바로 네 아들이 죽는 날이니 마지막으로 이 모습을 잘 보아 두라고 하면서 아이를 끌고 간다. (나는 오열하는 어머니의 모습을 보면서 백인 아이라 희생 제물로 바치려나 보다 하는 생각이 스쳐갔다.)

어른들에게 끌려 나간 아이는 몇 날 며칠 단식을 한다. 단식 기간이 끝나

자 아마존 정글에 북소리가 울려 퍼지고 이 아이를 비롯한 남자들의 격렬한 춤이 시작된다. 춤과 땀과 열기와 피로로 뒤범벅이 된 아이에게 마을의 어른이 의례 중에만 사용하는 특별한 약초로 만든 즙을 마시게 한 다음 과제를 준다. 혼자 정글로 들어가 마을을 치유하는 데 필요한 어떤 보석을 찾아오라는 것이다.

정글에서 아이가 벌이는 생존을 위한 투쟁과 보물을 찾는 과정은 그야말로 사투였다. 이 과정에서 아이는 자신의 영적 수호자인 독수리를 만난다. 독수리의 인도로 보석을 찾는 데 성공하고 부락으로 돌아오자 새로 탄생한 이 용사를 축하하는 성대한 축제가 거행된다.

백인 아이라 희생 제물로 바치려나 보다 했던 나의 짐작이 완전히 틀린 것은 아니었다. 통과의례를 통해 여인의 아들은 죽었다. 그리고 부락에 새로운 전사(warrior)가 한 명 탄생했다. 전사는 한 여인의 아들이 아니라 부락의 아들이고, 어머니의 보호막 아래 놓인 것이 아니라 독립된 성인으로 존재하기 때문이다.

이 영화에서 보여 준 통과의례 과정은 세계의 수많은 원시 부족 사이에 행해지는 통과의례의 전형적인 패턴이다. 통과의례는 반드시 마을의 어른들에 의해 관장이 되며, 동성끼리 참가하게 된다. 그리고 마을의 집단 의례로 거행된다.

이렇게 조상들의 오랜 경험을 토대로 체계화되어 전해 내려오는 통과의례를 의식적인 통과의례라고 한다면, 해님달님 이야기에서처럼 어른이나 집단의 협력 없이 호랑이가 등장하여 불가피하게 이루어지는 통과의례는 무의식적 통과의례라 볼 수 있다. 의식적인 통과의례가 사라져버린 현대 사회에서는 무엇이 호랑이의 역할을 하고 있을까?

사회가 안전한 장을 마련해 주지 못할 때, 에너지는 변형된 방식으로 표

출된다. 학교 폭력, 일진회와 같은 또래집단끼리의 파괴적 양상이 바로 현대판 호랑이의 모습이 아닐까 싶다. 공동체가 안전한 장을 만들어 주지 못하고, 어른들이 이끌어 주지 않기 때문에 또래집단끼리 행하는, 신성함과 의미가 퇴색된 통과 과정이 이루어지고 있는 것이다. 우선 이야기에 등장하는 호랑이의 이미지를 통해 이 과정에 대한 이해를 시도해 보자.

【 호 랑 이 가   진 행 하 는   통 과 의 례 】

우리 옛이야기에 가장 빈번히 등장하는 동물 중 하나가 호랑이다. 흔히 산신이나 맹수의 제왕으로 위엄을 떨치기도 하지만 이 이야기에서처럼 게걸스럽고 파괴적이고 우둔한 모습으로 등장하기도 한다.

해님달님 이야기에서 호랑이가 보여 주는 가장 두드러지는 특징은 먹어도 먹어도 채워지지 않는 식욕이다. 어머니가 잔칫집에서 가지고 오는 떡을 다 빼앗아 먹고도 배가 차지 않아 어머니를 잡아먹고, 그래도 성이 차지 않아 오누이까지 잡아먹으려 한다.

물론 진짜 호랑이가 이런 모습을 가지고 있을 리가 없다. '먹어도 먹어도 배가 차지 않는 동물은?'이라는 수수께끼의 답은 바로 인간이다. 호랑이는 끝없는 인간의 욕망에 대한 의인화다. 영원히 주린 배로 뭐든지 닥치는 대로 먹어치우고 먹어도 먹어도 차지 않는 배를 심리학적으로 표현하자면, 욕망이 분화되어 있지 않은 상태라고 할 수 있다. 그저 고픈 배를 자꾸 채우려고만 하는데, 문제는 무엇으로 채워야 하는지 왜 배가 고픈지 모르기 때문에 아무리 먹어도 배는 영원히 채워지지 않는 것이다. 워크숍 도중 국문학을 전공하는 사람이 호랑이의 특질에 관해 전해지는 이야기를 들려주었다.

호랑이가 사람을 잡아먹으면 온몸을 통째로 삼키는데, 절대 머리는 먹지 않는다고 한다. 그리고 잡아먹은 사람의 머리는 반드시 바위 위에 올려놓는다. 그런데 호랑이가 마을로 내려와 사람을 채갈 때 유인하는 것이 바로 먼저 잡혀먹은 영들이라는 것이다. 호랑이에게 잡아먹힌 사람들이 호랑이의 조력자로 일을 한다고 한다. 우리 산천에서 호랑이가 사라졌다니 이 이야기의 진위를 확인할 길은 없다. 이런 이야기를 하면서 '혹시 밤에 산길에서 호랑이를 만나면…' 하는 꿈도 꾸어 보지 못하게 된 현실이 맹맹하고 재미도 덜하다.

호랑이가 보여 주는 또 다른 특성은 거짓말, 술수, 위장에 능한 음흉함의 소유자라는 것이다. 동시에 우둔하고 어리석다. 오누이의 어머니를 잡아먹고 어머니 옷으로 위장하여 오누이 집으로 와서 호랑이가 하는 행위는 목소리를 가장하고, 밀가루를 손에 바르고, 거짓말을 기막히게 둘러대는 것이다. 이럴 때 호랑이는 교활하고 지능적인 인물 같지만, 우물 속에 비치는 오누이의 그림자를 보면서 물속으로 들어가려는 것이나 나무둥치에 참기름을 바르고 버둥대는 모습은 한마디로 체면 구기는 모습이다.

호랑이가 드러내는 우둔함과 간교함은 상반되는 특질로, 한 인물 안에 공존하기 어려워 보인다. 그러나 창조 신화에서 자주 발견되는 이런 인물들은 한결같이 대조적인 특성을 동시에 가지고 있다. 그 대표적인 예가 미국 인디언 신화에 빈번히 등장하는 코요테와 아프리카 신화의 산토끼, 우리 전래 동화에서는 호랑이와 도깨비, 그리스 신화의 헤르메스, 일본 신화에 등장하는 오니(귀신) 등이다. 이와 같이 신화나 옛이야기에 자주 등장하는, 상반된 특질을 가진 원형을 트릭스터(trickster)라 한다.

트릭스터의 특징은 우리 민담의 도깨비가 잘 보여 준다. 술을 마시면 잔이 아니라 항아리째 들고 벌컥벌컥 마시고, 고기를 먹을 땐 핏물 배어 나오는 짐승을 통째로 게걸스럽게 뜯어 먹는다. 비오는 날 밤 과부의 방을 제일 사랑하는 노골적인 밝힘증이 있고, 무엇이든 두드리면 나오는 도깨비 방망이에서 연상할 수 있듯 넘치게 게걸스럽다. 부유하되 결코 그 부가 지속되지는 않는다. 요술과 변덕이 죽 끓듯 하고 익살과 장난기가 차고 넘친다. 사기성이 농후한 번뜩이는 재치, 기지를 부릴 때면, 거짓말인 줄 뻔히 알면서도 속아주는 게 기분 좋다.

트릭스터는 경직된 권위와 도덕으로 무장한 사람들을 안주 삼아 잘근잘근 씹어 웃음보를 터지게 만드는 천재적인 해학과 순발력의 소유자들이다. 유혹은 기술을 넘어 예술의 경지에 닿아 있고 질펀하고 푸짐하다. 트릭스터를 결코 미워할 수 없는 또 다른 이유는 사악할 만치 지능적이지 않다는 것이다. 답답할 정도로 우둔하고 어리석어, 그들의 계략과 술수에는 순수함이 숨어 있다. 물론 각 트릭스터마다 고유함이 있어 일반적으로 말할 수는 없지만 이런 것들이 공통적인 특징이다.

이들은 신들의 세계에서 불을 훔쳐 인간에게 가져다주기도 하고, 인간에게 필요한 신기술을 처음으로 소개해 주기도 하지만 천부적인 장난기와 교활함 때문에 결코 영웅으로 대접받지는 못한다. 동식물의 모습으로 등장하기도 하고 도깨비같이 상상의 산물로도, 또 인간의 모습을 띠기도 한다. 트릭스터는 파괴적이지만 두렵지 않고, 교활하지만 웃을 수 있는, 결코 미워할 수 없는 사랑스런 캐릭터이다.

트릭스터의 주요한 역할 중 단연 돋보이는 것이 서슬 퍼런 권위와 위선을 가볍게 날려버리는 예술이다. 서양사에서 인간의 권위와 위선이 가장 적나라하게 드러난 예가 바로 중세 교회의 종교재판이다. 그중에서도 스페인의 종교재판은 악명이 높았다. 이런 중세의 암흑 속에서 편견과 권력과 타락 앞에 도전하여 승리한 반짝이는 트릭스터가 있었다.

도시에 주교가 취임해서 보니 눈에 거슬리는 유대인 한 명이 있었다. 이사람을 감옥에 가두려고 주교는 갖은 머리를 다 짜 보지만 지혜로운 유대인

은 번번이 빠져나갔다. 결국 하느님이 주교에게 내리신 인내심은 바닥이 났고 그는 무조건 잡아들이란 명령을 내렸다. 재판정에서도 이 유대인은 완벽한 자기변론을 한다. 틈이 없는 유대인을 앞에 두고 주교는 이렇게 말했다.

"내가 너의 죄를 가릴 수가 없으니 하느님께 물어보자. 주머니 속에 종이가 두 개 들어 있다. 하나는 유죄라 쓰여 있고 다른 하나는 무죄라고 적혀 있다. 네가 유죄라 쓰인 종이를 집으면 이는 신의 뜻이니 너에게 사형이 집행될 것이다. 그렇지만 무죄라 쓰인 종이를 집으면 신의 뜻에 따라 석방이 될 것이다."

신중하게 주머니에서 종이 하나를 집어낸 유대인은 그 종이를 삼켜버렸다. 그리고는 "하느님의 뜻을 알려면 내 배를 갈라라. 그렇지 않으면 주머니 속에 든 종이를 확인해 보라. 주머니에 든 종이가 유죄이면 내 뱃속의 종이에는 무죄라 쓰여 있을 것이다." 이 사람은 주교가 두 종이에 다 유죄라고 썼다는 사실을 알고 있었다. 하느님의 뜻은 주교의 뜻과 반대였던지, 주교는 이 유대인을 석방할 수밖에 없었다.

상상력이 얼어붙고 권위가 판을 칠수록 이런 트릭스터의 등장이 돋보인다. 권위든 위선이든 편견이든 정체된 삶의 틈을 절묘하게 이용하는 이들이 트릭스터이고, 트릭스터 식의 사고방식이 상상력이 부재한 사회에 유일한 해결책이 아닌가 생각해 본다.

자연히 이들은 동적인 에너지를 몰고 다닌다. 해님달님에서도 호랑이의 등장으로 고요하고 변화 없는 산골 오두막집의 일상이 순식간에 사건의 소용돌이에 휩싸이게 되듯 트릭스터는 용광로 같은 에너지를 몰고 다닌다. 트릭스터와 지루함은 함께할 수 없다. 권태나 심심함이 바로 이들의 적이기 때문이다.

주목할 사실은, 호랑이가 등장하여 일으키는 대혼란으로 산골 오두막집

에는 오랫동안 드러나지 않았던 진실이 노출된다는 것이다. 이 집안의 안정과 고요는 집밖에 도사리고 있는 위험이나 혼란과 맞서 싸워 이겨서 쟁취한 진정한 평화가 아니라, 재난이나 파괴, 질병 등 삶의 어두운 측면을 거부한 곳에서 유지되는 일시적인 평화였다. 거대한 위험이 도사리는 환경 속에 섬 같이 존재하는 이 오두막은 찰나적인 낙원과 같은 곳이다.

이 낙원에서 어머니는 최선을 다하여 자녀를 감싸 안으려 하고 오누이는 이 안락하고 따뜻한 보호막 안에 안주하고 있다. 오누이가 아직 어릴 때는 안전한 낙원이 절대적으로 필요하다. 그러나 새로운 탄생의 시기가 가까워 오면 이 낙원은 오누이에게 해가 될 수 있다. 낭만적인 오두막집의 문제점을 집어내자면, 오누이가 다음 단계의 성장으로 나아가려는 노력이나 그들의 두려움이 가시화되지 않고 있다는 점이다. 그저 어머니가 쳐 놓은 견고한 보호의 장벽 안에 머물 뿐이다. 오누이는 자신의 여정을 시작하려는 의지나 용기를 보여 주지 않는다. 어머니 또한 자녀의 독립과 분리에 대한 준비를 하지 않고, 절대 문을 열어서는 안 된다는 메시지만 주입한다.

사실 어머니와 자녀의 개인적인 노력만으로 심리적 탯줄을 잘라 자녀를 새로운 세계, 집 밖의 세계로 출산시키는 것은 쉽지 않다. 그래서 해님달님 이야기처럼 호랑이가 등장하여 이 힘든 과정을 수행하는지도 모르겠다. 미국의 시인이자 남성성 찾기 운동을 주도하고 있는 로버트 블라이(Robert Bly)는 청소년기에 트릭스터와 만나지 않고 어머니의 세계에서 아버지의 세계로 나아가는 것은 불가능하다고 말한다. 특히 이 과정은 해님달님 이야기처럼 어두운 측면, 파괴적인 측면의 트릭스터가 역할을 수행하게 된다고 주장한다.

그리스 신 헤르메스를 보면, 트릭스터의 영역은 두 세계가 만나는 곳이라는 점을 알 수 있다. 기존 세계의 틀이 깨지고 그곳에 더 넓은 세계가 나타나는 과정에 트릭스터가 개입하는 것은 어쩌면 당연하다. 호랑이가 숲이라는 원시, 무의식, 죽음으로 연상되는 저 너머 세계의 존재라는 사실이 말해 주듯, 죽음과 밀접하게 연관된, 그리고 죽음의 세계를 자유롭게 넘나드는 트릭스터가 통과의례를 관장하는 것은 당연하다.

위에서 소개했던, 원주민들이 거행하는 의식적인 통과의례든, 호랑이가 등장하는 무의식적인 통과의례든 신들의 개입, 혹은 신적인 에너지의 개입에 의해서만 죽음과 탄생이라는 이 대전환의 드라마가 가능함을 발견할 수 있다. 그렇다면 통과의례는 개인의 노력이나 기획사가 의도적으로 준비하는 파티처럼 심각하게 이성적인 형식으로 진행되는 것은 아닌 게 분명하다.

이야기로 돌아가 보자. 호랑이는 오누이의 성장을 위하여 오누이가 해와 달이 되는 통과의례에 악역을 자처한 것일까? 아니다. 호랑이는 순간적인 재미와 배고픔 때문에 이 의례에 끼어들게 되고, 결과적으로 오누이를 어머니의 세계를 떠나 아버지의 세계로 나아가게 만드는 것이다. 트릭스터의 세계, 즉 호랑이의 세계는 선과 악으로 구분되기 이전의 태고, 원시적 심리 영역에 속한다. 호랑이는 의식의 분화가 이루어지지 않은 자연 그대로의 심리, 즉 야성의 영역에 속하는 존재라는 말이다.

이 야성, 야생, 자연, 처녀림, 원시란 표현은 현대인에게 가장 큰 두려움의 대상이자 동시에 동경의 대상이다. 이곳은 산업화나 기계화, 정복이나 번영, 개발로 표현되는 현대인의 자아가 산산이 부서져버리는 세계다. 마치 어머니의 몸이 호랑이에게 토막토막 먹히듯…. 그러나 처녀림이나 불모의 사막, 그리고 사철 눈으로 덮인 고산준령은 고독과 모험과 아름다움을 추구하는 사람들의 정신적 고향이다. 자발적으로 문명을 등지고 이곳으로 찾아 들어가는 사람들이 있다.

미국의 농부 시인이자 생태운동가인 웬델 베리(Wendell Berry)는 현대인

의 야생 자연에 대한 태도가 극단적 두려움 아니면 극단적 동경으로 이분되어 있음을 강하게 경고한다. 그는 현대인에게 가장 위험한 것이 자연의 근본적인 역설을 무시하는 경향이라 주장한다. 우리에게 가장 큰 위협으로 다가오는 자연의 힘이 바로 우리를 보호하고 항상 새롭게 만드는 힘의 원천이기 때문이다. 호랑이가 보여 주는 길들여질 수 없는 야성을 단절하고 배척할 것이 아니라 바람직한 관계를 맺을 때 오히려 그 가공할 만한 힘이 우리 생명의 기운을 북돋우는 마르지 않는 에너지의 샘이 된다.

트릭스터의 애매모호한 성질과 본성적인 역설 때문에, 선과 악의 구분이 분명한 문화권일수록 트릭스터의 부정적인 측면만 강조되는 경향이 있다. 이들은 믿을 수 없거나 파괴만 일삼는다거나 혼란을 초래한다거나 심하면 악의 화신으로까지 전락한다. 그 대표적인 예가 자연을 상징하는 그리스 신, 팬이 악마의 상징으로, 헤르메스가 거짓말쟁이나 도둑으로 취급되거나 엑스터시의 신 디오니소스가 술과 마약, 섹스의 신으로 몰락한 경우이다.

우리 문화에서 호랑이를 악과 동일시하지 않는다는 사실은 대단히 다행한 일이라 생각한다. 트릭스터의 모호함을 이분법적 렌즈로 파악하려는 시도는 렌즈 자체가 잘못된 것이다. 해님달님 이야기처럼, 이들이 의도하지는 않았다 해도 오누이를 너무 늦지 않게 바깥세상으로 유도하는 데 기여하기도 하고, 정체된 에너지를 휘저어 역동적인 에너지를 불러들이기도 한다. 물론 파괴적이기도 하고 혼란도 조성한다.

호랑이에 의해 무의식적인 통과의례가 진행되지 않도록, 용광로같이 파괴적일 수 있는 에너지를 안전하게 활성화시키는 것이 의식적인 통과의례다. 통과의례에 등장하는 의례의 상징들을 살펴보기 전에 우선 이 과정에서 나타나는 어머니의 이미지를 살펴보자.

어머니란 본능적으로 자식들을 오두막에 가두려고 하는 경향이 강하다.

아이를 출산하듯 오두막 밖 세상으로 출산하려는 본능도 존재해야 하는데 말이다. 이 두 번째 출산에서 어머니가 겪어야 할 산고란 어느 정도일까? 해님달님에 등장하는 어머니 이미지를 통해 이 질문을 성찰해 보자.

【 통 과 의 례 와 어 머 니 의 과 제 】

잔칫집에서 일을 마치고 오다가 산길에서 호랑이와 맞닥뜨린 어머니의 반응은 흥미롭다. 호랑이가 "떡 하나 주면 안 잡아먹지"를 반복하자 자녀들에게 먹일 떡을 하나씩 던져 주다가, 팔이 없어도 오누이에게 돌아가는 데는 별 지장이 없다고 생각했는지 "팔 하나 주면 안 잡아먹지"라는 호랑이에게 팔을 하나 떼어 준다. 다리도 몸통도 다 떼어 준다.

어릴 때 할머니에게 들은 해님달님 이야기 중에서 이 대목만은 뇌리에 선명하게 남아 있다. 머리만 남은 어머니가 데굴데굴 굴러서 오누이의 집으로 향하는 모습을 연상해 보자. 어린 나는 어머니의 자식 보호가 이렇게 철저하다는 사실을 배우며 위안을 느꼈을까? 어쨌든 나는 단 한번도 이 이미지를 징그럽거나 잔인하게 생각해 본 기억이 없다. 아마 호랑이 뱃속에 들어간 엄마 몸을 호랑이가 똥 눌 때 다시 찾아 붙이려는 묘안이 있었던지, 도대체 무슨 생각들이 머릿속에 있었는지는 기억이 없다. 어릴 때는 전혀 문제가 되지 않았던 이 이미지가 지금은 끔찍하게 여겨진다. 상상력이 빈곤해진 탓일까?

어머니와 자녀를 잇는 끈은 몸이 댕강댕강 잘려도 끊어지지 않는 것일까? 고등학교를 졸업하더니 대학은 가지 않겠다고 선언한 맏딸에게 "그래"라고 말하고, 스무 살에 임신했다는 딸의 선언을 받아들이면서 혼인을 시키고, 중학생 아들이 외항선을 타겠다고 집을 나갈 때도 선택을 존중했던, 한마디로 탯줄 자르기를 정말 잘 실천하는 사람이 있어 물어보았다. 시간이 많이

지나 자식들이 다 자기 가정을 갖고 자기 역할을 해내는 지금, 엄마로서 자신이 해 온 역할을 어떻게 생각하느냐고 말이다.

그는 두 마음이 교차한다고 했다. 한편으로는 죄책감을 느끼고 다른 한편으로는 잘했다고 생각한다고. 무엇이 최선인지는 그 누구도 대신 답할 수 없다. 그런데 나는 이 친구를 보면서 이래도 저래도 어머니란 역할은 죄책감을 갖게 되는 자리라는 생각이 들었다. 나는 죄책감이란 덜 걸러진 감정이 남아서 소화되지 않은 앙금 같은 것이라 생각한다. 하긴, 이 친구는 자기가 이상적으로 그린 어머니에 못 미친 자신을 자책하는 것인지도 모르겠다. 예전에는 "내가 엄마로서 어떻게 해야 될까요?"라는 질문을 받으면 책에서 읽은 이론을 쉽게 내주었는데, 갈수록 이런 질문에 답하기가 어려워진다.

이야기 속에서 지혜를 얻어 보자. 이야기의 역설일까? 머리통만 남아서 데굴데굴 굴러 자녀들을 향하는 어머니는 아이러니하게도 호랑이에게 자녀들이 있는 오두막의 방향을 노출시킨다. 결과적으로 어머니가 호랑이를 오누이에게로 인도하는 것이다. 이 부분을 어머니의 무의식이 시도하는 분리의 욕구라 볼 수 있을까? 심리학에서는 두 대극적인 특질은 불가분의 관계를 지니며 하나의 극이 항상 반대편 극을 포함하고 있다고 말한다. 심리적 탯줄을 잘라내야 새 생명이 탄생한다는 단절 욕구가 자녀들을 몸 안에 품고 보듬고 먹이는 모성 본능에 이미 포함되어 있는 것은 아닐까?

딸이 어머니로부터 심리적으로 단절하기 위해, 그리고 어머니가 딸과 단절하기 위해 처절하게 노력했던 경험을 워크숍에서 들은 적이 있다. 이 친구의 어머니는 혼자 벌어서 가계를 꾸리며 자녀 둘을 돌보아야 하는 처지에 있었다. 그 와중에 세 번째 임신을 했고, 어머니는 생활고 때문에 낙태를 고려했다고 한다. 임신 중에 병원을 세 번이나 찾아갔지만 차마 그럴 수 없어 번번이 돌아왔는데, 그러다 이 친구가 태어난 것이다.

이 친구는 어릴 때 어머니의 손을 잡지 않고는 잠을 이룰 수 없었으며, 크면서도 절대 어머니 말을 거스르지 않으려 애썼고, 착한 딸이 되기 위해 진로도 어머니가 원하시는 방향으로 결정했다. 그런데 어느 날, 깊은 내면 작업을 하던 중 그녀는 태중에서의 기억을 되살렸다. 어머니가 낙태를 시도하려 했던 기억이 살아난 것이다. 왜 그토록 자신이 어머니에게 집착하고 매달리는지 그 근원을 만났다. 그녀는 이런 어머니와 딸의 생존적인 결합을 이야기하면서 의식적인 분리 작업을 시작한 계기도 말해 주었다.

어느 날 어머니와 길을 걷는데 어머니가 그에게 어떤 요청을 하셨다. 친구는 갑자기 "싫어요"라고 답을 했고, 그 순간 어머니는 그 자리에서 땅바닥에 쓰러지셨다고 한다. 그때 이 친구의 머릿속에 순간적으로, '지금 이 자리에서 어머니를 일으켜 세우면 나는 평생 이렇게 살아야 한다'는 생각이 스치고 지나갔다. 친구는 단호하게, "어머니, 뭐하시는 거예요. 당장 일어나세요"라고 말했다고 한다.

이렇게 잔인한 딸의 모습을 처음 대한 어머니는 깊이 상처를 입으셨고, 그때부터 서서히 자식들을 품에서 내려놓으려 피나는 노력을 하셨다. 30년 넘는 세월 동안 어머니에게 처음으로 "싫어요"라고 했다는 그 친구도 그날의 일을 계기로 처절하게 노력했고, 지금은 어머니와의 관계가 훨씬 건강하다고 했다.

이 친구의 사례는 결코 예외적이거나 극단적인 것이 아니다. 나는 자녀가 성인이 되어도 정신적 탯줄이 잘려지지 않아 고통 받는 어머니와 아들, 어머니와 딸들과 상담을 자주 한다. 그리고 몸은 성장했지만 성인으로의 책임감도 자기 역할도 인식하지 못하는, 어른이 되려다 턱이 걸린 듯한 젊은이들의 혼란을 보면서 우리 사회에 통과의례의 부활을 간절히 꿈꾸어 본다.

이야기로 돌아가, 머리조차 먹혀버리는 어머니의 죽음이 자녀에게 의미

하는 바는 무엇일까? 상징적으로 오누이는 더 이상 어머니가 접근할 수 없는 영역에 있음을, 혹은 어머니의 영향력이 오누이가 처한 상황에 미칠 수 없음을 뜻한다. 오누이는 "호랑이가 올지 모르니 절대 문을 열어주지 말아라"라는 어머니의 당부를 어김으로써 호랑이나 호랑이가 사는 숲의 세계를 직접 직면하게 되고, 호랑이에게 잡혀 먹히지 않으려는 필사의 노력을 통해 하늘에서 빛을 발하는 해와 달로 태어나게 된다. 더 이상 이들의 세계는 산골 오두막이 아닌, 온 세상을 내려다 볼 수 있는 하늘의 넓이만큼 확장되는 것이다.

청소년기의 통과의례라 하면, 자연스럽게 자녀들에게 초점이 맞추어진다. 하지만 이 통과의례에 직접적으로 관련된 어머니에 대해서는 별로 관심을 두지 않는 듯하다. 고래 심줄보다 질긴 본능을 어떻게 끊으란 말인가. 통과의례는 자녀와 어머니에게 동시에 진행되어야 한다고 생각한다. 잠시 어머니의 역할에 대해 조명해 보자.

【 자 신 을   위 한   어 머 니 로 의   탄 생 】

호랑이에게 자신의 몸을 한 쪽 한 쪽 내어주고 마지막 남은 머리까지 먹혀버리는 어머니의 이미지는 자녀들이 어머니의 영향권에서 완전히 벗어난다는 의미라 했다. 그런데 이 죽음이 어머니 자신에게는 어떤 의미를 지닐까? 죽음이 필연적으로 새 생명의 탄생과 연결되어 있다면, 이 시기에 무엇이 죽어야 하고 무엇이 태어나야 하는가?

어머니가 호랑이에게 잡아먹히는 이미지는 신화에서 빈번히 등장하는 모티프다. 호랑이에게도 잡아먹히고 고래나 물고기 뱃속에 삼켜지기도 하고, 때로는 지하로 난 깊은 틈으로 빠지거나 심청처럼 깊은 물에 가라앉거나 죽은 자의 세계로 들어가기도 하는데, 이러한 무의식으로의 여정을 네키야

(nekiyia)라고 한다.

해님달님 이야기에서 볼 수 있듯, 이 세계로의 여정은 온몸이 뜯어 먹히거나 분해되거나 혹은 납치, 강간을 당하는 등 죽음에 가까운 폭력으로 표현된다. 완전히 해체되는, 그야말로 죽음의 여정이다. 그러나 이 여정이 단지 혼란, 파괴, 공포, 암흑, 죽음, 종결만은 아니라는 사실을 신화의 세계는 분명하게 말해 준다. 이 시간은 영웅의 여정에서 결코 빠지지 않는 과정이다. 이 죽음의 여정을 통해 어머니에게 다시 태어나야 할 것은 무엇인가? 사실 해님달님 이야기는 이 부분에 초점을 맞추고 있지는 않다.

다만 나의 개인적인 생각으로는, 이 이야기에서 어머니는 더 이상 오누이만의 어머니가 아니라 자신을 돌보는 어머니가 되는 법을 배우게 되는 것이 아닐까 한다. 중년이란 삶의 절반의 지점에 다다랐다는 말이며, 이때는 나머지 절반의 삶을 위한 에너지를 축적하는 시기이다.

여성이 영원한 어머니라는 말은 어떤 측면에서 맞는 말이다. 그런데 진정한 어머니란 자녀를 위한 어머니일 뿐 아니라 자기 자신도 양육하고 돌볼 줄 아는 어머니이기도 하다. 결국 자녀가 성장하여 어머니의 품을 떠나게 될 때에는 어머니도 자신의 삶을 건강하고 충만하게 채워 가는 것이 자녀를 위해서도 자신을 위해서도 최선이다. 그러나 우리네 문화에서는 '자신을 위한 어머니'라는 과제에 큰 관심을 보이지는 않는다.

몇 해 전 한 텔레비전 방송국에서 '아버지와 아들', '어머니와 딸' 등의 주제로 제작한 가족 특집 시리즈를 본 적이 있다. 한 어머니가 고등학생 자녀를 뒷바라지하기 위해 학교 앞에 방을 구해 밤에는 자녀와 함께 생활하고 자녀가 등교하면 살던 집으로 돌아와 밥도 하고 남편도 출근시킨다. 두 집을 오가며 생활하는 주부의 모습이다.

한국적인, 너무나 한국적인 상황을 보면서 입맛이 썼다. 부모가 된다는

말이 곧 자녀를 위해 모든 것을 바쳐야 한다는 말일까? 이 질문에 그렇다고 대답하는 사람이 있다면 이렇게 묻고 싶다. 자녀에게 더 이상 어머니의 역할이 필요 없는 날이 오면, 그때는 어떻게 살아갈 것인가? 조금 다른 어머니의 이야기를 최근에 들었다.

공부를 잘하는 딸이 대학 졸업 후 유학을 고려했다. 엄마는 딸에게 이렇게 말했다. "네가 꼭 유학을 가야 한다면 보내겠다. 하지만 너를 유학시키기 위해 우리 가족 모두가 긴축 재정을 해야 한다. 어쩌면 집을 담보로 빚을 져야 할 수도 있다. 너를 유학 보내려면 우리 가족은 이런 희생을 해야 하는데, 그러다 보면 너 역시 우리에게 빚진 기분이 들 수도 있겠지. 우리 역시 너에게 어떤 심리적인 보상을 기대하게 될지도 모르겠다. 그런 빚을 안고 살아가겠다면 유학을 보내 주겠다." 나는 이런 '악질' 엄마가 참 신선해 보였다.

어떤 철학으로 가정을 이끌어 갈지는 각 가정이 결정할 일이다. 하지만 최소한 자식에게 '제발 한 숟가락만 더 먹어라. 제발 공부 좀 해 줘' 하는 식으로 구걸하며 살고 있다면, 자신들이 자녀보다 살아온 세월이 많다는 사실을 잊고 사는 부모가 아닌지 자문해 볼 일이다.

자기 자신을 위한 어머니가 되는 것을 꼭 현실을 모르는 이기적인 행동이라고 욕할 수 있을까? 제대로 된 통과의례가 없어 너무 오래 부모와 자식이 연결되어 살아가기 때문에 자녀도 부모도 다음 단계로의 성장이 멈춰진 데서 기인하는 기형적인 가족 문화를 재고해 볼 때이다. 자기 자신을 위한 어머니가 되는 법을 모르는 여성들이 자신에게 익숙한 자녀의 어머니 역할만을 고집하다 보니 자녀를 오두막에 가두어 두는 꼴이 되는 게 아닌지 모르겠다.

통과의례가 없는 사회의 삶은 단조롭다고 했다. 이런 사회에서 우리는 특히 여성들에게 너무 오래 어머니의 역할만을 요구해 온 것 같다. 자녀에게 어머니의 역할이 덜 중요해질 때는 여성으로의 역할이 끝나는 것이 아니라 드디어 더 많은 시간과 에너지를 자신의 탐구를 위해 쏟아야 할 시기가 온 것이다. 지금까지 의무에 묶여 미루어 두었던 자유로운 삶을 시작할 시기이다. 아름다움과 경이와 신비를 향한 삶의 여정은 끝없이 계속된다는 것을 자녀들에게 실천으로 보여 주는 것 자체가 진정으로 성숙한 어머니의 또 다른 모습이 아니겠는가.

과거에는 존재했으리라 짐작하는 의례는 이미 사라졌고 흔적도 찾아볼 수가 없다. 신화나 의례에서 신성한 힘이 사라지면, 그것들은 그저 어린이를 위한 동화나 놀이로 변하는 경우가 허다하다. 해님달님 이야기 역시 이 의례가 변형된 잔재일 것이라 추측해 볼 수 있다. 이 이야기를 통해 통과의례의 주요한 상징을 발굴해 보자.

【 통 과 의 례 의 주 요 상 징 】

문을 열까 말까? 어머니가 절대 열어 주지 말라고 했는데도, 어머니가 아님을 의심하면서도 오누이의 호기심은 호랑이에게 쏠려 있다. 밀고 당기다 결국 오두막집 문이 열리고 아이들은 우물가에 있는 나무 위로 달아난다. 호랑이는 오누이를 우물 속에서 발견하게 되고 이들은 물속으로 들어가려는 호랑이의 우매함을 보고 폭소를 터뜨려 나무 위에 있는 자신의 존재를 노출시킨다. 여기서 보게 되는 오누이의 어리석음과 순진함에서 세상에 막 발을 내디디는 사람들의 면역력 없는 어눌함을 보는 듯하다.

호랑이가 나무 위에 오르는 방법을 묻자 참기름을 나무 둥치에 바르라는 오누이는 잔꾀가 조금씩 늘어나는 듯하지만, 곧 도끼로 둥치에 흠을 내라고 가르쳐 주어 어리석음을 극복하는 것이 쉬운 과정은 아님을 보여 주기도 한다. 궁지에 몰린 아이들이 하늘을 향해 기도를 하자 하늘에서 동아줄이 내

려와 오누이는 하늘의 해와 달로 태어나고, 호랑이에게는 낡은 동아줄이 내려와 땅에 떨어져 죽고 만다는 것이 결말이다.

호랑이와 오누이가 밀고 당기는 과정에 등장하는 요소들에 주목해 보자. 우물, 나무, 참기름, 도끼, 동아줄 등이 등장한다. 이 요소들은 해님달님 이야기의 다른 버전이라 할 수 있는 프랑스 페로가 기록한 '빨간 모자'나 독일의 그림 형제가 기록한 '빨간 두건' 이야기에도 공통적으로 등장한다.

빨간 두건에는 호랑이 대신 늑대가 등장하고 기름 대신 불이, 그리고 동아줄 대신 양모 끈이 등장한다. 빨간 두건은 집으로 들어온 늑대를 속이고 달아나기 위해 오줌 누러 간다며 밖으로 나가려 하는데, 늑대는 양모 끈으로 소녀의 다리를 묶으라고 한다. 빨간 두건은 끈을 다리에 묶는 척 하면서 밖으로 나와 플럼 나무에 매어 두고 달아나는데, 해님달님에서도 나무는 중요한 등장 요소 중 하나이다. 서양 이야기에서는 이야기 끝 부분에 사냥꾼이 칼을 가지고 와서 늑대의 배를 가르는 데 반해 해님달님에서는 도끼가 등장한다.

중국에서 널리 알려진 이야기에도 해님달님처럼 호랑이가 등장한다. '호랑이 할머니'라는 이 이야기에서는 소녀가 소변 보러 밖으로 나가려 하자 호랑이가 먼저 잡아먹은 소녀의 여동생의 창자로 소녀의 다리를 묶으라고 명한다. 중국에서는 우물 대신 물바가지가 나무 옆에 등장한다. 집밖으로 나온 호랑이 할머니가 큰 나무 위에 올라가 있는 아이에게 그 위에서 무엇을 하냐고 물으니 소녀는 할머니 아침거리를 준비하려고 새를 잡고 있다고 한다. 그러면서 호랑이에게 부엌에 가서 끓는 기름을 가져오면 새 튀김을 대접하겠다고 하고는 그 끓는 기름을 호랑이 입에 부어 넣어 호랑이를 죽인다. 비슷비슷한 이런 이야기에 공통적으로 우물 혹은 바가지의 물, 기름이나 불, 도끼나 칼, 동아줄 혹은 창자, 그리고 나무가 등장한다.

물은 출산 직전 산모의 경부를 통해 터져 나오는 새로운 탄생의 전조이자 모든 생명의 원천이다. 세계의 수많은 종교 의례에서 물은 정화의 의미로 사용되고 잡귀를 물리치는 주술적인 힘을 지니고 있다. 콩쥐팥쥐 이야기에서는 지혜의 상징으로 해석하였다.

기름은 열매에서 추출한 최종 산물이다. 불을 밝히는 빛의 원료로 쓰여 빛을 상징하기도 한다. 기름은 사람들에게 에너지 공급원임과 동시에 치료의 용도로도 사용된다. 또한 고대 그리스와 유대 전통에서 기름을 바른다는 의미는 신의 은총이나 가호가 함께함을 뜻하여 기쁨의 상징으로 간주되기도 한다.

실 혹은 노끈은 모든 상태나 존재를 연결하는 기능을 한다. 등장하는 개체가 근원이나 고향, 혹은 원천과 연결됨을 상징하는 것이다. 우파니샤드에는 끈 혹은 실은 이 세상과 저 세상, 그리고 존재하는 모든 것을 연결하는 우주의 그물망을 상징한다는 표현이 나온다.

도끼나 칼은 끈과 반대되는 의미로, 단절과 절단의 도구이다. 많은 종교의 아이콘에 악을 물리치는 힘의 상징으로 등장하며 '이성의 칼날'이란 표현에서처럼 냉철한 이성적 판단을 상징한다. 죽음이나 희생의 상징이기도 한 칼은 통과의례에서 특히 중요한 상징이다.

나무는 물이나 불만큼 중요한 종교의 상징으로, 지하 세계로부터 자양분을 힘차게 빨아올려 줄기와 잎을 풍성하게 꽃피우고 그 생명의 힘을 하늘로 뿜어내는 왕성한 에너지를 상징한다. 그리고 지하, 지상, 하늘이라는 세 세계를 두루 점유하여 모든 세상을 연결하는 대상이며 지상에서 한 지점을 구체적으로 명시한다는 점에서 우주적 중심을 상징하기도 한다.

해님달님 이야기에 숨어 있는 물, 기름, 도끼, 끈, 나무는 다양한 종교 의례에서 핵심적인 상징으로 사용된다. 이런 상징들로 미루어 우리는 해님달

님 이야기가 통과의례 신화의 잔재라 생각해 볼 수 있다. 이 다섯 가지 상징물은 특히 출산에 관련된 의례에 꼭 등장한다. 아기가 태어나면 우선 칼로 탯줄을 자르고 물로 씻긴 다음 기름을 발라 신의 가호와 축복을 빈다. 새 생명의 탄생은 가계도(family tree)에서 볼 수 있듯이, 커다란 나무의 형태를 따라 조상과 연결되는 의미를 가지고 있다.

이 이야기에서 출산에 관련된 통과의례에 등장하는 상징이 발견된다는 사실은 청소년기 통과의례가 또 다른 탄생의 과정임을 말해 주고 있다. 어머니와 이어진 심리적 탯줄을 냉철하게 도끼로 잘라내어 새로운 탄생을 기름으로 축복하는 사건은 이 땅에 생명의 나무가 굳건히 자라 번성하게 하는 시작인 셈이다.

이 이야기에는 두 가지 동아줄이 등장한다. 하나는 생명의 줄이고 다른 하나는 죽음의 줄이다. 성장이 멈추거나 지혜를 얻는 길이 차단되면 우리는 호랑이의 운명처럼 퇴행, 즉 땅 어머니의 자궁 속으로 돌아가야 한다. 반면 통과의례에 성공하면 자신의 참 소명을 발견하게 되어 스스로 빛을 발하는 책임 있는 성인으로 탄생하는 것이다. 이런 존재는 당연히 하늘의 해와 달처럼 빛을 발하게 된다. 이러한 상징들이 통과의례를 준비해 보려는 사람들에게 도움이 되기를 바란다. 아직도 통과의례를 거행하고 있는 곳들의 예를 접해 보자.

【 청 소 년 기 의 통 과 의 례 의 예 】

통과의례란 어머니의 세계에서 아버지의 세계로의 전환이라는 표현을 많이 쓰는데, 이미 우리 사회는 어머니와 아버지의 역할 구분이 모호해지고 어머니와 아버지의 영역을 안과 밖으로 나누는 것 또한 진부하게 들리는 시점에 와 있다. 오히려 부모의 그늘에서 독립하여 개개인 성인으로 탄생한다는 말이 적절한 표현인 듯하다. 청소년기의 통과의례 사례 중 개인적으로 가장 인상 깊었던 것이 아프리카 중서부의 부르키나파소에서 온 시봉푸 소메(Sebongfu Some)가 강의 도중 들려준 의례이다.

그녀의 부락에서는 여인이 임신을 하면 마을 어른들이 날을 잡아 임신한 여인을 일종의 최면 상태로 만들어 놓고 그 주위에 둥글게 둘러앉는다고 한다. 그리고 어른들은 몇 날 며칠 원 안에 누워 있는 여인의 뱃속에 있는 태아의 음성을 듣는다. 그리고 이 아이가 태어나 자라서 십오 세가 되면 아이 혼자 숲속으로 보낸다. 숲에서 아이는 자신의 가장 깊은 내면에서 울려 나오는 목소리를 들어야 한다. 그 뒤 마을에 돌아오면 15년 전 마을 어른들이 들었던 음성과 이 아이가 자기 안에서 들은 음성을 대조한다. 이 두 음성이 일치하여야 제대로 통과의례가 이루어진 것으로 인정한다. 그리고 어른들이 15년 전에 들었고 또 15세가 된 이 청년이 들은 내면의 목소리에 따라 부락에서의 역할이 주어지고 일생의 소명 또한 결정된다고 한다.

평생 자신의 소명을 찾아 헤매는 것이 문명화된 사회를 사는 우리 대부분의 모습이다. 그런데 우리 모두가 이미 특별한 소명을 부여받고 이 땅에 태어났으며 각자의 소명을 정확하게 찾아낼 수 있다고 주장한다면, 사실 우리로서는 믿거나 말거나이다. 그러나 그런 믿음을 갖고 살아가는 이들을 원시인, 혹은 미개인이라 부르는 것은 우리가 어느 정도 무지하고 얼마나 편견이 강한지 고백하는 것이다.

문헌에 소개되는 많은 통과의례가 주로 남성을 위한 것이다. 그러나 통과의례가 남성에게만 국한되었던 것은 아니다. 여성을 위한 통과의례의 한 사례를 소개한다. 내가 직접 참여했던 의례이다.

십여 년 전 신화 공부를 하던 동급생들이 미국의 애리조나와 뉴멕시코에 있는 나바호와 호피 족 인디언 땅으로 답사를 갔다. 참석자 중 할머니를 따

라온 손녀 딸 니콜이 그 땅에서 열여섯 살 생일을 맞게 되었고 누군가 니콜에게 나바호 식 통과의례를 해 주자고 제안했다. 우리를 안내했던 피터는 나바호 땅에 사는 인류학자로, 답사 도중 짬짬이 통과의례에 사용하는 나바호 노래를 가르쳐 주었다.

생일날이 되자 참가자 모두 니콜을 위한 선물을 하나씩 마련했다. 내가 준비한 선물은 사막에 피어난 아주 작고 예쁜 주황, 노랑, 보랏빛 야생화를 뜯어 모아 만든 화관이었다. 미의 여신 아프로디테의 생일날 프시케가 한 아름 야생화 부케를 만들어 바쳐 여신을 행복하게 한 것을 연상하면서 말이다(참고: 로버트 A. 존슨, 『She:신화로 읽는 여성성』, 동연출판사).

의식은 니콜의 달리기로 시작되었다. 니콜은 자신이 얼마나 건강하고 힘이 있는지 모두에게 증명해 보여야 한다. 참가자 중 한 사람이 달리기를 하고 돌아온 니콜의 몸을 씻기고 머리를 감겼다. 전통적으로 이 과정은 가족 중 나이가 제일 많은 여인이 한다고 한다. 머리를 감긴 다음 니콜의 긴 머리를 빗겨 주고 우리는 최선을 다해 니콜을 치장했다. 제일 아름다운 옷을 입히고 각자 지니고 있던 모든 보석을 꺼내어 니콜을 여신처럼 꾸몄다.

그리고 니콜의 할머니인 고고학자 크리스티아가 깃털을 물에 적셔 손녀의 몸에 물을 뿌리면서 축복했다.

"너를 여인으로 다듬는 영예가 주어져 기쁘다.

여러 이름으로 불리는 위대한 여신(The Goddess)을 이 자리에 청한다. 스칸디나비아의 프레야(Freya), 켈틱의 브리지트(Bridget), 이탈리아의 미네르바(Minerva), 그리스의 아테네(Athena), 바빌로니아의 이나나(Inana)와 이슈타르(Ishtar), 이집트의 이시스(Isis), 인도의 락슈미(Lakshmi), 팔바티(Parvati), 칼리(Kali), 중국의 관세음, 나바호의 거미 여신(Spider Woman)과 변화의 여신(Changing Woman).

여러 이름으로 불리는 위대한 여신이여! 이 아이에게 필요한 강인한 힘과 진실한 여인의 아름다움을 활짝 꽃피울 수 있도록 축복하소서!"

마지막으로 우리는 갓 태어난 여인에게 각자 마련한 선물을 증정했고 여인으로 새롭게 탄생한 니콜은 우리 한 명 한 명을 축복해 주었다.

우리는 이 의례를 한 나절 동안 치렀지만, 실제 나바호 종족은 4박 5일 동안 치러낸다. 이 기간 내내 마을에서 나이든 여인들은 내내 노래와 주문을 외우며 통과의례의 주인공인 여자아이의 몸을 마사지한다. 이들은 이것을 '빚는다'고 표현하는데, 통과의례를 하는 여자아이 주변에 둘러앉은 여인들의 손길과 노래와 기원으로 탄생의 순간처럼 몸을 부드럽게 함으로써 질그릇이 빚어지듯 성숙한 한 여인이 창조되는 것이다.

그리고 이러한 과정을 거쳐 태어난 여인을 나바호 창조 신화에 등장하는 변화의 여신(Changing Woman)처럼 장식한다. 갓 태어난 여인은 실제로 변화의 여신이 되는 것이다. 변화의 여신이란 '호조'(hozho)를 관장하는 여신인데 '호조'는 나바호 말로 아름다움과 조화, 그리고 비옥함과 풍요로움을 모두 포괄하는 의미를 지닌다. 힘, 즉 호조는 바로 나바호가 이상적으로 간주하는 여인의 덕목이다.

통과의례를 하는 여자아이는 집 안에서 옥수수를 갈아 자신의 부지런함을 증명하고, 마을의 여인들은 이 아이를 마사지하여 새로운 여인으로 빚어낸다. 나흘 밤낮으로 지속되는 노래와 마사지가 5일째 되는 날 새벽 동이 틀 때 멈추면서, 새로 빚어진 여인은 동쪽으로 난 문을 통해 떠오르는 태양을 향하여 달리기를 한다.

나바호 족에게 새로 여인이 태어난다는 것은 개인적인 사건이 아니다. 갓 태어난 여인을 변화의 여신과 동일시하는 그들의 믿음은 이 여인의 탄생이 변화의 여신을 그 땅에 다시 태어나게 한다는 믿음으로 이어진다. 새로 빚

어진 여인과 함께 여신이 새롭게 탄생하여 여신의 힘 호조가 나바호 땅과 그 땅의 모든 생명들, 그리고 나바호 우주를 새롭고 풍요롭고 조화롭고 아름답게 하는 것이다.

위에서 소개한 부르키나파소의 의례와 나바호 땅에서 이루어진 니콜의 의례는 내용이나 분위기가 사뭇 다르다. 전자는 그 부족에게 오랫동안 내려오고 발전된 신비로 가득한 전통적인 통과의례이고 후자는 통과의례 전통이 사라진 문화권의 사람들이 모여 다른 전통을 차용한 뉴에이지 식 통과의례이다.

해님달님 이야기에 남아 있는 기본적인 상징들, 그리고 전통이 살아 있는 사례들을 연구하여 우리에게 적합한 의례를 창조해 볼 수는 없을까? 만일 개인이 아이에서 어른으로, 또 어머니에서 자신을 위한 어머니로 전환하는 과정을 공동체가 함께 지켜보고 관장하고 축복한다면 지금 우리의 삶의 무게와 의미가 조금은 다르게 받아들여지지 않을까?

선녀는 왜 나무꾼을 떠났을까?

나무꾼과 선녀

❄

깊은 산골에 나무꾼이 살고 있었다. 언제나처럼 나무를 하고 있는데 어디선가 사슴 한 마리가 헐레벌떡 달려와 사냥꾼에게 쫓기고 있으니 숨겨 달라고 애원했다. 나무꾼은 쌓아 놓은 나무더미 뒤에 재빨리 사슴을 숨겨 주었다. 사냥꾼이 그곳을 지나친 뒤 나무 뒤에서 나온 사슴은 나무꾼에게 목숨을 구해 준 대가로 무엇이든 소원을 하나 들어주겠다고 말했다. 혼인이 하고 싶은데 아내 될 여자가 없다는 나무꾼의 말에 사슴은 한 가지 방법을 알려주었다.

보름달이 뜨는 날 산꼭대기에 있는 연못에 가면 선녀들이 내려와 목욕을 하는데, 제일 마음에 드는 선녀 옷을 하나 훔쳐 몰래 숨기라고 했다. 날개옷이 없으면 하늘나라로 돌아가지 못하니 그 선녀를 집으로 데리고 가서 살라고 했다. 그리고 사슴은 마지막으로 선녀가 아이 넷 낳을 때까지는 절대 날개옷을 내어 주어서는 안 된다는 말을 남기고 숲으로 사라졌다.

과연 보름날 밤 연못에 당도하니 하늘에서 내려온 선녀들이 목욕을 하고 있었다. 나무꾼은 선녀들이 목욕하는 장면을 숨어서 구경하다가 재빨리 한 선녀의 옷을 숨겼다. 목욕을 마친 선녀들이 제각기 하늘로 돌아가는데 날개옷을 잃어버린 선녀만 오도 가도 못하고 어쩔 줄을 몰라 했다. 나무꾼은 재빨리 선녀를 자기 집으로 데리고 왔다. 나무꾼과 선녀는 아들 딸 셋을 낳고 잘 살았다.

그런데 이야기는 여기서 끝나지 않는다. 어느 날 선녀가 날개옷을 그리워하며 눈물을 보였다. 이 모습을 지켜보던 나무꾼은 마음이 아파 한 번만 입어 보라며 날개옷을 가져 다주었고, 옷을 몸에 걸친 선녀는 양팔에 아이를 하나씩 안고 남은 하나는 다리 사이에 끼우고는 하늘나라로 두둥실 날아 가버렸다.

아내 잃은 슬픔에 하늘을 쳐다보며 한숨만 쉬던 나무꾼 앞에 또 다시 사슴이 나타났 다. 사슴은 이게 마지막 기회라며, 보름날 산 위 연못으로 가서 하늘에서 내려오는 큰 두 레박에 올라타라고 했다. 사슴의 도움으로 두레박을 타고 하늘로 올라가 다시 선녀를 만나게 된 나무꾼은 하늘에서 행복한 나날을 보냈다.

그러나 지상에 두고 온 어머니 생각이 난 나무꾼은 선녀에게 어머니를 뵙고 싶다고 말했다. 선녀는 용을 불러 나무꾼이 지상으로 내려갈 수 있도록 도와주면서, 지상에서 뭐든지 다 해도 좋으나 절대 발이 땅에 닿으면 안 된다고 말했다. 오랜만에 어머니를 만 나 이야기를 나눈 나무꾼이 하늘로 막 되돌아가려는 순간 어머니는 나무꾼이 좋아하던 호박죽을 한 사발 내어 왔다. 그러나 호박죽을 받아든 나무꾼은 그릇이 너무 뜨거워서 용 잔등 위에 떨어뜨리고 말았고, 놀란 용은 나무꾼을 땅 위에 내동댕이치고 하늘로 날 아가버렸다.

가족을 하늘에 두고 온 그리움으로 눈물만 흘리던 나무꾼은 닭으로 변하여 매일 아침 하늘을 쳐다보며 목 놓아 울었다.

【 나 무 꾼 과　선 녀 의　혼 인 】

여성이 결혼을 통해 진정으로 얻고자 하는 것은 무엇일까? 이 질문은 남 성에게도, 또 여성에게도 아주 중요하다. 원하는 것, 추구하는 것, 꿈꾸는 것을 명확히 이름 붙일 수 있어야 결혼을 왜 하는지, 또는 왜 결혼을 두려워

하는지 알 수 있기 때문이다. 상대와 창조적인 결혼 생활을 해 나가기 위해서는 자기가 원하는 바를 이해하고 표현하는 것이 첫 단계일 것이다.

우리는 오랫동안 나무꾼과 선녀의 혼인 이야기를 남성 심리를 반영하는 남성의 이야기로 생각해 왔다. 이 이야기에서는 선녀의 목소리를 들을 수 없기 때문이다. 그러나 우리는 이 이야기를 통하여 결혼에 관한 여성들의 고민을 반추해 볼 수 있다.

모순같이 들릴지 모르지만 이 이야기는 분명 남성의 이야기이고 남성 심리의 산물이다. 선녀의 이미지는 전형적인 남성의 내면에 존재하는 여성, 남성의 아니마(anima)를 묘사하고 있다. 그러나 이 남성의 이야기의 행간을 통해, 여성들이 결혼을 둘러싸고 가장 빈번하게 고민하는, '친밀한 관계'와 '개인의 자유'라는 상반되어 보이는 감정을 동시에 충족하는 것이 가능한지 숙고해 보려 한다.

결혼의 위기라고들 한다. 이혼율이 급증하고 여성들이 원하는 결혼 연령은 계속 올라간다. 독신을 유지하는 여성이 급격히 늘어나고, 비혼이란 말도 등장했다. 전통적인 결혼 모델인 지어미와 지아비가 만나서 아들 딸 낳고 서로 인내하고 의지하며 검은 머리 파뿌리 될 때까지 한 집에서 살았더라는 줄거리는 너무 단순해서, 복잡다단한 현대인의 결혼에 대한 생각과 기대를 충족시킬 수 없는 시점에 와 있는 것일까?

기존의 모델이 해체되어야 새로운 모델이 등장한다. 결혼의 위기 앞에서 우리의 상상력을 발휘한다면, 전통적인 결혼 문화를 파괴하지 않고도 개인의 개성과 욕구를 충족할 수 있는 다양한 결혼 모델을 만들어낼 수 있을 것이다. 조금만 더 창의력을 발휘한다면 결혼이란 틀 안에서도 개인이 다양한 꿈을 꿀 수 있는 가능성은 분명히 존재한다.

선녀 이미지에서 현대 여성들이 정서적, 감정적 동질감을 느끼기는 어렵다. 이야기가 근본적으로 남성에 의해 창조된 남성 심리의 산물이기에 그러하다. 성급하고 단정적인 표현을 하는 이유는 선녀의 이미지가 전형적인 남성 내면에 존재하는 여성성인 아니마의 특징을 보여 주기 때문이다.

아니마(anima)란 남성의 무의식 안에 있는 여성성, 혹은 남성이 일반적으로 가지고 있는 여성성의 이미지이다(Jung 46). 당연히 이 이미지는 일반적인 여성의 심리적 특성과는 거리가 있다. 물론 세상의 절반인 남성과 함께 살아가는 여성들이 아니마의 영향에서 완전히 자유로울 수는 없다. 따라서 선녀 이미지가 여성의 심리를 대변하는 것은 아니지만 그렇다고 여성의 심리와 완전히 무관하다고는 말할 수 없다.

옛이야기에서 아니마가 묘사된 여성의 이미지를 쉽게 찾을 수 있다. 선녀를 비롯하여 우렁이 각시, 그리고 '구렁이와 까치' 이야기에 등장하는 구렁이 처녀, '지네 장터' 이야기의 지네 등이 그러한 이미지를 가지고 있다.

우렁이 각시는 농부가 종일 논밭으로 일하러 간 사이에 나타나 청소도 하고 빨래도 하고 맛있는 밥도 지어 놓고 농부가 오기 전에 사라진다. 어느 날 몰래 숨어서 지켜보던 농부는 우렁이 껍질 속에서 나온 아리따운 처녀가 한 일이라는 걸 알게 되고 또 처녀에게 반해 같이 살자고 애원한다.

구렁이와 까치 이야기는 선비가 산중에서 길을 잃고 헤매던 중 멀리서 불빛을 하나 발견하고 따라갔더니 대궐 같은 집이 나오고, 그 집에서 천상의 미모를 지닌 여인이 나와서 선비를 맞는 장면으로 시작된다. 집안에는 진수성찬이 마련되어 있고 식사 후에는 이 아리따운 여인과 잠자리를 함께한다. 그런데 선비가 자다가 가슴이 답답해서 눈을 떠 보니 이 여인이 구렁이였다는 것이다.

이런 여자가 현실에는 존재하지 않는다는 사실을 여자들은 너무도 잘 알고 있다. 그러나 옛이야기에는 이런 여성이 빈번히 등장한다. 이들은 현실에 존재하는 여성이 아니라 남성의 꿈에서 탄생한 남성 무의식의 산물이기 때문이다.

남성의 무의식 안에 존재하는 여성 아니마의 특징을 살펴보면 이들이 한결같이 지상에는 존재하지 않는 미모의 소유자들이라는 사실을 제일 먼저 발견하게 된다. 이들의 아름다움은 마력을 지니고 있어서 한 번 보고 반하지 않을 남자가 없다. 지상에서는 결코 들을 수 없는 목소리로 노래를 부르기도 하고 천상의 소리를 내는 악기를 연주하기도 한다. 세계의 모든 신화는 이 아름다운 여인과 마주친 남성들이 마치 주술에 걸린 듯 마력에서 헤어나지 못한다고 기록한다. 그래서 이런 만남이 남성들에게는 운명적이다.

이들은 구름처럼 가볍고 깃털처럼 자유롭다. 주로 날아다니고, 금방 나타났다가 순식간에 사라져버린다. 이들의 존재는 언제나 베일로 가려져 있어 신비롭다. 지상에 뿌리를 내리기에는 너무 가볍고, 형체로 고정되기에는 너무 가변적이다. 이들은 이 세상의 존재가 아니기 때문이다. 하늘나라, 땅속나라, 뭐라고 묘사하든 세상 저 너머의 세계에 속하는 존재들이다. 나무꾼과 선녀에서 선녀 이미지처럼 인간 세계에는 잠시 머물다가 사라져버린다.

이들이 다른 세계의 존재라는 사실은 이미지에서 잘 드러난다. 피터 팬에 나오는 팅커벨을 보면 빛을 발하면서 날아다닌다. 선녀는 날개옷이 있어서 하늘로 오를 수 있고, 인어공주는 하반신이 비늘로 덮여 있어 물속에서 산다. 팅커벨이나 엄지공주는 크기가 손가락만 하다. 반인간이나 반동물의 형체로도 등장하고 경우에 따라 낮에는 인간, 밤에는 동물로 형체를 자유롭게 바꾼다. 우리 이야기에 빈번히 등장하는 동물은 구렁이, 구미호, 지네, 여우 등이고 서양 이야기에서는 인어, 백조, 물고기 등이다.

금상첨화다. 이 신비롭고 아름답고 매혹적인 여성과 관계를 맺고 있는 동안에는 대궐 같은 집, 천상의 음악, 신들의 음식이 제공된다. 꿈에서만 가능할 모든 일들이 실제 이루어진다. 그러나 깨고 싶지 않은 꿈이 지속되는 경우는 없다. 이 꿈이 물거품이 되어 사라지는 데는 꿈을 가장 깨고 싶어 하지 않는 주인공에게 늘 책임이 있다. 주인공이 금기를 깨기 때문에 꿈 세계가 사라지는 것이다.

나무꾼과 선녀 이야기에서 금기는 아이를 넷 낳기 전에는 "절대" 날개옷을 내어 주면 안 된다는 것이었다. 또 하늘로 되돌아오고 싶으면 "절대" 발이 땅에 닿으면 안 된다고 했다. 옛이야기에서 "절대"는 반드시 깨어진다. 금기가 깨지는 순간 꿈의 세계도 사라지고 그 모든 것은 일장춘몽일 뿐이다.

나무꾼이 선녀를 찾아 두레박을 타고 하늘로 올라가듯 이야기 주인공들은 대개 잃어버린 세계를 찾아 나선다. 간혹 아니마가 인간 세계로 와서 인간의 삶을 택하여 살아가기도 하지만 나무꾼처럼 지상에 사는 남성이 꿈의 세계를 찾아 헤매다가 비극적인 결말로 끝나는 경우가 많다. 너무 달콤해서 깨기 싫지만 지속되지는 않고, 그래서 움켜잡으려 하면 할수록 더 깊이 신비 속으로 사라져버리는 신기루 같은 것이 바로 아니마와의 만남이다.

여성과 결혼을 이야기하다가 남성의 아니마에 대해 장황하게 설명한 이유는 남성이 자신의 아니마와 외부에서 만나는 여성을 구분해야 건강하고 성숙한 결혼 생활을 할 수 있기 때문이다. 또 여성은 외부로부터 제공되는 이런 이미지가 여성의 원형적 이미지가 아니라는 사실을 인식해야 한다. 실제 한 남자와 한 여자가 만날 때에는 그 남자, 여자의 의식, 그리고 남자의 무의식인 아니마와 여자의 무의식 아니무스, 이렇게 넷이 만나게 되기 때문에 상황은 훨씬 복잡하다. 쉽지는 않지만 성숙한 관계로 발전하려면 자신의 아니마, 아니무스와 자기 곁에 있는 상대를 혼동해서는 안 된다.

내면에 존재하는 여성과 남성을 이해하지 못할 때 상대에게 자기 무의식을 투사하게 된다. 상대방의 본 모습 그대로 바라보고 이해하는 것이 아니라 자기 안에 있는 모습을 거울처럼 비추어 상대방에게서 그 모습을 찾으려 하기 때문이다. 흔히 "남자가 어떻게…" 또는 "여자가 어떻게…"라는 표현을 쓸 때, 우리는 내 앞에 있는 상대를 받아들이는 것이 아니라 내가 기대하는 여자와 남자는 결코 그렇지 않다는 고백을 하는 것이다. 여기서 내가 기대하는 남자와 여자가 바로 자기의 무의식에 존재하는 아니마, 아니무스다. 이렇게 내면의 여성과 남성을 상대에게서 찾는 것을 심리학에서는 투사(projection)라 한다.

그렇다면 자기 안의 아니마, 아니무스를 어떻게 알 수 있을까? 첫 만남은 투사를 통해 이루어진다. 이를 쉽게 설명해 주는 영화 한 장면이 있다. 〈스타워즈〉 시리즈에는 깡통 로봇 알투디투(R2D2)가 등장한다. 루크(Luke)가 고물상에서 알투디투를 사와서 만지는 과정 중에 레이아(Leia) 공주의 모습이 레이저 쇼를 하듯이 입체적으로 투사된다. 루크 무의식의 아니마가 외부 세계의 스크린에 처음 등장하는 것이다.

사실 그때만 해도 루크는 레이아 공주에 대해 아는 것이 하나도 없다. 그러나 첫눈에 반한다. 위험으로 가득한 별들의 전쟁에 그가 운명적으로 뛰어드는 이유는 바로 처음 본 공주에게 눈이 멀기 때문이다. 흔히 '첫눈에 반했다'라는 표현이 이루어지는 장면을 교과서적으로 설명하자면 바로 이런 것이다.

아니마의 매혹이 얼마나 강한지 경험해 본 사람은 안다. 실제 가까운 친구에게 일어났던 일인데, 영화 못지않게 드라마틱하다. 쉰을 넘긴 친구가 어느 날 여자를 만났다. 함께 살고 싶어서 안달이 났다. 만난 지 한 달 만에 집을 팔았고, 우리의 배웅을 받으며 손수 이삿짐 차를 몰고 떠났다. 이 순발력 있는 이사는 바로 옆 동네로 가는 것이 아니었다. 우리가 살던 산타바버라에서 시애틀은 비행기로 세 시간 걸리는 거리였다. 드디어 독신을 청산하고 여생을 함께할 여인을 하늘이 내려 주었는데 하루라도 주저할 이유가 없었던 것이다. 핑크빛 향수를 폴폴 뿌리며 세상을 다 얻은 듯 의기양양하게 떠난 이 친구의 꿈은, 그러나 결국 석 달도 지속되지 않았다.

게다가 끝없이 오르는 산타바버라의 집값 때문에 살던 동네로 돌아올 수도 없었다. 그렇다고 더 이상 시애틀에 살아야 할 이유도 없었다. 일장춘몽치고는 너무 큰 대가를 지불해야 했던 친구는 왜 그때 자기를 말리지 않았냐며 원망조의 항변을 했다. 떠나기 전에 그가 했던 말들을 되새김질해 주기엔 그 친구의 상황이 너무 바닥까지 떨어져 있었다.

친구들 사이에서는 이 이야기가 '남성 폐경기'(male menopause)라는 제목의 일화로 남아 있다. 나는 이 사건을 통해, 그리고 성인 남자를 상담하면서 아니마 투사가 사춘기 소년이 한때 앓는 열병 같은 것이 아니라 일생, 특히 이 친구처럼 50대 초반의 남성들에게 더욱 빈번하게 일어난다는 사실을 알게 되었다.

건강한 남녀관계란 무의식 안에 존재하는 자신의 여성과 남성을 인식하고, 그 이미지를 상대에게 투사하지 않아야 가능하다. 그러나 이 과정이 결코 쉽지 않다는 사실을 바로 나무꾼과 선녀 이야기가 교훈하고 있다. 심리학적으로 사슴이 "절대"라고 말하는 금기는 이것이 특별히 중요하다는 사실을 부정적으로 강조해 주는 표현이다. 남성이 아니마를 의식화하는 과정에는 아이 넷을 낳는 것만큼이나 지난한 시간과 부단한 노력이 필요하다는 것이다. (숫자 4는 상징적으로 완전을 뜻한다.)

결국 이 과제는 실패로 끝이 난다. 그 뒤 나무꾼은 하늘을 향해 목을 빼고 아침마다 서럽게 우는 닭으로 변한다. 옛이야기에서 인간이 짐승으로 변한다는 것은 진화의 계단을 역행하는 것이다. 의식의 확장에 실패한 사람이 심리적으로 퇴행한다는 의미이다. 닭으로 변한 나무꾼은 동이 터오는 이른 새벽, 뭇사람들에게 의식의 여명을 촉구하는 "꼬옥 깨-요"를 외치고 있는 것이 아닐까?

후회의 노래를 부르는 것은 나무꾼의 운명이고, 이제 선녀의 변을 들어볼 때다. 내가 이 이야기에서 제일 불편한 부분은 나무꾼이 옷을 훔쳐서 선녀와 혼인을 한다는 대목이다. 선녀의 목소리를 들어 보자.

【 나 무 꾼 의   책 략 과   그 에   관 한   질 문 】

나무꾼과 선녀의 첫 만남이 이루어지는 장면을 머릿속에 그려 보자. 연못에서 목욕을 하고 나오니 날개옷이 사라져서, 친구들은 다 하늘로 돌아가는데 혼자 알몸으로 지상에 떨어져 있다. 이렇게 실오라기 하나 걸칠 것 없이 완전 무방비로 노출된, 가장 취약한 상황으로 상대방을 몰아넣어 관계를 시작해 보겠다는 남자의 심리 상태는 도대체 어떤 것일까?

남성에게 관계란 본질적으로 소유의 개념이 지배하는 것일까? 그렇다면 소유와 통제 같은 힘을 추구하는 것은 남성성의 본질인가, 혹은 인간의 본질인가? 이도 저도 아니면 내게 남성에 대한 피해의식이 있어서 남성의 사랑을 소유욕으로 치부하는 여존남비의 경향이 있는 것은 아닐까? 강압과 통제라는 힘의 논리가 지배하는 공간에서 건강한 관계는 성립될 수 있을까? 여러 가지 질문이 떠오른다.

이와 같이 내 머릿속에서 질문이 꼬리에 꼬리를 무는 이유는 개인적으로 한국에 돌아와서 이 문제가 나를 가장 힘들게 했기 때문이다. 한국 사회에 팽배해 있는 순수 악 하나를 들라면 나는 단연 위계질서라 생각한다. 위계를 질서라고 표현하는 자체가 이상하지 않은가? 위계는 질서라기보다 패악이다. 무정부적인 평등을 주창하며 질서가 필요하지 않다고 말하는 것은 아니다. 우리 사회에서 위계가 간판 문화와 결합해서 인간에 대한 기본적인 존중이 무시되는 경우가 비일비재하기 때문이다.

가부장제의 대표적인 소집단을 가까이서 볼 기회가 있었다. 회자되는 농담 시리즈에서 흔히 조폭에 비유되는 집단이다. 힘의 수직 원리나(power over) 선후배 사이의 위계질서는 절대적이다. 무조건적인 복종 문화 뒤에는 책략과 모함과 투서가 난립했고, 서로에 대한 칭찬이나 격려는 대단히 인색했다. 진솔한 감정이 위계에 묻히는 이들 사이에 대화란 피상적인 것일 수밖에 없다. 그러나 이들을 개인적으로 만나 보면 특히 미숙하거나 나쁜 사람들이 아니었다. 그 틀 속에서 모두가 희생자이고 파괴자인 셈이다.

내가 이 문제에 특별히 예민한 이유는 지난 수년 간 힘이 수직으로 작용하지 않는 체제에서 인간과 인간 사이에 형성되는 자연적이고 건강한 관계를 체험해 보았기 때문이다. 전혀 권위를 행세하려 들지 않는 사람들의 내면에서 샘솟는 자연스런 권위의 힘도 느껴 보았다. 그런 사람들과 함께하는 공간이 얼마나 생기와 의욕으로 충만한지 잘 알기 때문에 나는 이러한 관계가 기초가 되는 사회를 꿈꾼다.

우리의 상황을 이해하기 위해 이야기로 돌아가, 나무꾼이 왜 선녀를 코너로 몰아 관계를 맺는지 살펴보자. 계략을 써서 아니마와 관계를 형성하려는 나무꾼이 보여 주는 행위는 순전히 본능에 따른 것이다. 사실 이렇게 본능의 지배를 받는 사람에게서 의미를 찾는 것은 무의미한 행동이다.

우리는 선녀를 나무꾼의 아니마라 규정했다. 그렇다면 자기가 자기 내면의 여성에게 무슨 짓을 하던 무슨 상관이냐고 물을지 모르겠다. 그렇지만 우리는 남성이 자신의 아니마를 대하는 태도와 외부 세계에서 만나는 현실의 여성을 대하는 태도가 일치한다는 사실을 기억해야 한다. 여성을 궁지로 몰아 관계를 맺어 보려는 나무꾼의 태도가 일반적으로 그가 자기 주변의 여성을 대하는 태도라 봐도 무방하다는 말이다.

크든 작든 간에 강압적으로 여성을 소유하려는 남성은 에로스, 즉 사랑의 원리가 거의 발달하지 않아서 원시 단계에 머물러 있는 상태다(Jung 60). 이렇게 사랑의 원리가 발달하지 못한 남자에게 신사도를 기대하거나 성숙한 인격을 찾을 수는 없다. 이런 사람과 성숙한 관계를 기대하는 것 자체가 허망할 뿐이다.

이런 의식의 소유자가 일반적으로 보이는 태도가 바로 "당신에게 날개옷은 필요 없어"다. 이런 남성이 이 말 뒤에 꼭 붙이곤 하는 "나는 최선을 다해 가족을 돌보고 당신만을 사랑할거야"라는 굳은 결의에 찬 선언을 듣고 경계하는 여성은 많지 않다. 자기는 아내를 아주 많이 사랑한다고 믿는 사람들이 있다. 그리고 그 사람들이 수시로 하는 사랑 고백은 주로 "당신은 나 없으면 못살아"이다. 맙소사!

그렇다고 이런 표현 속에 담긴 남성들의 진심을 의심하는 여성이 있다면 남성 심리에 대해 무지한 여성이거나 남성을 너무 가혹하게 대하는 여성일 가능성이 크다. 진심은 이해하되 남성의 이런 표현이 여성에게 치명적일 수 있음을 상기해야 할 것이다. 함정이 바로 여기에 있으니 말이다.

여성에게 날개옷이 필요한지 아닌지 누가 결정하는가? 날개옷이 필요 없다는 나무꾼의 표현에서 우리는 그가 여성의 문제, 여성의 고민, 여성의 꿈을 남성적인 눈으로 바라보고 남성적인 방법으로 다루려 한다는 사실을 알 수 있다. 안타깝게도 우리 주변에는 이런 시각으로 여성의 문제를 바라보고 해결하려는 남성이 의외로 많다. 실제 상황에서 여성이 이러한 남성의 논리를 반박하기는 쉽지 않다. 뭔가 표현할 길은 없지만 가슴 한구석이 무너져 내리는 느낌을 받을 때가 바로 이러한 순간들이다.

남성들의 이런 논리가 위험한 이유는 여성으로 하여금 자기 내면의 목소리를 듣지 못하게 만든다는 데 있다. 이런 상태로 살아가는 여성은 대개 상황을 판단하고 결정을 내리는 순간, 자기의 갈망이나 필요나 내면의 요구가 판단 근거가 되지 못한다. 이런 상태로 장기간 머문 여성은 결국 자기 내면의 목소리를 신뢰할 수 없게 된다. 자기가 진정으로 원하는 것이 무엇인지 알 수 없게 될 뿐 아니라 자신이 누구인지도 모르게 되는 것이다. 결과적으로 깊은 내면을 삶의 동반자와 나눌 수 없게 되어 건강한 관계가 이루어질 수 없다.

　제자로 만나 친구가 된 하나라는 교포의 사례에서 이런 관계를 만날 수 있어 여기 소개한다. 한국의 한 대학에서 영어를 가르치는 하나는 방학을 맞아 남자친구 마이클과 동남아 여행을 계획했다. 하나가 원하는 여행은 태국의 명상 센터에 가서 일주일 동안 명상을 하고, 캄보디아 내전 피해자들을 위한 공동체에서 자원봉사 활동을 하는 등, 의미 있는 체험을 하는 것이었다. 이와 달리 마이클은 한 달 동안 동남아시아의 여러 가지 문화, 다른 음식, 다른 사람들을 접하고, 해변에서 수영을 하며 쉬고 싶어 했다.

　하나는 마이클이 여행에 관해 자기와 확연히 다른 생각을 하고 있다는 것을 깨닫게 되자, 각자 원하는 것을 하고 중간에서 만나자는 제안을 했다. 마이클은 관광을 가고 하나는 명상센터에서 지낸 다음, 만나서 같이 관광도 하고 바다도 가자는 것이다. 그러나 마이클은 둘이 따로 여행해야 할 거라면 가지 않겠다고 대답했다. 이 여행이 마이클을 위해 마련한 선물이라 생각한 하나는 마이클이 원하는 대로 하기로 하고 방콕, 치앙마이, 앙코르와트, 하노이 등의 관광명소를 도는 여행을 마치고 돌아왔다.

　까맣게 그을린 얼굴로 나타난 하나는 여행 사진을 보여 주면서, 어디를 가고 무엇을 보았고 누구를 만났다는 그런저런 이야기를 들려주었다. 그리고 마지막에는 결국 자기가 이 여행을 왜 갔는지 모르겠다고 말했다. 내면의 필요를 충족할 수 없는 시간이었던 모양이다.

여행 전에 마이클과 하나가 대화한 방식을 고려하면 이미 예측 가능한 결과다. 하나가 원하는 방향을 이야기하자 마이클은 하나를 공격했다. 그리고 마이클의 공격적인 반응에 대한 하나의 다음 대응은 지나치게 소극적이었다. 이 장면에서 마이클의 통제방식이 하나에게 통한 듯하다. 하나는 마이클과 더 이상의 대화를 시도하지 않았고, 일찌감치 포기하고 일방적으로 수용한 것이다.

하나에게 왜 자기에게 필요한 것을 그렇게 쉽게 포기하고 마이클 주장만을 수용했느냐고 물었다. 그러자 하나는 자기주장을 내세우는 것이 이기적인 행동이 아닌가 하는 의심이 들었고, 마이클이 원하는 대로 해 주고 싶었다고 했다. 이 대목이 나의 예민한 부분을 건드렸다. 희생과 포기를 구분하지 못하고, 통제 앞에 취약하고, 자신이 원하는 바를 상대에게 이해시키려 노력하지 않는 전형적인 '착한 여자'를 또 다시 대면하였기 때문이다. 나 자신과 다른 많은 여성들의 오랜 고민과 분투가 이 대목에서 여전히 재현되고 있음을 본 나는 하나에게 질문을 던졌다. "너의 필요가 얼마나 절실한 것인지 마이클이 이해할 수 있도록 기회를 주었니?"

갈등의 사례로 이 커플을 소개했지만, 사실은 건강하고 성숙한 관계를 위해 많이 노력하는 커플이다. 닭살 돋게 서로를 예뻐하고 많이 웃고 잘 놀고, 끝없이 시행착오를 하면서 자신들의 실수로부터 무언가 배우려 하는 용감한 커플이다. 그리고 자기 안에 명쾌하게 정리되지 않은 문제들에 대해 조언을 구하는 데 주저하지 않는다. 자신에게 진솔하고자 노력하는 이들의 모습을 보면서, 나는 저 나이 때 건강한 관계로 발전시키기 위해 저토록 열린 자세로 치열하게 고민했던가 되뇌어 보게 된다.

하나는 분명 자기 내면의 목소리를 신뢰하지 않거나 들을 수 없는 심각한 상태는 아니다. 그러나 수년 혹은 수십 년 동안 자기 내면의 요청을 너무 쉽게 포기해 온 사람이라면—여성이든 남성이든—그는 자연스럽게 "너에게는 날개옷이 필요 없어"라는 식의 타인이나 사회가 제공하는 준거로 자기 삶의 중요한 결정이나 선택을 할 것이다. 이렇게 자기를 잃어버리고 살아가는 상태보다 더 공허하고 외로운 삶이 또 있을까?

외로움과 공허가 여성들만의 문제는 아니라는 사실이 최근에 눈에 들어오기 시작했다. 강한 가부장제 사회에서 살아야 했던 남성들 또한 여성 이상으로 고통 받고 외롭다는 사실을 여러 사람의 이야기를 들으면서 실감하게 되었다. 자신의 목소리를 잃어버리고 어린 시절의 꿈도 버린, 자기를 잃어버린 남성이 적지 않다. 편향된 가부장제 사회에서는 내면의 감정과 정서와 삶의 의미를 중요하게 여기는 여성적 가치가 쉽게 억압되고 무시된다. 이런 결과는 여성뿐 아니라 남성에게도 깊은 영향을 미친다.

앞서 조폭 같은 남성 집단의 극단을 언급했다. 힘이라면, 수직 하향으로 흐르는 지배와 억압이 먼저 떠오르는 게 일반적인 선입견이다. 그러나 군림의 힘(power over)이 아닌, 수평으로 놓여 관계의 결속이 강화되는 자생적인 힘(power within)도 있다. 이것이 여성성의 힘이다. 또 한 번 강조하지만 이 말을 여성의 힘과 동일시하지 않기를 바란다. 가부장 사회는 힘의 수직적인 원리가 사랑의 원리보다 우세한 사회였다. 에로스의 발달이 미숙한 나무꾼은 가부장제 사회가 양산해 온 원형적 남성이다.

호랑이 담배 피우던 시절의 옛이야기에 등장하는 나무꾼을 두고, 남성 전체가 사랑의 원리가 미숙해 원시 단계에 머물러 있다고 내모는 것이 억울할 것이다. 그러나 현실을 직시하는 데서 문제의 해결이 시작된다. 여자들만 있는 공간에 자연스럽게 혼자 있을 수 있는 남자는 많지 않다. 대화할 때 스

포츠나 정치나 신문에 있는 정보 나열이 아닌, 자신의 진솔한 감정과 정서를 이야기하는 남자는 희귀하다. 술의 힘을 빌지 않으면 깁스한 것같이 뻣뻣하던 사람들은 오히려 술이 들어가면 풀어져 추태를 보이기 쉽다. 길거리만 나서면 어디서든 쉽게 만날 수 있는 이들을 나무꾼이라 부를 수 있지 않을까?

남성성과 여성성이 공존하는 지향점을 양성평등 사회라고도 하고 파트너십 사회라고도 한다. 이를 위해 여성성에 대한 이해와 계발이 선행되어야 한다. 여성성이 발달한, 성숙한 남성이라는 개념이 생소할지 모르겠다. 하지만 이제 텔레비전 드라마에서 우리는 이런 모델들을 쉽게 만나 볼 수 있다. 〈부모님 전상서〉라는 주말 연속극에서 송재호가 열연한 아버지의 모습이 그런 모델이다.

강함과 부드러움, 단호함과 포근함을 함께 지니되 절대 큰소리나 강압이나 아집이나 독선으로 가족 위에 군림하지 않는 아버지, 섬세함과 여유로움과 자애로움으로 굳건히 가족의 구심점이 되는 남성, 지나치게 여성화되어 유약한 것도 아니고 지나치게 강건하여 메마른 것도 아닌 중용의 미를 보여주는 이 사람을 아름다운 남성이라 해야 하지 않을까?

이렇게 건강하고 성숙한 사람들과 생활해 보면 이들이 얼마나 아름다운지 느낄 수 있다. 함께하는 시간이 편안하고 자유롭다. 엉뚱한 데 신경 쓰느라 일할 시간을 낭비하지 않아도 되고 예민한 부분을 건드리지 않으려 과잉 신경을 쓰지 않아도 된다. 생각하고 느끼는 바를 자유롭게 표현하는 데 주저할 필요가 없다. 이런 사람들이 함께하는 공간이 편안하고 자연스러운 이유는 순리대로 흐르기 때문이다.

자, 이제는 다른 방향으로 선녀와 나무꾼 이야기를 전개해 보자. 나무꾼과 선녀가 이 땅에서 화합할 가능성을 찾아보자는 것이다. 양성이 평등하고 건강하게 살아가는 모습으로. 내가 변하고 성장함에 따라 이야기를 바라보는 시각도 달라진다. 시각이 달라지면서 또 다른 이야기가 파생되어 나오고 이야기도 나도 계속 변해 가는 것 같다. 이런 방식으로 옛이야기들은 수백 년 수천 년 계속 살아가나 보다.

지금까지 우리는 나무꾼과 그의 아니마, 그리고 나무꾼이 여성을 대하는 태도에 관해 질문해 보았다. 이제 선녀의 이야기를 시작할 때이다. 날개옷의 상실과 회복에 밀접한 관계가 있는 선녀의 혼인 이미지에서 결혼에 관한 질문을 하고 우리의 고민을 이야기해 보자.

【 날 개 옷 : 선 녀 의 선 녀 다 움 】

결혼? 프랑스 영화의 한 장면이 이 화두를 앞에 놓은 나의 막연한 심정을 대신해 준다. 제2차 세계대전 중 파리의 한 기차역 플랫폼이다. 전장으로 나가는 군인들을 전송하기 위해 나온 가족들로 붐빈다. 기차에서 가까운 맨 앞줄에 선, 쉰 살가량 되어 보이는 여인이 남편의 모습을 한 번이라도 더 보려고 초조해 하며 서 있다. 바로 뒤에 있던 젊은 여인이 자기에게 자리를 양보해 달라고 청한다. "당신은 결혼 생활을 한 지 오래 되었지만 저는 지난주에 결혼했어요. 결혼하자마자 남편을 전쟁터로 보내야 하니 나에게 앞자리를 양보해 주세요." 오십대 여인은 이렇게 대답했다. "결혼에 관한 한 나도 초년생이오. 결혼이란 넘고 넘어야 할 수많은 계단이 있는데 매 계단마다 나는 초년생이 되고 새댁은 단지 그 첫 번째 계단에 서 있을 뿐이라오."

오래 전에 결혼이 파경을 맞았고, 지금은 굳이 분류하자면 비혼에 가까운 내가 이 주제로 뭔가를 이야기한다는 게 쉽지는 않다. 어떤 식으로 살면 성공하고 어떤 식으로 살면 실패한다거나, 행복한 결혼 생활 가꾸는 법 10계명 같은 이야기에는 답도 없지만 관심도 없다. 그런 단순하고 일반적인 지침이 혼인에 얽힌 복잡다단한 문제들을 다루는 데 도움이 되었다면 결혼 상담도, 고민 해결사도 이미 이 땅에서 사라졌을 것이다. 따라서 나는 알지도 못하는 답을 찾기보다는 더 많은 질문을 해 보려 한다.

나는 혼수, 결혼식, 고부갈등, 부부관계 등의 백과사전적 결혼을 다루려는 것이 아니다. 관심의 초점은 결혼의 영혼적 의미다. 결혼과 여성의 영혼적 성장이 함께 갈 수는 없을까? 이 둘은 애초부터 양립이 불가능한 것들일까? 이도저도 아니라면 결혼과 여성의 영혼적 성숙을 양손에 하나씩 놓고 다루려는 자세부터 잘못된 것인지도 모르겠다.

날개옷 상실이 결혼으로 연결되고 날개옷을 되찾는 것이 결혼에 위협이 되는 선녀의 딜레마에서 이야기를 시작하자. 백지 같은 상황이지만 상상력을 믿고 예기치 않던 가능성이 열리길 기대한다.

선녀에게 날개옷은 어떤 의미를 가지고 있을까? 선녀다움을 상징하는 이미지일까, 아니면 선녀라는 이름에 걸맞게 달고 다니는 액세서리 같은 것일까? 선녀를 고향, 즉 궁극적인 회귀의 장소로 연결해 주는 보이지 않는 우주의 그물망 같은 것일 수도 있다. 어디에도 귀속되지 않는 영원한 자유를 나타낼 수도 있고, 날개 때문에 땅에 뿌리를 내릴 수 없게 하는 대책 없는 순진함을 상징하는 것인지도 모른다.

이 질문에 대한 각자의 대답에 따라 날개옷 상실의 의미를 다르게 이름 붙일 수 있을 것이다. 이 문제로 들어가기 전에 우선 '선녀답다'는 말부터 살펴보자. 선녀다움이란 마음껏 날 수 있는 자유로움, 구름 같은 가벼움, 하늘빛 같은 천진함, 천상적인 수려함, 상상력, 마술 등의 이미지를 뜻할 것이고, 더불어 정착되지 않는 부유성, 책임감 결여, 변덕스러움, 믿음직스럽지 못함, 극단적인 순진함 등도 떠오른다. 혼인하는 데 선녀다움은 보호되어야 할까, 없어져야 할까? 또는 다른 형태로 변형되어야 할까?

개인적으로 선녀가 선녀답다는 것은 한 존재가 지니는 고유한 개성이라 생각한다. 이 개성은 위에 열거한 성숙/미성숙, 아름다움/추함, 지혜/무지, 모험/무책임이 두루 섞여 있다. 선녀다움이 선녀만의 개성이라면, 날개옷 없는 선녀는 여전히 선녀일까? 이는 결혼에서 여성의 개성이 존중되어야 하는가 하는 질문으로 연결된다. 이 질문은 고답적인 곳으로 우리를 인도한다. "자기를 죽여야지"라는 낯설지 않은 표현, 우리는 과연 무엇을 죽여야 하는 것일까. 선녀의 참 개성일까, 아니면 선녀의 이기심과 철없는 순진함을 죽여야 하는 것일까.

마흔을 넘어 가면서 지금의 내 모습이 어린 시절 막연하게 가지고 있었던 나의 이미지와 닮아 가고 있다는 생각을 종종 한다. 무언가를 이루고 어떤 대상이 되는 것과 관계없이 점점 더 내 자신을 알아 가는 것 같아 편하고 행복할 때가 많다. 해님달님의 이야기에 등장하는 것과 같은 통과의례도 벌써 여러 번 치렀다. 수많은 죽음도 만났다. 그러면서 어릴 때 막연했던 나의 이미지가 점점 구체화되어 가는 것 같다. 만약 선녀다움이 구체화되어 가는 나의 이런 개성과 같은 것이라면 앞으로 점점 더 가꾸고 다듬어 나가야 할 것 같다.

결혼은 필연적으로 상실-희생-단절-죽음이 요청되는 주요 통과의례 중 하나이다. 제주 전통에서 혼례복과 호상복이 같다는 사실은 시사하는 바가 크다. 상징적으로 혼례는 죽음의 의례이다. 물론 신화적 상상력이 살아 있었던 옛 사람들에게 죽음은 삶의 끝이 아닌 새로운 여정을 시작하는 출발점이었다. 오늘날 혼례와 장례를 연결할 수 없기 때문에 결혼 생활이 이토록 힘겹게 느껴지는 것은 아닌지 모르겠다.

결혼을 낭만적인 사랑-신혼의 꿈-행복으로 연결하지 않고 상실-희생-죽음으로 연결하는 이유는 내가 더 이상 이십 대가 아니기 때문이기도 하겠

지만, 가장 큰 이유는 허니문이나 로맨스의 달콤함이 끝나는 시기가 바로 진정한 결혼이 시작되는 시점이라고 생각하기 때문이다.

이에 관한 우스갯소리가 있다. 목사, 신부, 랍비가 모여서 언제부터 사람의 생명이 시작되는가 하는 질문을 놓고 열띤 논쟁을 벌인다. 신부는 수정이 이루어지는 바로 그 순간부터라고 말한다. 목사는 수정 후 완전히 착상이 된 후부터 생명이 시작된다고 주장한다. 그러나 랍비는 이렇게 말한다. 아이들이 자라서 대학을 졸업하고 집에서 키우던 개가 죽고 난 뒤 비로소 생명은 시작된다고.

갈 곳도 할 것도 많던 젊음과 격동의 시기가 지나 황혼의 그림자가 드리우고 외로움이 몸에서 스멀스멀 배어나오는 이 시기가 바로 영적 생명이 시작되는 순간이라는 랍비의 주장에 동의한다면 아직 설익은 나이에 떠는 건방일지 모르겠다. 상실-희생-죽음이라는 말로 행복해야 할 결혼에 무거움을 드리우는 사람이 하는 변명인지도 모른다. 결혼을 둘러싼 만만찮은 난제들로 되돌아가 보자.

【 혼 인 : 열 린 사 람 이 맺 는 열 린 관 계 】

최근에 약혼을 한 친구에게 결혼하는 데 가장 두려운 것이 무엇인지 물어보았다. 그는 관계를 위해 자기 꿈을 희생해야 될까 봐 두렵다고 했다. 그리고 결혼 생활에 안주하여 의존적으로 변해서 덜 도전적인 삶을 살아가게 될까 봐 두렵다고도 했다. 나는 이 친구와의 대화를 생각하다가 우리가 희생이란 단어에 지나친 피해의식을 가지고 있는 것은 아닌지 자문해 보았다.

오랫동안 내게 희생이란 단어는 두드러기 나는 단어였다. 최근에서야 서서히 이 말과 감정적 화해를 시도하고 있다. 그 동안 '여자=양보와 희생'이란 이미지에 의식적, 무의식적으로 익사할 만큼 빠져 있어서, 희생의 진정한 의미나 가치를 생각할 수조차 없었기 때문이다.

그럼에도 불구하고 나는 친구의 표현에서 희생이란 단어가 좁은 의미로 쓰였다고 생각한다. 우리가 정말 두려워하는 것은 진정한 희생이 아닐 것이다. 심청처럼 강요된 희생과 무의식적으로 행하는 희생이 두렵다. 심청 같은 주어진 이미지에 익숙해져서 자연스럽게 이것을 희생이라 착각하고 받아들일까 봐 두려운 것이다. 심리학적으로 희생이란 더 큰 의식으로 발전하기 위해 상대적으로 작은 현재의 의식을 포기하는 것이다. 내가 정말 두려운 것은 의미를 부여할 수 없는 것 때문에 더 소중한 것을 체념하고 포기해야 하는 상황을 맞는 것이다. 관계를 위해서든 자기를 위해서든 자발적으로 선택한 희생은 용기이고 자부심이고 사랑이다.

이 친구의 또 다른 두려움은 배우자와의 관계를 유지하기 위해 자기 내면의 필요를 포기해야 할지 모른다는 부담이었다. 결혼 생활에서 이런 부담은 마땅하다고 말하는 사람이 있다면, 나는 그런 결혼 생활은 위험하다고 말하고 싶다. 어쩌면 지금까지 우리가 전통적으로 받아온 교육과 다른 목소리일지도 모르겠다. 그리고 개인의 필요를 우선적으로 충족시키려는 것이 이기적이란 생각이 들지도 모르겠다. 그러나 자신이 필요로 하는 선택을 하는 것이 이기적인지 자기에게 진실한 것인지, 판단은 여러분의 내면의 목소리에 맡겨 두겠다.

희생과 자신의 필요가 만나는 지점을 생각해 보게 하는 『아낌없이 주는 나무』란 책이 있다. 한 소년이 사과나무와 친구가 된다. 사과를 따 먹고 그 그늘에서 쉬면서 나무와 함께 나이를 먹어 간 소년이 청년이 되었다. 돈이 필요한 청년은 나무에게 사과를 따서 팔겠다고 말한다. 사과나무는 기꺼이 그렇게 하라고 한다. 얼마 뒤 다시 나타난 청년이 집이 필요하니 나뭇가지를 자르겠다고 한다. 사과나무는 그렇게 하라고 한다. 필요한 것이 더 생긴

청년은 사과나무의 아름드리 기둥을 자르겠다고 한다. 사과나무는 그렇게 하라고 한다. 그리고 마지막으로 사과나무는 노인이 된 청년을 위해 자신의 밑둥치를 의자로 내 준다.

희생의 미덕을 강조하는 이 권장도서의 나무 이미지는 위험할 수 있다. 나무는 언제 "이제 그만!"이란 말을 배우게 될 것인가? "사과 가져가라. 잔가지 쳐 가라. 그러나 내 몸뚱이는 절대 안 된다. 내년에도 내후년에도 풍성한 결실을 맺어 계속해서 너에게 사과와 그늘을 주기 위해서라도 둥치는 자를 수 없다"고 말하는 나무, 아낌없이 주는 나무보다는 용감하게 자신을 지키는 나무가 이 청년과 더 지속적인 관계를 맺을 수 있지 않았을까? 그리고 이 길이 나무가 베푸는 진정한 사랑이 아닐까?

희생에 알레르기 반응을 가진 사람이 예민한 반응을 보인다고 할 수도 있다. 그러나 자기를 용감하게 지키는 나무 이야기는 없고 아낌없이 주는 나무 이야기만 주어질 때 선택의 폭은 줄어든다. 다양한 선택이나 가능성이 제시되지 않는 곳에서 희생의 진정한 의미도 희석된다고 생각한다.

날개옷을 상실하고 혼인하는 선녀의 이미지와 주고 또 주는 사과나무 이미지가 겹쳐진다. 주고 또 주다가 죽은 나무나, 선녀다움이 완전히 사라져 버린 선녀의 모습에는 쓸쓸함과 허무만 남는다. 이것이 선녀가 하늘로 되돌아간 진짜 이유가 아닐까? 선녀다웠던 옛 기억을 되살릴 수 있는 곳, 그리고 선녀의 힘을 새롭게 채울 수 있는 곳이 하늘나라였을 테니 말이다. 여기서 하늘나라를 친정이나 출생지인 산부인과 병원쯤으로 생각하지 말기를 바란다. 하늘나라는 삶이 시작되는 원천, 언제나 되돌아가 잃어버린 자신의 중심을 회복할 수 있는 심리적, 영성적 본향이고 깊은 고독의 세계이다.

나무꾼과 선녀의 이야기는 아직 완결되지 않았다. 이 이야기는 공식적인 마무리 멘트, "영원토록 행복하게 잘 살았더란다"로 끝나지 않는다. 선녀는 하늘나라에서 나무꾼을 기다리고 나무꾼은 지상에서 하늘을 향해 목 놓아 울고 있다. 성숙하고 열린 사랑을 하기에는 나무꾼도 선녀도 아직은 갈 길이 멀어 보인다. 건강한 관계를 형성하려면 자신을 알고자 하는 노력이 동반되어야 한다.

자기 탐구에 게으르지 않은 깊은 영혼의 소유자들이 형성하는 관계는 아름답다. 개인의 영혼이 자유로울수록 친밀함도 더 깊어지기 때문이다. 결혼할 때 부부는 반지 두 개를 하나씩 나누어 낀다. 같은 모양의 반지가 서로 다른 두 영혼을 연결함과 동시에 각자 손가락에 낀 반지는 자기 영혼과의 약속이라 할 수 있겠다. 그래서 나는 반려자와의 혼인 서약에 자신에게 최선을 다한다는 자기 서약도 포함되었으면 좋겠다. 최선을 다해 자기를 돌보는 것이 가장 건강한 관계를 만드는 길임을 보여 주는 단순한 이미지가 있다. 틱낫한 스님의 책 『평화로움』에 등장하는 이미지다.

서커스에서 그네타기를 하며 살아가는 한 부녀가 있다. 어느 날 아버지는 이렇게 말한다. "우리가 잘 살아가려면 서로를 돌보아 주어야 한다. 내 목숨이 네 손에 달렸잖니. 제발 나를 돌보아 다오. 나도 최선을 다해 너를 돌볼게." 딸이 대답했다. "아니에요, 아버지. 우리가 각자 최선을 다해 자신을 돌볼 때 그네타기를 잘 할 수 있어요. 공연을 하는 동안 최선을 다해서 아버지를 돌보세요. 아버지가 안정된 마음으로 경각심을 늦추지 않으면 제게도 도움이 돼요. 저도 줄 위로 올라갈 때 각별히 주의해서 실수나 잘못이 일어나지 않도록 애쓸게요. …아버지, 최선을 다해서 아버지를 돌보세요. 저는 최선을 다해서 저를 돌볼게요. 그러면 아버지와 제가 이 일을 오래 할 수 있어요."

최고의 곡예를 선사하기 위해 가느다란 줄 위에 고락과 운명을 걸어 놓고 함께 노력하는 부녀의 이미지에서 부부관계를 생각해 본다. 사실 부부뿐 아

니라 모든 인간관계에 적용되는 이야기일 것이다. 곡예사 부녀처럼 최선을 다해 자기를 돌보면서 창의력을 꽃피워 나갈 때 관계도 건강해진다. 성숙한 개인이 성숙한 관계를 형성할 수 있기 때문이다.

우리는 결혼을 희생과 죽음으로 연결하면서 로맨틱한 사랑—꿈—행복에 대해서는 잠시 미루어 두었다. 조셉 캠벨이 인터뷰에서 결혼이 무엇이라고 생각하느냐는 질문을 받은 적이 있다. 그는 "엄청난 시련"이라고 대답했다. 결혼의 어려움을 강조하여 비관론을 확산시키려는 의도는 아니고, 결혼에 관한 낭만적 환상이 오히려 결혼 생활을 받아들이는 데 장애가 될 수 있기에 하는 말이다.

삶의 긴 여정을 누구와 함께한다는 사실 자체가 너무나도 소중하다. 예기치 않은 상황들을 함께 헤쳐 가고 서로의 관심과 감정을 나누면서, 자신이 성장해 가는 과정을 지켜보는 누군가가 늘 가까이에 있다는 사실이 정말 아름답다. 고락을 겪으며, 가슴을 점점 더 넓게 열어 더 깊이 사랑하고, 삶의 경이로움과 신비를 함께 누릴 수 있다면 거듭거듭 사랑에 빠져 로맨틱한 사랑—꿈—행복을 결혼이란 이미지와 결합할 수 있을 것이다.

나는 결혼에 관해 별로 할 말이 없는 사람이라고 글에 앞서 고백했다. 개인적으로 결혼은 꼭 해야 하는가, 결혼에 적령기가 있는가, 혹은 혼수니 시집이니 하는 사안은 관심 밖이다. 호기심이 있는 것 열 개를 꼽아 보라고 해도 결혼은 그 속에 들어가지 않는다. 그래도 이런 결혼이라면 한번 해 보고 싶다는 생각이 드는 모델이 있었다. 내 꿈 선생님 제러미 테일러와 그의 아내 캐시의 결혼 생활의 한 일화다.

이들은 40년 이상 부부관계를 유지해 왔다. 그리고 이 긴 세월 동안 부부는 아침마다 꿈 작업을 해 왔다. 간밤에 꾼 꿈을 서로 이야기하고 꿈의 언어를 이해하려 노력해 온 것이다. 그렇다 보니 이들의 결속이란 보통 사람의 상상을 뛰어넘을 정도여서, 두 사람이 떨어져 있으면 똑같은 꿈을 꾸기도 한다. 나는 영혼의 동반자(soul mate)라는 말을 들으면 맨 먼저 이 부부가 떠오른다.

제러미는 미국뿐 아니라 전 세계에서 연중 꿈 워크숍을 한다. 자연히 집을 비우는 시간이 많다. 4년 전 제러미가 미국 동부에서 워크숍을 하다가 갑자기 머릿속이 하얗게 되는 이상한 체험을 했다. 그는 이상한 느낌을 무시하고 워크숍을 계속 진행했다. 워크숍이 끝나고 개별상담을 한 뒤 호텔로 돌아온 시각은 자정에 가까웠다. 호텔 데스크에 메시지가 기다리고 있었다. 아내가 심장 발작이 일어나 수술중이라고 샌프란시스코에 있는 의사가 남긴 메시지였다. 그의 머리가 하얘지던 순간은 바로 아내의 심장 발작이 일어난 시간이었다.

제러미는 다음 날 첫 비행기로 병원으로 달려갔다. 다행히 수술이 잘되었고 아내는 회복 중이었다. 그러나 아내는 자신이 가장 절박하고 두려운 순간에 사랑하는 남편에게 가 닿을 수 없었다는 사실에 버려진 느낌 (abandonment)을 강하게 느끼고 있었다. 물론 그녀는 제러미의 사정을 누구보다도 잘 이해하고 있었다. 이성적으로는 말이다. 그러나 그녀의 무의식은 그것을 용납하지 못했다. 아내의 이런 무의식의 반응을 다루기 위해 부부는 1년 동안 노력해야 했다고 말해 주었다.

서로의 무의식이 나타내는 반응까지 존중하는 커플. 서로의 무의식의 반응을 들을 수 있는 커플. 무의식의 반응을 존중하고 인내를 가지고 다루는 커플의 사랑. 이들의 결혼은 영혼적 깊이에 닿아 있는 것 같다.

【 새 로 운 결 혼 의 건 축 】

혼인을 희생-죽음-로맨틱한 사랑-행복으로 연결해 주는 단꿈을 꾸기 위

해서라도, 나같이 혼인에 냉담한 사람을 위해서라도 좀 더 창의적이고 다양한 결혼 모델이 등장할 필요가 있다. 결혼이라면 먼저 떠오르는 아파트, 부부, 두 자녀, 그리고 자녀 교육이라는 도식적인 이미지를 깨뜨리고, 부부관계가 중심이 되는 자기들만의 상상의 공간, 꿈의 공간을 창조한 사람들이 있다. 여기서 소개할 사례들은 철저히 부부 중심인 서양의 가정들이라 한국 정서에 맞지 않을 수도 있다. 그러나 가정을 집이라는 물리적인 공간보다는 부부 간의 관계를 규정하는 심리학적인 공간으로 규정한다면, 결혼을 둘러싼 상상의 공간을 넓혀갈 수 있으리라 생각한다. 심리학자 노어 홀(Nor Hall)이 스프링 저널에 소개한 논문(Architecture of Intimacy, Spring Journal)에서 약간의 살을 붙여 소개한다.

먼저 부부의 공간 연출을 스칸디나비아의 노르드–스카디(Nord-Skadi) 딜레마를 해결하는 모델에서 시작해 보자. 이 신화는 한 사람은 바다를 좋아하고 다른 한 사람은 산을 좋아하는 부부의 이야기이다. 이 둘은 자기가 좋아하는 공간이 아닌 다른 곳에 있으면 초조해지고 불편하고 쉽게 병이 난다. 이 부부의 딜레마를 해결하기 위해 집의 가운데 큰 거실을 만들어 공동 공간을 연출해 보자. 그리고 이 거실을 중심으로 양쪽으로 날개를 달아 각자 한쪽씩 자기 공간을 마련하는 것이다. 이 공간의 주안점은 친밀함이다. 자기 공간을 은폐하고 함께 살면서 독자적인 생활을 영위하려는 의도는 아니다. 실제 건축가들 중에도 부부가 함께하는 공간을 중앙에 배치하되 개인의 고독을 위한 공간을 보호하도록 자기 집을 설계해 살고 있는 이들이 있다.

부부가 한 집에 살지 않는다는 사실은 낯설게 들릴 수 있다. 극작가 존 게르와 디자이너 아들르는 결혼하고도 각자 자기 집에서 살았다. 이들은 나란히 아파트 이웃에 살면서, 두 아파트 사이에는 문을 하나 내어 서로가 필요할 때 드나들 수 있도록 했다. 작은 아파트 한 칸 마련하는 것이 평생 봉급생활을 해도 불가능한 서울 사람들에게는 팔자 좋은 사람들의 장난처럼 비쳐질지 모르겠다. 그러나 이런 공간 연출을 문자 그대로 물리적으로 보지 말고 결혼이란 관계를 상징하는 심리적인 공간으로 상상해 보길 바란다. 오랫동안 자기만의 방에서 생활해 온 나 같은 사람은 누구와 함께 공간을 나누어야 한다면 이런 심리적 공간이 모델이 될 것 같다.

아파트가 아닌 주택을 연결한 커플도 있다. 이들의 명성만큼 집도 명소가 되었다. 멕시코의 화가 프리다와 남편 디에고의 경우다. 프리다는 3층짜리 작은 집을 사서 온 집을 푸르게 칠했다. 역시 3층짜리 옆집에는 디에고가 살았고, 그는 집을 온통 분홍색으로 칠했다. 이 둘은 3층 베란다 사이에 다리를 만들어 두 집을 연결했다. 이 공간 배치로 이들의 부부관계를 유추해 보면 평등과 자유, 독립이란 개념이 강하게 드러난다. 이들은 몸이나 재산, 자녀 등 땅적 요소보다는 하늘에 가장 가까운 꼭대기 층을 통해 서로를 친밀하게 연결하는 동지이자 반려자이기를 추구한다.

우리는 가족 하면 일반적으로 자녀를 먼저 떠올린다. 그러나 버지니아 울프의 결혼은 이런 상식을 초월했다. 울프의 결혼은 영어식으로 소위 손만 잡고 식장에 걸어 들어가는 것이었다. 결혼반지도 없고 공유하는 재산도 없고 자녀도 없다. 부부 모두 이런 결혼에 동의했고 이 동의에 맞춰 각자의 작업실을 설계했다. 이것은 창작 활동과 생활을 하는 공간이 같아 24시간을 한 공간에서 함께 지내야 하는 부부에게 알맞은 모델이다.

이들은 창고를 작업실로 개조하고 가운데를 두꺼운 벽으로 막았다. 상대방에게 자기의 작품을 보여 주지 않았을 뿐 아니라 부부 간의 대화에 작품에 관한 것은 제외했다. 각자에게 가장 중요한 관심사와 열정을 나누지 않는 부부를 연상하기 쉽지 않은 이유는 부부란 모든 것을 함께 해야 한다는 비현실적 명제가 아직도 내 사고를 깊이 지배하고 있기 때문일 것이다. 부부는 함께 살면 서로 닮아 간다고 한다. 독자적인 작품 세계를 보호받자면 충분히 타당한 배치로도 여겨진다.

한평생 같은 공간에서 시간을 보내며 작업을 하는 사람이 있는 반면, 일 년 중 일정 기간은 함께 지내고 나머지 기간은 다른 곳에서 사는 가정의 모델도 있다. 어느 극작가의 경우 자기 반려자와 30년을 함께했는데, 30년 간 매년 5개월은 집을 떠나 다른 곳에서 작품에만 전념했다고 한다. 그리고 작품을 마치면 집으로 돌아와 7개월을 함께 생활했다. 일을 하는 시공간과 결혼 생활의 시공간이 철저히 분리된 경우다.

위의 사례는 대부분 서양의 예술가들이 그들의 상상력을 동원하여 창조한 그들만의 독특한 결혼 공간이다. 흔히 꿈의 집이란 표현을 사용한다. 노어 홀에 따르면, 꿈의 집이란 지루함과 고독과 백일몽이 허용되는 꿈을 꿀 수 있는 집을 뜻한다. 꿈꾸는 것이 허용되지 않는 집에 살면, 충족되지 않는 꿈과 환상을 집 밖에서 찾아 헤매게 된다. 상상과 꿈과 환상을 허용하는, 꿈 꿀 수 있는 공간을 창조한다는 기대만으로도 막막하게 느껴지는 결혼에 대한 새 꿈을 꾸어 볼 수 있을 것 같다.

그렇다면 선녀의 선녀다움과 나무꾼의 삶의 터전을 모두 보호하면서 이들을 연결해 주는 공간 연출이 가능해질 것도 같다. 선녀가 날개옷을 빼앗기지 않아도, 나무꾼이 날개옷을 훔쳐 선녀의 발목을 잡지 않아도 이들이 자유롭게 자신의 꿈을 꿀 수 있는 공간이 있다면 어떨까? 둘이 맨 처음 만난 호숫가에 2층으로 흙집을 지어서, 선녀가 사는 위층은 천문대 돔처럼 문을 열어 마음껏 하늘을 들여 놓고 나무꾼이 사는 아래층은 숲으로 길을 내어 열심히 나무를 자를 수 있게 하자. 서로가 보고플 때면 전용 수영장에서 홀라당 벗고 풍당풍당 멱 감으며 만나고. 결혼도 꿈꿀 만하네!

참 고 문 헌

• Hall, Nor. "Architecture of Intimacy." Spring journal, vol 60 Fall, 1996. pp13-26.

• Hanh, Thich Nhat. Being Peace. Berkeley: Parallx Press, 1987.

• Jung, Emma. Anima and Animus. Dallas: Spring, 1981.

공주와 바보이반

✿

왕국에 공주님이 있었는데 이 공주님은 항상 우울하거나 화가 나 있었다. 오랜 고민 끝에 임금님은 방을 붙였다. 누군가 공주를 웃게 만든다면 공주와 결혼시키고 왕국의 절반을 차지하게 될 것이라고 했다. 그러나 성공하지 못한 도전자는 목숨을 내놓아야 한다고 덧붙였다. 방이 붙자 수많은 선남들이 몰려들어 제각기 기지와 노력을 총동원했지만 이들의 노력은 모두 수포로 돌아갔고 하나 둘씩 목숨을 잃어 갔다.

그러던 어느 날, 바보 이반이 긴 대나무 피리 하나와 새끼 돼지 세 마리를 데리고 궁전에 나타났다. 이반이 공주를 만나고 싶다고 하니 모두가 바보의 무모한 도전을 비웃었다. 그러나 이반이 피리를 불기 시작하자 상황이 달라졌다. 돼지 새끼 세 마리가 피리 소리에 맞춰 춤을 추는데, 이를 지켜보던 공주가 까르르 웃음을 터뜨린 것이다. 임금님의 약속대로 이반은 공주와 결혼을 하였고 왕국의 절반을 차지하여 오래오래 행복하게 잘 살았더란다.

【 쑥 스 럽 지   않 은   성   이 야 기 】

러시아 인들이 가장 사랑하는 이야기가 바로 이 바보 이반 이야기라고 한다. 너무 단순하고 싱거운 이 이야기가 시대를 초월해 국민적 사랑을 받는다는 사실이 의아하다. 러시아 인들은 취향이 독특한가? 그런데 좀 더 들여다보면 입가에 배시시 웃음이 번진다.

우리 옛이야기 풀이를 하다가 갑자기 러시아로 건너가 당혹스러울지 모르겠다. 성이라는 주제를 다루기 위해 우리 옛이야기를 찾아보았으나 마땅한 것을 만나기 어려웠다. 과연 우리 옛이야기 중에는 바보 이반 이야기처럼 툭 까놓고 성을 묘사하는 이야기가 없었을까? 너무 날것이어서 낯 뜨겁지 않고, 적당한 격과 멋을 갖추어 농밀하면서도 해학이 넘쳐나는 그런 이야기가 우리네 속에 존재하지 않았을까?

성에 관한 풍자와 해학이 묻어나오는 민담이 없다면 어불성설이다. 프로이트 렌즈로 들여다보자면 세상의 모든 이야기는 성을 주제로 하고 있다. 그렇다고 해도 점잖은 이 땅의 할머니, 할아버지들이 엉큼한 웃음 지그시 눌러 참고, "손자 손녀야! 바보 이반이 기~다란 피리를 척 빼들고는 마음대로 놀리기 시작하거든. 그러자 천 년을 다물었던 공주의 입이 탁 터지면서 웃음이 마구 터져 나오기 시작하는데, 그 소리가 하도 당차고 시원해서 왕국 전체로 마구마구 퍼져나갔다는구나!"라고 말하는 식의 장면은 최소한 내 어릴 적 할아버지, 할머니와 나 사이에선 상상조차 할 수 없었다.

원초적이고 본능적이고 자연스럽고 신비로운 성에 관한 묘사가 가장 오래된 인간의 표현 양식 중 하나인 이야기의 형태로 회자되지 않는 사회를 상상할 수 있을까? 이런 노골적인 뻔뻔함이 오히려 점잖은 척 모르는 척 떠는 내숭보다 건강하다. 입이 발달한 인간들이 실전에 약한 것이니, 우리 조상들은 주둥아리로 나불댈 이유가 없을 정도로 성에 대해 질펀하고 편안하고 자유로웠다면 나는 이 땅에 태어난 것이 자랑스럽겠다. 그러나 나의 부모님을 보면 그렇지도 못한 것 같다.

그분들은 남녀가 함께 있다는 것조차 남세스럽게 여기는 세대다. 일흔이 넘은 나이에도 두 분이 어디를 가실 때는 빠르게 걸으시는 아버지를 앞에 두고 꼭 세 걸음 뒤에서 어머니가 따라가신다. 그 옛날에는 길을 걸을 때 한 줄로 나란히 서서 좌측통행하라는 교육이 철저했던 모양이다. 이 모습이 숭하게 보이는 자식들이 둘이 손을 잡거나 팔짱이라도 끼고 가라고 '교육'을 해도 영 통하지 않는다. 손잡고 걷는 것이 수줍은 사람들 사이에서 아이가 네 명이나 태어났다는 사실은 기적이다. 꿈속에 오이 밭에 가셨다가 태기가 있으셨던 건 아닌지.

러시아 옛이야기로 시작해서 우리 부모님까지 동원하는 이유는 성이란 자연스럽고 좋은 것이라는 진실을 어릴 때부터 배우지 못한 억울함 때문이다. 마흔이 넘은 나이에도 몸이 머리만큼 자유롭지 못해서 억울하다. 몸의 해방 없이 정신의 해방이 없다는 사실을 믿기에 마사지도 배우고 태극권도 배우고 요가도 하지만, 섹스에 관한 한 솔직하지도 편안하지도 못하니, 나는 몸과 정신이 분리되어 통합되지 않은 인간이다.

전문가들을 대학에 초청해 성교육을 한 적이 있는데, 학생들과 함께 그 강의를 들으면서 이건 아니라는 생각이 들었다. 성교육이란 게 신체에 관한 해부학적 지식을 강조하여 어떻게 하면 임신이 된다는 등의 원리를 강조하거나 성폭력의 사례들을 설명하면서 폭력에 대처하는 방법을 가르쳐 주는 식으로 진행돼서는 안 된다. 나는 성교육이 성이 얼마나 좋은 것이고 신비로운 것이고 아름다운 것인가 하는 이야기부터 시작되어야 한다고 생각한다. 너무 소중하고 아름다운 것을 함부로 남용하거나 억압할 사람은 없다. 그리고 이 소중함과 아름다움을 자기 안에서 발견하면 자신의 힘과 자부심이 된다.

예전에도 성이 이렇게 불편하고 감당하기 어렵고 표현하기 어려운 대상이었을까? 그 옛날로 돌아가 이성이나 윤리나 체면으로 왜곡되고 오염되지 않았던 시절의 성 문화를 알고 싶다. 나는 옛것이 좋은 것이라고 주장하며 "아, 옛날이여"를 주제가로 삼는 회상주의자는 아니다. 과거를 통해 현재의 성 문화를 반추해 봄으로써 건강하고 자유로운 성 문화 창조를 고민하고 싶은 것이다.

【 피 리 와   돼 지 와   공 주 의   웃 음 】

바보 이반 이야기를 너무 짧게 전한 것 같아 군더더기를 붙인다. 이 이야기는 '어머니 러시아'(Mother Russia)로 상징되는 검고 비옥한 토양을 가진, 그리고 끝없는 동토의 땅 시베리아를 가진, 세계에서 가장 다양한 민족들이 공존하고 보드카와 열정적인 춤판이 살아 있고 구원의 여신들이 문학에 가득한 거대한 나라 러시아에서 탄생했다.

땅과 자연과 여신이 삶의 터전이자 중심인 러시아 인들이라면, 프로이트를 공부하지 않았더라도 이반의 대나무 피리와 공주의 웃음, 돼지 새끼의 춤과 노래가 이끌어 가는 이야기가 자연스럽게 이해되었을 것이다. 아직도 멀뚱멀뚱해 하는 사람을 위해 섹시하지 않은 설명을 붙이자면, 피리와 남성의 성기는 닮은꼴이고 돼지는 다산의 상징이며 웃음과 풍요와 섹스는 신화에서 불가피하게 연결되는 신화소이다. 아직도 바보 이반과 공주 사이에 무슨 일이 있었는지 감이 없다면, 천년만년 처남 처녀로 살던지. 그렇다고 이 천재적인 해학을 이반이라는 밤 기술이 좋은 남자가 공주에게 성적 쾌감을 선사해 행복하게 만들어 주었다 정도로 치부해버린다면 애석하다.

심 봉사와 심청, 콩쥐와 원님, 나무꾼과 선녀의 이야기를 거치면서 익숙해졌겠지만, 공주란 한 개인을 칭하는 것이 아니라 원형적인 여성을 의미하는 추상적 표현이다. 공주가 우울하다는 말은 왕국의 미래를 상징하는 대표

적인 여성성이 생산을 하지 못한다는 의미이다. 우울이란 본질적으로 창조와 관계가 있어서 우울하면 창조를 못하고, 창조적으로 표현할 수 없을 때 우울하다고 표현한다. 심 봉사에게서 살펴보았듯이 우울이란 모든 것이 가라앉아 생명의 기운이 흐르지 않고 새 생명이 탄생하지 않는 암울하고 정체된 상태다.

왕의 고민은 자기 딸 공주의 우울증을 치료하려는 개인적인 것이 아니다. 아무리 전제군주 시대라 해도 딸의 병을 고치기 위해 왕국의 절반을 걸 만큼 공사 구분이 안된다면 예나 지금이나 청문회에 불려나갈 것이다. 공주의 우울은 왕국 전체를 지배하는 에너지이고 왕국의 미래를 예측할 수 없는 암울한 상황으로 만들었으니, 왕국 절반을 내걸 만큼 심각하다는 의미다.

이곳에 웃음이 돌아온다는 말은 나라 전체를 덮은 깊은 우울을 극복한다는 뜻이다. 왕국에 생명의 기운이 다시 흐르기 시작하고, 다시 미래를 꿈꾸게 된다는 말이다. 이런 중차대한 과제를 해결한 이반에게 나라 절반을 떼어 주고 공주와 혼인을 시키는 것은 당연하지 않겠는가? 그런데 왜 이런 영웅을 바보라 부를까?

신화에서 바보는 대단히 중요한 원형이다. 한 시대를 바꾸고 새로운 시대를 여는 빛이 되며 그 빛의 힘으로 미래가 전개된다. 우리 이야기 중에 바보 온달이 이런 영웅의 예다. 바보 온달도 이반처럼 공주하고 결혼하고 나중에 대장군이 된다. 서동 왕자도 주몽도 다 바보의 원형에 속한다. 서자로 태어나 전통적인 교육보다는 저잣거리 소외된 사람들 사이에서 세상을 배우고, 적자 왕자들로부터 모진 시련을 겪는 등 바보 원형의 전형적 패턴이다. 러시아의 대표적인 바보는 이반이다. 러시아에는 수많은 이반 이야기들이 있다. 『다빈치 코드』의 성배 이야기보다 훨씬 오래되고 유명한 성배 신화에 등장하는 파르시팔도 바보고, 〈반지의 제왕〉에 등장하는 프로도도 바보고, 이 책에서 다루었던 콩쥐도 바보고, 성경의 예수도 진정한 바보다. 우리 각자 안에도 이런 바보가 존재한다.

바보란 대개 왕국 중앙에서 가장 먼 곳에서 태어난다. 혜택을 적게 받는 계층이다. 교육을 받지 못하고 재산도 물려받지 못한다. 그래서 기존의 가치나 틀에 예속되지 않는 절대 순수가 이들 안에서 보호된다. 이들은 운명적으로 무에서 유를 창조하되, 온전히 자기만의 방식으로 창조해야 한다. 자연히 인간의 한계를 넘는 시련은 예외 없이 뒤따른다. 마지막에는 영웅이되든 왕이 되든 새 왕국을 건설하고 새 시대를 연다. 이들을 바보라 부르는이유는 기존의 틀에 갇힌 사람들이 이들의 천재성을 몰라보기 때문이다. 이바보와 대조적인 사람들이 바로 공주를 웃게 만들려다 실패하고 죽어간 무수한 선남들이다.

바보를 두드러지게 만들려면 선남들이 등장해야 하나 보다. 이들은 귀족의 자제들이고 부와 영예를 누리고 또 공통적으로 바보를 해하거나 죽이려혈안이 되어 있다. 마지막에 바보가 영웅으로 탄생할 때 이들은 역사의 현장에서 사라진다. 어쩌면 새 시대를 열기 위한 필연적인 희생을 의미하는지도 모르겠다. 신화에서는 큰 전환을 위해 값비싼 대가가 요구되곤 한다. 예수의 탄생으로 한 살 이하 아기들이 모두 죽음을 당하듯이 새 시대를 여는과정은 엄청난 희생을 필요로 하기에 선남들의 죽음을 이렇게도 해석해 볼수 있을 것이다.

세계의 신화가 거듭 강조해 주는 희망적인 메시지 하나는 어두움이 짙은곳에 빛의 반짝임이 더욱 또렷해진다는 사실이다. 엄청난 혼돈 속에 반드시새 빛이 탄생한다. 이런 빛의 탄생은 바보로 인해 가능하다. 이반의 등장이중요한 이유도 여기 있다. 이제 이반과 함께 미래의 주역이 될 공주에게로돌아가 보자.

공주와 웃음과 돼지 새끼 세 마리는 우아한 결합처럼 보이지는 않지만 낯선 결합은 아니다. 돼지란 인류 가장 초창기부터 등장한 대표적인 여신이다. 엘리아데 식으로 표현하면 몸매가 우주의 근원을 상징하는 알(cosmic egg)을 닮았다. 조롱조롱 매달려 엄마 젖을 쪽쪽 빠는 새끼들의 이미지에서 쉽게 다산과 풍요를 연상할 수 있다. 잔칫상이나 굿판에 돼지가 가장 중요한 제물인 것도 이와 관련이 있으리라.

돼지 예찬론을 펴 보자. 사실 '돼지우리 같다' 라는 일반적인 표현은 잘못되었다. 농부들은 돼지처럼 깨끗한 짐승이 없다고들 말한다. 꼭 일정한 자리에 변을 보며, 돼지우리가 심하게 지저분해지면 참지 못해 온통 난장판을 만들어버리는 성질을 가진 청결한 짐승이다. 인간의 눈을 똑바로 쏘아보는 몇 안되는 짐승이고, 돼지만큼 지능적인 동물도 없다고들 한다.

이런 자랑스러운 돼지의 이면에 돼지를 욕보이는 사람들도 있다. 이탈리아 사람들 사이에서 절대 입에 올리면 안 되는 심한 욕이 바로 돼지다. 영어권에서는 성의 자유를 느슨하게 구가하는 여자를 돼지라고 부른다. 그러나 나는 이것들이 모두 여성의 성을 두려워한 왜곡된 역사의 산물이라 생각한다. 공주와 돼지가 결합하면 풍요의 탄성인 웃음이 터진다는 이야기는 돼지 욕보이는 시대로 진입하기 이전의 흔적일 것이다.

그런데 새끼 돼지는 왜 세 마리였을까? 여기서 우리는 생명의 숫자 3과 여신의 공식을 만나게 된다. 탄생과 관련되는 우리의 삼신할미 전설에도 3이 등장하고, 그리스의 운명의 여신 모이라이(Moirae)도 실 잣는 여신 클로토(Clotho), 직물을 짜는 라체시스(Lachesis), 가위로 실을 자르는 아트로포스(Atropos) 이 셋으로 이루어져 있다. 러시아의 바바야가(Baba Yaga) 이야기에도 실 잣는 여신 셋이 등장한다. 3과 관련되는 여신 이야기는 오래 전부터 시작되었다.

구석기 초기부터 그리스, 몰타, 아일랜드, 발트, 슬래브 등 광범한 지역에서 등장하는 '여신상'에는 석삼 자(三) 같은 모양의 줄 세 개가 장식되어 있다. 여신 전통을 발굴하고 그 상징을 해석해낸 고고학자 마리아 김부타스(Marija Gimbutas)는 이 상징을 생명 에너지의 기본적 세 원천이라 설명했다(89-97). 이 세 원천은 생명을 주는 어머니의 세 가지 다른 모습이 아닐까? 삼신이란 단어와 이런 해석을 연결시키는 것이 성급할지는 모르겠다. 그러나 인류 초기부터 생명을 관장하는 여신과 숫자 3의 결합이 빈번했던 것은 사실이다.

공주라는 원형적 여성이 땅의 비옥함을 몸으로 경험하고 여성의 몸의 힘과 신비를 터득하여 기쁨과 행복의 탄성이 저절로 터져 나온 것이 공주의 웃음이라고 해석한다면, 러시아 농민들의 재미를 난도질하는 것일까? 러시아 이야기를 빌어 이 장을 여는 이유는 이런 심오한 '에로 동화'를 우리 옛 이야기에서 찾지 못했기 때문이고, 또 이런 이야기는 러시아 인들만 향유하고 이해할 수 있는 전유물은 아니라 생각하기 때문이다. 공주의 성과 웃음을 연결하며 비약이 있었을지 모르겠다. 성의 신비와 그 상징적 의미를 더 탐구해 보자.

【 성 의 상 징 적 의 미 】

원형적인 공주의 웃음과 생명의 기쁨과 왕국의 풍요와 번영의 개념을 우리 각자에게 적용해 보자. 자신의 성과 생명의 충만함과 기쁨과 풍요가 공주처럼 자연스럽게 연결되는가? 애매한 대답을 찾기 전에 성이란 말의 뜻부터 집고 가자.

영어로 성을 뜻하는 'sexuality'라는 말은 라틴어로 'secare'란 단어에서 비롯했다. 이는 '분리하다'라는 의미이다. 한마디로 성이란 분리된 각각의

개체가 다시 결합하려는 에너지이다. 이 식자 티 나는 애매한 표현을 쉽고 맛깔나게 이야기해 주는 우리 민담이 있다.

태초에 조물주가 흙으로 남자를 빚었다. 이 첫 남자는 다리가 셋 있었다. 움직일 때마다 중간 다리가 거추장스러워 불편해 하던 남자가 조물주에게 불평을 늘어 놓기 시작했다. 조물주는 못 들은 척 하고 창조 작업에 전념했다. 첫 여자가 탄생했다. 아이를 쑥쑥 잘 낳게 하기 위해서 자궁을 된장 항아리만 하게 만들었다. 겨울이 되자 뱃속에서 회오리바람이 불었다. 추워서 못살겠다고 여자가 조물주에게 불평을 늘어 놓기 시작했다. 오랜 고민 끝에 조물주는 남자의 중간 다리를 뭉텅 잘라냈다. 조물주도 재활용의 개념을 이해했던지 첫 남자의 중간 다리에서 떼어낸 흙으로 항아리만 한 첫 여자의 자궁을 메웠다.

한 칼에 두 문제를 다 해결한 조물주가 흐뭇해 하고 있는데 첫 남자가 또 불평을 시작했다. 중간 다리가 너무 작아 별 재미가 없으니 조금만 키워 달라고 했다. 이제 흙도 다 떨어졌고 달리 해결책이 없던 조물주에게 기발한 생각이 떠올랐다. 첫 남자와 첫 여자에게 자신의 일은 자신이 풀라고 말해 주었다. 이 문제는 아직까지 해결되지 않았고 자기 흙을 되찾으려는 첫 남자와 남자의 후손들은 여자 항아리 앞에만 서면 불뚝뚝뚝 골을 내면서 "내 흙 내놔라, 내 흙 내놔라"를 외친다는 것이다.

이 참신 발랄한 이야기는 분리된 둘이 다시 하나이고자 하는, 태초부터 존재했던 남자와 여자의 본성을 재미있게 표현한다. 첫 남자와 첫 여자가 싸우듯, 분리된 둘이 다시 하나로 결합하려는 에너지가 성이라 생각한다.

섹스란 둘이 하나 되는 행위의 구체적인 표현이다. 그러나 섹스를 성기와 성기의 결합쯤으로 좁게 사용하는 경향이 강하다. 이렇게 좁게 규정한다면 미국 법정이 온 세상을 웃을 수 있게 해 주었던 사건, 클린턴과 모니카 르윈

스키의 사건은 클린턴의 주장처럼 섹스가 아니다. 이런 개념들이 조악하게 혼동된 채 사용되는 현상이 바로 우리가 성에 대해 얼마나 닫혀 있고 무지한지 반증한다. 물론 이렇게 생각하는 데는 대중매체의 부추김이 큰 기여를 했다. 우리 주변에서 쉽게 접하는 성의 이미지가 육체와 말초신경을 자극하는 데 집중되어 있지만, 원래 섹스란 매우 상징적인 몸짓이다.

섹스는 심오한 심리적 의미를 지닌다. 섹스를 통해 깊은 감정이 표현되고 교류된다. 언젠가 친구와 섹스에 대한 두려움을 이야기한 적이 있다. 아무 교감도 없는, 전혀 모르는 사람과 단지 말초신경을 만족시키기 위해 섹스를 한다면 그 느낌이 어떨까? 스스로를 강간하는 느낌일지도 모르겠다. 인간이란 몸과 머리와 감정을 편의에 따라 분리해 따로따로 움직일 수도 있다는 걸 알기 때문에 두려운지도 모르겠다. 아무튼 그런 섹스만을 해야 한다면 인간의 가치가 낮아지고 초라해질 것 같다. 친구가 "섹스는 그저 섹스일 뿐이야"라고 캐주얼하게 말했을 때 이 표현은 내 마음 한구석에 생채기를 남겼다. 나는 이 대목에선 고전파다. 섹스란 인간이 지닌 가장 강렬한 형태의 나눔이라는 사실을 신봉한다. 이 용감하고 진솔한 나눔이 더욱 더 깊은 세계로 우리를 인도한다고도 믿는다.

나는 탄트라를 실습하는 사람은 아니지만 섹스는 대단히 영적인 체험이라 생각한다. 몇몇 종교에서는 의식의 확장을 위해 섹스를 금하지만 또 몇몇 종교는 섹스 자체를 영적 탐험의 방편으로 사용한다. 어느 것이 옳은지 나는 잘 모른다. 두 세계를 다 깊이 탐구해 보지 않았으니 말이다. 그저 영적 세계에 대한 두 가지 다른 접근법이고 다른 시각에서 나온 이야기이리라 짐작한다.

내 친구 중에는 명상과 기도, 의식 탐구를 많이 해서 내가 감히 넘보지 못할 영적인 힘과 깊이를 갖춘 사람이 있는데, 그는 자기 스스로를 색녀라고 표현할 만치 섹스를 좋아한다. 나는 이 친구만큼 순수하고 아름답고 사랑스럽고 균형 잡히고 자유로운 영혼을 만난 적이 없다. 영성 모임에서 만난 수많은 스승들은 모두 혜안으로 반짝였지만 어딘지 메마르고 강퍅한 구석이 드러날 때가 있었다. 이런 스승들과는 달리 항상 촉촉하고 풍성하고 매일의 삶이 축제이고 잔치 같은 이 친구를 보면 섹스가 기도 생활에 방해가 되거나 명상을 위해 금욕을 권하는 게 별로 설득력이 없는 것 같기도 하다.

우리말로 '성'은 신성함(聖: sacredness)일 수도 있고 여기서 다루고 있는 성(性: sexuality)일 수도 있다. 이 둘이 같은 것이라는 생각이 지나치다면, 나는 최소한 아주 닮아 있다고 믿는다. 이런 믿음은 꿈의 세계를 탐구하면서 섹스의 상징적인 측면을 이해하게 되었기 때문에 갖게 된 것인지도 모르겠다.

중세 교부 하면 아무것도 없는 척박한 사막에서 온 몸을 가리는 긴 수도복을 입고 기도와 묵상에만 전념하는 이미지가 떠오른다. 그러나 이들의 일기장에는 섹스에 대한 이야기가 종종 등장한다. "낮에 그토록 열심히 기도와 수련에 정진했는데 밤만 되면 요망하게도 이런 야한 꿈을 꾸게 되니 이 제거할 수 없는 질긴 욕망을 어찌하오리까"라는 탄식조로 시작된다. 그러나 내 꿈 선생님 제러미 테일러는 이것에 대해 이들의 낮 동안의 기도 생활이 너무나 충만하고 행복했음을 무의식이 확인해 주는 현상이라고 설명한다. 중세의 수도사들이 영적 탐험에는 고매했으나 꿈의 세계나 꿈의 언어에 대해서는 무지했음을 알게 된다.

실제로 나는 수도원 안에서 워크숍을 할 때 수강생들로부터 가장 야한 꿈 이야기를 듣게 되곤 한다. 섹스 꿈은 구도자들이 타는 목마름으로 지향하는 영적 합일, 즉 신과의 하나 됨의 체험이 일어나고 있다는 증거이기도 하다. (성적으로 억압되어 섹스를 갈망하는 사람의 꿈은 이와 전혀 다르다. 자세한 내용은 제러미 테일러의 『꿈으로 들어가 다시 살아나라』[성바오로출판사] 참조.)

섹스의 깊은 상징적 의미를 숙고해 보면 사랑하는 사람들이 몸으로 하는 기도라 할 수 있다. 온전하게 자신을 열어 내어 주는 행위이자 최고의 친밀함을 나누는 몸과 영혼의 기도이기에 중세의 신비가들이 영적 체험을 표현한 시들이 그토록 에로틱한 것인지도 모르겠다. 구도자들의 영적 체험이나 꿈에서의 섹스가 아닌, 우리 현실에서의 성의 이해와 표현은 어떠한가?

【 그 늘   속 으 로   들 어 가 버 린   성   문 화 】

상징적 의미가 퇴색한 곳에서 성은 조악한 모습을 띨 수밖에 없다. 진정한 힘은 사라지고 위장된 권위가 그 자리를 대신하기 때문이다. 우리가 가장 쉽게 접할 수 있는 성의 모습은 두 극단을 치닫는 것 같다. 정절 숭배와 같은 지나친 금욕, 아니면 포르노다. 성의 무조건적인 배격, 아니면 성의 무정부주의인 것이다. 이 둘 모두 성에 관한 극단적인 두려움의 소산이다.

청소년 상담을 하는 친구의 말이다. 학교 적응에 어려움이 있어 상담을 시작했는데 성에 관해 완전 백지 상태라는 걸 알고 상담 시간에 성교육부터 시작했다는 것이다. 이 여고생은 남자친구가 있었고 성에 대해 알 것은 다 안다는 식이었지만 이 아이가 습득했다는 지식의 통로는 포르노였다. 부모는 뭘 하고, 학교는 뭘 하고, 사회는 뭘 하고 있는가. 우리 사회 성인들도 이 수준에서 크게 벗어나지 못하는 것이 아닐까라는 의구심이 상담을 하다 보면 종종 든다.

결혼 생활 10년이 넘은 친구가 있다. 부부 사이에 갈등이 심각했다. 둘 사이에 패인 깊은 골에 대해 이것저것 묻다가 부부의 성생활에 관해 질문했다. 자기는 10년이 넘는 세월 동안 섹스를 원한다는 표현을 먼저 해 본 적이 전혀 없어서 남편은 자기가 성욕이 없는 줄 알고 의아해 한다고 했다. 그러면서 덧붙였다. 남편이 원할 때는 언제나 응해 준다고. 이런 말을 스스럼없이 하는 여성이 아직도 이 땅에 존재한다는 사실에 망연자실했다.

미국에서 함께 공부했던 다른 친구의 이야기다. 남편이 심장마비가 일어나는 바람에 일정 기간 투병을 하게 되었다고 한다. 다행히 회복이 잘되어 직장 일에도 복귀하고 건강이 많이 회복되었지만 부부 관계에는 변화가 있다고 말하는 그 친구는 이제는 남편과 할 수 없는 두 사람만의 완벽한 춤—그 아름다운 섹스를 가끔 그리워한다고 했다. 솔직함이 존경스럽고 섹스를 한 쌍이 추는 완벽한 춤이라 표현하는 당당함이 감동적이었다.

조물주가 인간에게 부여한 선물을 받아들이는 두 가지 다른 자세를 보는 듯하다. 한국과 미국의 차이라고 말하는 사람이 있을지도 모르겠다. 한국에서는 여자들의 성이 워낙 억압되어 오지 않았느냐고 항변할 수도 있겠다. 그러면 지나치게 허용되었던 남자들의 성 역시 왜 이토록 억압되었는가 묻고 싶다. 오죽 억압이 되었으면 술의 힘을 빌려 발산하려 들까? 장소, 대상 구분 못하고, 소시민부터 국민을 대표한다는 국회의원들까지!

오디세이에 나오는 오디세우스는 7년 간 전쟁에 참전하고 전장에서 집으로 돌아오는 데 다시 7년이 걸린다. 잘 알려져 있듯이 아내 페넬로페는 이 기간 동안 낮에는 길쌈을 하고 밤에는 낮에 짠 것을 다시 풀면서 수많은 구혼자를 멀리하며 남편을 기다린다. 험난한 14년의 세월이 지나 두 사람이 만났을 때 상상을 초월하는 힘든 여정은 남편의 이미지를 바꿔놓았고, 페넬로페는 간절히 기다려온 남편을 알아보지 못한다. 그때 오디세우스는 아내에게 자기가 두 사람을 위해 어떻게 침상을 만들었는지를 상기시킨다. 세월이 변해 얼굴은 잊어버려도 몸의 기억은 남는 것이 아닐까? 이렇게 깊은 부부의 성찬을 소중하고 아름답게 가꾸어 가는 데 우리는 너무 소극적인 것 같다.

집에서 어머니, 아버지 사이에 이런 대화가 오가는 장면을 상상하기는 어렵다. 우리가 가장 신성하다고 믿는 처녀 같은 어머니가 아버지 앞에서는 섹시한 여자라면 어떨까? '섹시한 어머니'라는 이미지가 자연스럽게 받아들여지지 않을 것이다.

브라질에서 온 친구가 어릴 때 돌아가신 부모님 이야기를 해 주었다. 어머니, 아버지가 사이가 좋지 않아 늘 불행하게 살다 가셨다고 생각해 왔다고 한다. 격렬한 부부싸움의 기억이 이 친구의 머릿속에 선명하게 남아 있어, 그 기억이 부모님의 부부 사이를 채색해 왔다고 한다. 그런데 최근에 이 어둡고 불편한 마음을 자기 고모에게 털어놓았다는데, 고모는 이렇게 대답했다고 한다. "무슨 소리를 하니? 너희 부모님은 죽을 때까지 섹스를 했어." 이 말을 듣는 순간 그는 최소한 자기 부모님 사이가 그렇게 나쁘지는 않았다고 생각되어 안도감을 느꼈다고 한다.

이제는 성의 해방을 넘어 성의 찬미가 필요한 시점이라 생각된다. 이런 말을 하면 많은 사람들이 성의 타락과 도덕적인 문란을 문제점으로 들고 나온다. 그러나 성의 타락과 성의 찬미는 전혀 상반된 개념이다. 성의 문란은 성의 존중과 축복에 역행하는 행위이기 때문이다. 성을 억압하고 통제하고 도덕으로 무장시키려는 노력이 결국 포르노와 룸살롱을 만들어낸다고 생각한다. 충족되지 않는 에로스를 피상적으로 찾으려 하는 이들이 만들어낸 것이니 말이다.

아주 많은 사람들이 성의 주체가 되지 못하고 어정쩡하게 살아가는 듯하다. 널려 있는 성의 대중적 이미지나 사회적 메시지는 사람들이 자기 삶에 온전히 참여하도록 이끌어 주지 못하고 있다. 하나밖에 없는 야성의 삶이다. 자기 삶을 누리고 가꾸고 풍요롭게 만드는 것은 자신의 몫이다. 정절을 숭배하고 포르노를 찬미하든 아름다운 춤을 즐기든 어느 줄에 서는지에 따라 삶의 체취는 많이 다를 것이다.

'에로 동화' 에서 시작해서 에로스가 극단적으로 억압되고 미발달한 우리 현주소를 잠깐 살펴보았다. 바로 이 시점, 우리 개인에게 그리고 우리 사회에 부활해야 할 여신이 떠오른다. 성의 여신, 사랑의 여신, 미의 여신. 바로 아프로디테다.

【 아 프 로 디 테 의　부 활 을　꿈 꾸 며 】

부드러운 해풍과 함께 파도가 길게 밀려들고 쓸려 나가는 해안가. 끝없이 널려 있는 핑크빛 자갈들이 서로 부딪치는 소리가 진동하는 사이프러스 섬 (Cyprus). 바다와 공기가 맞닿는 그 표면에 살포시 일어나는 하얀 물거품으로부터 여신 아프로디테가 탄생했다. (여신의 탄생에 관해서는 수많은 이본들이 있다. 심리학적인 관점으로는 어느 것이 원본인지 따지는 것보다 각 이본이 우리 심리의 어떤 다른 부분을 강조하는지 탐구하는 것이 더 중요하다.)

아프로디테의 탄생은 수많은 서양 예술가들의 창조적 영감이 되어 왔다. 그 중에서도 두 님프가 깊은 바다 속에서 여신을 끌어올리는 이미지는 널리 알려져 우리에게도 친숙하다. 심연의 바다에서부터 서서히 자태를 드러내는 여신은 생명의 원천인 물로 포화되어 있다. 긴 머리카락 사이로 잔물결이 흘러내리고 허리까지 노출된 여신의 몸은 흠뻑 젖은 얇은 드레스가 감싸고 있다.

하늘에서 뿌려진 씨앗을 바다의 자궁이 보듬어 잉태한 여신은 출생의 순간부터 완전히 성숙한 여인의 이미지로 우리에게 다가온다. (그리스의 대부분의 여신들이 처음부터 다 자란 여인의 모습으로 태어나지만 남신들은 아기로 태어나는 경우가 일반적이다.) 풍성함과 우아함과 생명의 기운을 물씬 뿜어내는 여신 아프로디테. 그 잉태의 비밀에서 드러나듯 여신은 천상적 요소인 아프로디테 우라니아(Aphrodite Urania)와 땅적 요소인 아프로디테 판데모스(Aphrodite Pandemos)의 두 특질을 동시에 지닌다.

여신의 새는 참새와 하얀 비둘기이다. 하얀 비둘기는 아프로디테의 천상적인 측면을 상징하는데, 순결, 순수, 평화를 뜻한다. 참새는, 콩쥐 이야기에서 보았듯이 풍요와 다산의 상징으로 여신의 땅적인 면을 드러낸다. 이 여신의 꽃도 하나로는 설명이 되지 않는다. 잘 알고 있듯이 타오르는 빨간 장미가 아프로디테의 꽃이다. 들판에 흐드러지게 피는 야생화 또한 여신의 꽃이다. 가장 자연스러운 아름다움과 고도로 정제된 아름다움 모두 여신의 특질인 것이다.

두 대극적인 요소인 천상의 숭고함과 땅적인 비옥함, 성과 속, 야성과 문명, 영과 육이 한 몸에 통합된 여신이 아프로디테다. 달콤함의 원천인 꿀벌이 그녀의 곤충이라는 사실은 너무도 당연해 보인다. 까르르 넘어가는 웃음과 살살 녹아내릴 듯한 달콤함, 장난기 서린 포옹과 키스, 흥겨운 놀이는 모두 여신의 것이다. 아기 같은 얼굴에서 드러나는 티 없는 천진함과 부드러움, 따뜻하고 포근한 느낌, 공기와 기분을 달뜨게 하는 가벼움과 유머가 아프로디테의 공간에 진동한다. 들꽃같이 싱그러운 냄새와 자연스런 접촉이 주는 따사로운 감촉, 가벼워진 공기와 말의 유희와 유혹의 예술이 어우러져 자아내는 순수한 기쁨이 바로 여신의 선물이다.

끝없이 순수한 기쁨의 샘물이 솟는 아프로디테의 비결 하나는 거듭 새롭게 태어나는 그녀의 처녀성이다. 해마다 봄이 되면 여신은 자기가 태어난 사이프러스 섬으로 돌아가 의례를 통해 처녀성을 회복한다. 갓 태어난 여신처럼 대지에도 싱그러운 에너지와 생명의 기운이 퍼져나간다.

해부학적 처녀성을 떠올리는 사람은 혼란스러울지 모르겠다. 원래 처녀라는 말은 우리가 흔히 사용하는 뜻과는 거리가 멀다. 처녀라는 상징은 자신의 성이 온전히 자기 것이란 뜻이다. 일생 수많은 섹스를 하지만 매번 고유한 느낌으로 다가오듯, 매 순간 처음의 떨림과 용기와 두려움을 간직하는 것, 이런 '영원한 처음'이 바로 아프로디테의 마술이다. 이는 난봉꾼이 자랑하는 수십 명의 상대 또는 수백 번, 수천 번의 행위와 같은 숫자 보태기와는 전혀 다른 산술이다. 처녀성이란 육체 안 깊은 곳에 가두어 두어야 할 잠금장치 같은 것이 아니라 우리 심리 안에서 끝없이 재생해야 할 새로움이다.

티 없는 순수함이 아프로디테의 상징이지만 그 순수가 정직이나 결백이나 투명성을 뜻하는 것은 아니다. 여신이 입는 드레스가 말해 주듯, 여신은 자신을 보일 듯 말듯 가리고 있으나 과감한 표현을 두려워하지 않는다. 여신에게 이는 곧 게임이며 게임의 룰은 우아함을 손상하지 않는 것이다. 청문회 식 나체화를 아프로디테는 경멸한다.

여신은 정면충돌을 피하고 기꺼이 돌아가는 길을 택한다. 여신이 결혼하는 대목에는 이런 특징이 잘 드러난다. 제우스(Zeus)가 천상과 지상을 통틀어 우주에서 가장 아름다운 여신 아프로디테에게 우주에서 가장 추하고 일그러지고 변형된 외모를 가진 대장장이 헤파이스토스(Hephaestos)와 결혼하라고 명하자 여신은 이 결혼을 받아들인다. 대신 우주에서 가장 섹시한 남신 아레스(Ares)를 애인으로 택한다. 이것이 그녀의 방식이다.

가부장의 힘과 정면충돌은 피하되 나름의 계략을 쓴다. 얼어붙은 원칙과 겉치레, 권위와 경직된 상상력을 대면하면서 거짓말과 유혹으로 살짝 비켜간다. 도덕군자라면 이 대목에 진실 타령을 할지 모르겠다. 그러나 흔히 우리가 진실이라고 매달리는 것은 숫자놀음이나 논리적인 연속성에 불과하다. 감정이나 주관은 전혀 고려하지 않게 되는 것이다. 아프로디테는 이런 모순을 꿰뚫어 보고 자신의 논리로 대응한다. 양심선언이나 투명성 숭배 같은 문자 그대로의 정직 대신, 적당히 노출하고 적당히 숨기는 것이 아프로디테의 예술이다.

결혼한 커플 사이에 결백과 투명성, 그리고 사랑의 의미를 오래오래 생각하게 한 아프로디테 적인 영화를 본 적이 있다. 다섯 번이나. 〈여름의 수직선에서〉(Vertical Ray of the Sun)라는 영화다. 베트남과 프랑스 합작 영화인데 베트남에 살고 있는 세 자매를 중심으로 전개된다. 대단히 감각적이고 섬세하고 예술성이 두드러지는 작품이다. 이 영화에서 보여 준 부부 간의 대화를 거듭거듭 생각해 보게 되었다.

남편은 사진작가다. 어느 날 장기 촬영에서 돌아오면서 한 아기의 사진을 가지고 왔다. 그는 그 뒤로도 촬영을 나갈 때면 으레 그 아이의 사진을 찍어 왔는데, 매번 사진 속의 아이는 조금씩 자라고 있었다. 사진을 통해 아이의 성장을 지켜보던 아내는 직감적으로 그 아이가 남편의 아이라는 사실을 알게 된다. 그리고 이 시기에 아내에게도 한 남자가 다가온다. 둘은 사랑에 빠지고 은밀한 만남이 이루어진다.

그 사이 두 여자와 두 장소를 왔다 갔다 하던 남편은 죄책감으로 괴로워한다. 사진 속의 아이가 다섯 살쯤 되었을 때 그는 죄책감에 짓눌리고 가슴이 양분되어 더 이상 살아갈 수 없을 지경이 되었고, 아내에게 모든 비밀을 털어놓는다. 고백을 들은 아내의 대답은 뜻밖이다. 자신이 너무 힘들고 가슴이 아픈 이유는 남편에게 다른 여자가 있다거나 그 사이에 아이가 있다는 사실 때문이 아니라, 남편이 양심의 가책 때문에 더 이상 자기를 사랑할 수 없기 때문이라고 했다.

삶을 사랑하고 풍미하는 것을 언약과 법과 윤리에 우선하여 가치 매기는 사람들. 이 대화에는 드러나지 않지만 영화 전체에서 이들의 삶이 매우 심미적이라는 사실을 알 수 있었다. 열대 지방의 푸짐하고 향기로운 과즙이나 정글의 울창함, 현란한 꽃과 향료와 화려한 새들이 어울려 그곳에 사는 사

람들의 심성을 만들어내는 듯했다.

법과 도덕과 이성을 중시하는 종교나 철학의 지배를 덜 받아서일까? 그들은 초자아적인 원칙 숭배를 위해 자신을 메마르게 하지 않았고 무엇보다 놀라운 것은 어떤 상황에서도 그 누구에게도 손가락질하지 않는 것이었다. 관대함이 삶 속에 자연스레 묻어 있었다. 유교적 가치가 깊이 배어 있는 한국에서도, 청교도적 원리가 강하게 지배하는 미국에서도 결코 접해 보지 못한 가치관이었다. 이들의 가난한 삶이 훨씬 넉넉하고 푸짐하고 행복해 보이는 이유는 그저 내가 이국적인 삶을 지나치게 동경하기 때문인 걸까?

아프로디테의 특징이 어떤 형태로든 존중되지 않는 환경은 추하다. 문화는 빈곤하고 집단 심리는 우울증에 빠진다. 역으로 우울한 사람은 절대 아름다움을 위해 에너지를 투자하지 않는다. 심 봉사의 집처럼 몸도 마음도 주변도 황량하고 을씨년스럽다. 흔히 아름답게 가꾸는 것을 여유 있는 자들의 사치쯤으로 치부하기도 한다. 그러나 아프로디테를 화려한 보석이나 값비싼 명품 정도로 생각한다면 오해다. 규격화된 몸 사이즈와 유행에 민감한 패션 정도로 치부하는 것은 더욱 큰 오해다.

표준화된 아름다움이나 겉치장을 하는 삶은 남에게 보이기 위하여 자신을 거울 앞에 묶어 둔다. 그러나 진정으로 아프로디테를 존중하는 자세는 주변 사람들로 하여금 자기 내면의 아름다움을 발견하여 마음껏 드러내게 만든다. 주변을 아름다움으로 전염시켜 가는 것이다. 아름다움을 자기만의 소유로 가둬 두는 것이 아니라 아름다움을 가꾸고 드러냄으로써 미의 여신을 즐겁게 만든다.

아프로디테 적 특성을 존중하는 사람과 공간과 문화는 쾌적하고 평화롭고 여유롭다. 일상의 삶을 윤택하고 정제된 아름다움으로 채워 가는 것이 바로 여신의 예술이다. 그리고 아름다움에 관한 집단의 열정이 곧 문화의 질을 결정한다. 내가 제일 자주 쓰는 표현이 "세상에서 가장 아름다운"(one of the most beautiful)이라고 친구가 지적해 준 적이 있다. 이렇게 입으로 노래하듯 아름다움이 나에게 제일 중요한 가치로 자리 잡게 된 계기가 있다.

로스앤젤레스의 한 박물관에서 반 고흐 전시회가 있었다. 초기부터 말기까지 그의 대부분의 작품을 한 자리에서 볼 수 있는 귀한 기회였다. 전시관을 중간쯤 돌아볼 때였나 보다. 〈레몬〉이란 작품이었는데 레몬 가장자리로 황금빛이 반짝였고, 나는 순간 그 빛에 감전된 느낌이 들었다. 감동의 마취 상태로 후기 작품들을 보았다. 한 예술가가 태어나서 성장하고 죽기까지 일생이 하나의 완성된 만다라와 같다는 느낌을 받았다. 그 다음날 꿈이다.

사춘기쯤의 나이로 얼굴이 동그란 여자아이가 내 가슴 위에 앉아 섹스를 한다. 아래 누워 있던 나는 아이의 얼굴에서 몸으로 천천히 시선을 내려뜨리는데, 가슴이 아주 작다는 생각을 한다. 작은 가슴이 신록의 브라로 감싸져 있었는데 나는 그것을 보고 그만 숨을 멈추었다.

아름다움이 강렬하면 숨이 멎기도 한다는 사실을 그때 처음으로 알게 되었다. "어느 날 눈이 뜨이고 귀가 열리면서 세상은 전혀 다른 향기로 진동하였다"라는 표현처럼 이때쯤 내 안에 아름다움에 관한 감각이 많이 열린 것 같다. 그러면서 나도 모르게 "세상에서 가장 아름다운"이라는 식의 표현을 남발하게 되었나 보다. '신록의 아프로디테와의 섹스'라고 제목을 붙인 꿈이다.

"아름다움이 진실이다"라는 워즈워드의 시구처럼 내게도 가장 소중한 진실은 아름다움이다. 아름다움을 드러내는 삶이 진실하고, 진실한 사람은 아름답다. 삶이란 자기 안에 숨어 있는 아름다움을 발굴하고 드러내 세상을

아름다움으로 채워 가는 과정이 아닐까?

【 이 미 지 의 탄 생 을   기 다 리 며 】

성의 진정한 힘과 신비를 이해하기 위해 빌려 온 이반 이야기로 시작해, 빌려 온 아프로디테 이야기로 이 장의 끝을 맺는다. 우리 옛이야기를 찾아 내지 못한 게으름에서 비롯된 일이지만 이 두 이야기가 다른 나라 이야기만 은 아니라 생각한다. 신화나 원형의 보편적인 차원 때문이다. 이반이든 공 주든 아프로디테든 혀가 자연스럽게 굴러 가지 않을지라도 사실은 예외 없 이 우리 모두에게 살아 있는 이미지고 에너지다. 원형이라는 말이 뜻하는 바가 그런 것이다.

21세기 서울에서 그리스 여신을 불러내 신전에 꽃을 꽂고 향을 피워 미와 성의 여신을 숭배하자는 주장은 아니다. 학자들 간에 원형을 지칭할 때 편 의상 그리스 신들의 이름을 이용할 뿐이다. 신화학자 조셉 켐벨은 뉴욕의 지하철역에서 모든 그리스 신을 만난다고 했다. 그리스를 찬미하자는 것이 아니라 우리 안에서, 그리고 주변 사람들에게서, 또 사회 현상에서 이 신들 의 힘이 어떻게 움직이는지 꿰뚫어 보자는 것이다. 이것이 심리학적 접근법 이다.

내가 아프로디테의 원형을 초대하는 이유는 성에 관한 온전한 진실을 말 해 줄 이미지의 필요를 절실히 느끼기 때문이다. 생명이 지니는 본연의 힘 인 성의 신비와 풍요로움을 드러내는 우리의 이미지를 만들기 위해, 성과 미의 여신 아프로디테의 신화와 이미지가 우리에게 영감을 제공할 수 있을 것이다. 새로 탄생할 이미지는 성의 힘과 온전한 진실을 드러낼 수 있어야 한다. 성(sexuality)과 신성함(sacredness)이 분리되지 않아야 하고 육체적, 심 리적, 영성적 측면이 통합된 총체적인 관점에서 태어나야 한다.

앞서 우리 심리를 지배하고 있는 일반적인 이미지는 성의 진정한 힘을 드러내 주지 못하는 것들이라 하였다. 이 이미지들은 힘이 아닌 두려움의 소산이기 때문이다. 우리가 자라며 봐 온 이미지는 정절과 금욕의 표상인 처녀상, 아니면 말초신경만을 자극하는 포르노의 두 극단이다. 이렇게 왜곡된 이미지의 영향에서 벗어나기 위해, 그리고 왜곡된 자신의 성을 치유하기 위해 우리 각자는 자기 내면에서 일어나는 진실한 목소리와 사회 문화가 요구하고 기대하는 목소리의 차이를 구분할 수 있어야 한다.

이반 이야기는 웃음이 사라져버린 메마름과 우울함을 극복하는 마법의 열쇠가 바로 성적 에너지임을 분명히 말해 준다. 성의 여신 아프로디테의 선물인 넘쳐나는 생명의 기운과 삶의 풍미와 순수한 기쁨, 즐거움, 아름다움이 우리 각자 안에 간직되어 있다는 사실도 분명하다. 언젠가 이 땅에 여신의 에너지가 폭발하여 일상이 웃음과 여유와 아름다움과 기쁨으로 넘쳐나는, 섹시한 꿈을 꾼다.

참 고 문 헌

• Gimbutas, Marija. The Language of the Goddess. New York: HarperCollins, 1991.

계모의 주술에서 벗어나라

연이와 버들소녀

옛날옛날 달처럼 환한 얼굴에 별처럼 반짝이는 눈을 가진 한 소녀가 살았는데 소녀의 이름은 연이였다. 연이의 어머니가 돌아가시자 아버지는 곧 재혼을 했다. 연이를 대하는 계모의 태도는 가혹했으며 그녀를 괴롭히기 위해 갖은 머리를 다 짜내곤 했다. 집에서 가장 천한 일은 늘 연이의 차지였다. 길고 윤기 나던 연이의 머리카락은 어느새 까치집같이 엉켜 있었다.

혹독하게 추운 어느 겨울날, 계모는 연이에게 산에 가서 신선한 야채를 구해 오라고 했다. 야채를 찾아 산속을 헤매는 연이의 낡고 얇은 옷 사이로 매서운 바람이 스며들었다. 깊고 깊은 산중으로 들어갔지만 하얗게 덮인 눈 위 어디에도 풀 한 포기 보이지 않았다. 겨울 해는 짧았고 날은 저물어 갔다.

그때 연이의 눈앞에 커다란 대문 하나가 보였다. 문을 밀고 들어가자 넓게 펼쳐진 논밭 사이로 집이 한 채 드러났고 그 집에는 버들이라는 소년이 살고 있었다. 연이의 이야기를 들은 버들은 연이가 그토록 찾아 헤매던 싱싱한 야채를 한 아름 주며 언제든 야채가 필요하면 또 오라고 했다. 문 앞에서 "버들 버들 버들아, 내가 왔으니 문을 열어라" 하고 외치면 저절로 문이 열리고 버들이 나와 연이를 언제나 반갑게 맞을 것이라 했다. 야채를 받아 든 연이가 막 집으로 돌아가려 하자 버들이 흰 병과 붉은 병, 푸른 병 셋을 건

네주었다. 흰 병 속의 물을 뿌리면 죽은 사람의 뼈가 살아나고, 붉은 병의 물은 피를 되돌리고, 푸른 병 속의 물은 육신을 되살릴 수 있다고 했다.

한 겨울에 신선한 야채를 한 아름 안고 집으로 돌아온 연이를 보자 계모는 의심의 눈초리를 보냈다. 다시 한 번 연이에게 야채를 찾아오라고 명했고 이번에도 연이는 신선한 야채를 한 아름 안고 돌아왔다. 또 한 번 같은 것을 명하며 몰래 연이의 뒤를 밟아 모든 비밀을 알게 된 계모는 다음날 아침 일찍 산속으로 달려가 일격에 버들을 죽이고 불을 질러 모든 것을 태워버렸다.

잿더미 속에서 가슴 아파하던 연이는 버들이 준 병들을 생각해냈다. 연이는 폐허더미에서 뼈를 찾아 모았다. 흰 병에 든 물을 뿌리자 뼈가 살아났고, 붉은 병의 물을 뿌리자 온몸의 피가 되돌았고, 푸른 병의 물을 뿌리자 버들의 육신이 살아났다. 되살아난 버들과 연이는 하늘로 올라가 그곳에서 행복하게 잘 살았더란다.

【 이 제 어 두 움 속 으 로 】

수많은 옛이야기에 계모가 등장한다. 연이의 이야기뿐 아니라 앞서 만나보았던 콩쥐에게도, 그 유명한 장화 홍련에게도 계모가 있었다. 그밖에 백설공주, 헨젤과 그레텔, 바실리사 등 계모가 출현하는 옛이야기는 헤아릴 수 없을 정도이다.

계모는 한결같이 사악하고 모질고 잔인하고 가혹하고 교활하고 파괴적이다. 계모라는 원형적 여성이 의미하는 바는 무엇일까? 누누이 이야기하지만 원형은 보편적이다. 원형적인 여성이 보여 주는 특질이라면 모든 여성에게 예외 없이 내재된 요소인 것이다. 결코 부인할 수도 제거할 수 없는 여성성의 본질적인 특성이라면 우리는 내면의 이런 어두운 측면을 어떻게 이해하고 다루어야 할까? 이 부정적인 요소들이 우리의 삶에 어떤 양식으로 드

러날까? 이 어두움을 이해할 수 있다면 계모적인 파괴력을 현명하게 다룰 수 있는 방법도 있을까? 이런 감정을 극복할 수는 있을까?

이러한 질문들을 성찰해 보기 위해 우리 각자 안에 있는 가장 만나고 싶지 않고 가장 거부감을 일으키는 여성을 우선 표면으로 끌어내 보자. 우리에게도 이런 면이 존재한다는 사실을 받아들이고, 이것들을 억압하거나 부정하는 대신 인정하고 수용하여 궁극적으로 창의적이고 긍정적인 에너지로 전환하는 길을 모색해 보자.

여성성의 신비와 아름다움을 찾아 밝히고 드러내는 작업을 하다가 거리감이 느껴지는 부정적인 측면을 기꺼이 들여다보려 하는 이유는, 어두움 없이 빛만 논하는 것이 밤이 존재하지 않는 낮처럼 반쪽의 진실, 일방적이고 편향적인 진실을 주장하는 것이라고 생각하기 때문이다. 일방적인 주장은 결코 온전한 진실을 말할 수 없으며 쉽게 감상주의로 빠져들 수 있다.

【 계 모 : 사 악 함 의 대 명 사 】

문자 그대로 계모란 생물학적 어머니와 헤어진 후 아버지의 재혼으로 생성된 새로운 어머니를 뜻한다. 하지만 옛이야기의 모든 표현이 은유와 상징을 담고 있다는 사실을 기억하자. 문자 그대로의 해석은 의미를 파악할 수 없을 뿐 아니라 위험할 수도 있다. 옛이야기에 등장하는 계모란 현실에서 우리가 함께 살아가는 계모와는 다른 의미를 가지고 있다. 여기서 잠시 우리 사회에 통용되는 계모의 이미지도 짚고 가자.

계모는 사악하고 잔인하고 파괴적이고, 그래서 나쁘다는 표현은 정당한가? 우리가 별 생각 없이 내뱉는 표현, "계모니까" 혹은 "엄마는 계모 같아. 우리 엄마 맞아?" '계모=나쁜 여자' 식의 무의식적인 등식과 표현은 핏줄 숭배가 유난히 강한 역사 문화적 산물이 아닌지 생각해 보자. 동화 속 세계와 현실을 구분하지 못한 사람들이 만들어낸 결과인지도 모르겠다.

어떻든 현대 사회에서는 원하든 원하지 않든 계모와 계부가 급증하고 있고, 계모 계부와 살아가는 자녀들이 증가하고 있다. 새로 가정을 꾸리고 부모 자녀 관계를 가꾸고 발전시켜 나가는 가정에게 이런 무의식적인 한마디가 상처가 될 수도 있을 것이다.

이야기로 돌아가 보자. 상징적으로 계모란 무슨 의미일까? 가장 먼저 떠오르는 이미지는 거리감이다. 나(자아)와 직접 연결이 되지 않은 대상, 새롭게 이식되어 내 공간 안으로 들어온 대상이다. 나와 관계도 없는 사람이 나의 의도와 상관없이 어느 날 갑자기 내 집에 들어와 함께 살아야 하는 것과 같이 의식의 공간 안에 새롭게 들어온, 부인할 수도 내칠 수도 없는 요소들이다. 이런 요소들은 공통적으로 공격적이고 조직적이고 치밀하고 압도적인 힘을 지닌다. 감당하기 어렵고 사악하고 파괴적이다.

또 상실과 분리, 독립의 이미지도 함께 지닌다. 계모란 우선 친모의 죽음으로 형성되는 관계이므로, 무조건적 사랑이나 보살핌으로 연상되는 내 어머니의 상실에 관한 아픔이 묻어난다. 더불어 계모의 등장은, 옛이야기를 통해 볼 때, 아버지의 존재가 미미해진다는 뜻도 내포한다. 계모란 여성성의 일반적인 이미지인 따뜻함과 사랑, 포근함과 아름다움의 대극적 위치에 있다. 파괴력과 잔인함, 사악함과 냉혹함의 대명사라 할 수 있다.

앞서 우리는 계모를 원형으로 규정했다. '우리 각자 안에 있는 계모적인 특질'로 바라보는 관점이 자기를 이해하는 데 도움이 될 것이다. 꿈도 마찬가지지만 이야기에 등장하는 모든 등장인물과 모든 상황이 내 안에 존재하는 심리적 특성을 드러낸다는 전제하에 작업을 시작하자. 궁극적으로 우리 각자 안에 존재하고 있는 계모적인 특질을 이해하는 것이 여성들에게 중요한 과제임을 나는 말하고 싶다.

계모는 아직 많은 부분이 어두움의 베일 속에 가려져 있다. 이를 자세히 들여다보기 위해 연이 이야기를 중심으로 계모가 보여 주는 특징들을 하나하나 살펴보고 이해의 폭을 넓혀 가려 한다.

【 그 저 계 모 라 불 리 는 이 름 없 는 여 인 들 】

연이 이야기의 등장인물은 셋이다. 연이와 버들과 계모다. 그런데 이 셋 중 연이와 버들의 이름은 구체적으로 명시되는데 계모는 이름이 없다. 이런 경향은 콩쥐팥쥐, 장화홍련, 헨젤과 그레텔, 백설공주에서도 마찬가지다. 주인공의 이름은 구체적으로 명시되는데 계모는 그저 이름 없는 여인일 뿐이다.

이름은 자신의 특징, 개성, 고유함을 집약하고 그 사람에게 정체성을 부여하여 운명과도 직결된다. 그러므로 이름이 없다는 사실은 '자기'라는 개체의 형성 자체가 불분명하다는 것을 말하고 있다. 이들의 존재는 독자적으로 규정하기 어렵다. 심리학적 용어를 사용하자면, 연이, 콩쥐, 장화나 홍련 같이 이름이 구체화된 여성, 이야기의 주인공을 자아(ego)로 보고, 계모를 주인공이 의식으로 통합하지 못한 반인간적이고 본능적이고 초월적인, 긍정적으로든 부정적으로든, 무의식의 요소로 볼 수 있다.

무의식에서 의식으로의 통합 과정은 씨실과 날실, 흑과 백, 수직과 수평, 산과 계곡 같은 뚜렷한 대조적 요소의 등장에서 비롯한다. 이 둘 사이의 갈등이 고조되다가 극적인 갈등이 해소되는 과정에서 의식 확장이 이루어진다. 앞서 영웅의 탄생이란 이전에는 존재하지 않던 전혀 새로운 의식이 탄생하는 것이라 했으며, 새로운 영웅이 사회에 수용되기 위해서는 필연적으로 긴장이 고조되고 갈등이 초래된다고 했다. 개인의 의식에도 이런 경향이 드러나는데 여기서 보게 되는 연이와 계모의 갈등도 연이라는 새로운 여성성을 탄생시키기 위해 내부에서 일어나는 진통이라 할 수 있다.

계모는 인간을 넘어서는 신적인 힘을 지닌다. 이들의 파괴력, 잔인함, 냉혹함, 권모술수가 초인적이기 때문이다. 그렇다고 계모를 드라큘라와 같이 순수한 악의 화신이라거나 완전한 악마라고 할 수는 없다. 계모를 조금만 들여다보면 이런 경향이 쉽게 드러나는데, 그 역시 친자식에게는 지극히 다정하고 사랑을 베푸는 '좋은' 어머니이기 때문이다. 남편에게도 대체로 괜찮은 아내일 것 같은데 이야기에는 잘 드러나지 않는다.

친자식에게만 '좋은' 어머니라는 사실은 두 가지로 볼 수 있다. 이런 어머니의 사랑은 이기적이고 제한되어 있다. 근본적으로 자기애이다. 지고지순한 어머니의 사랑이나 무조건적 사랑의 신화에 생채기를 내는 말이지만, 자기애에서 크게 나아가지 못한 한정된 사랑을 보여 주는 어머니들이 의외로 많다. TV 드라마를 보거나 자기 주변을 돌아보라. 시간 들이지 않고도 이런 어머니들의 상이 머릿속에 그려질 것이다.

한국 드라마에 볼 수 있는 전형적인 어머니 상은, 분명 과장이 있겠지만 주고 또 주어 어머니 자신은 껍질만 남아 물 위에 둥둥 떠내려가는 우렁이 각시 같은 이미지이거나 아니면 자식을 자기 소유물처럼 생각하는 어머니 이미지다. 자신의 못다 핀 꿈과 한을 자식이 대신 살아 주기를 강요하는 어머니이다.

조금 다른 각도로 계모의 파괴력을 들여다보자. 계모의 행위가 잔인하고 파괴적으로 보이는 것은 자녀의 판단 기준이 지나치게 자아적(egoic)이기 때문일 수 있다. 새옹지마처럼 삶이 주는 불가피한 불운이 나중에 행운이 되기도 한다. 물론 그 역으로도 가능하다. 계모의 잔인함이 순간적으로는 연이와 콩쥐에게 불행으로 다가오지만 결국 이들을 이야기의 주인공으로 만들어 주는 데 일조하니 말이다.

하루아침에 어머니를 잃고 계모가 들어와 갖은 고초를 겪게 되는 연이의 운명처럼 삶에서 고통이나 시련은 예고되지 않는다. 날벼락처럼 떨어진다는 게 적절한 표현일 것이다. 이런 불운은 한 사람의 영혼을 송두리째 뒤흔들어 놓기도 한다. 이 순간은 신화에 등장하는 사건들처럼 운명이 조장하는 납치나 강간으로밖에는 표현할 수 없다. 이 납치와 강간은 우리를 깊은 어두움의 나락으로 초대하고 그곳에서 지하 세계 혹은 죽음의 세계와 직면하게 한다.

신화의 납치, 강간을 이야기할 때면 떠오르는 일화가 있다. 한 학생이 수업 시간에 심리학자 제임스 힐먼(James Hillman)에게 질문했다. "신화의 납치와 강간의 이미지에 대해 공부하면 삶에서 시련을 피해가는 데 도움을 얻을 수 있을까요?" 힐먼의 대답은 "아니다"였다. 그는 이렇게 덧붙였다. "발밑으로 난, 깎아지르는 절벽 아래로 떨어지는 것을 막아 줄 수는 없지만, 그 속에서 허우적거릴 때 당신이 어디 있는지는 알 수 있을 것이다."

그래서 나는 잔머리 굴려 피해 가려는 기대는 애초에 포기하게 되었다. 그렇다고 이러한 시련을 내 삶에 초대할 생각은 더욱 없다. 요즈음은 이런 순간이 닥치면 이 납치나 강간의 영혼적 의미가 무엇일까 나 자신에게 질문한다. 일생을 통해 우리는 수많은 운명의 납치와 강간을 당한다. 이런 체험의 의미를 말하라면, 삶이 죽음의 깊이를 요구하기 때문이라는 답을 반복할 수밖에 없을 것 같다. 이러한 시각으로 보자면, 연이가 겪는 고초는 영혼이 보내는 깊이에로의 초대라고 볼 수도 있을 것이다.

분명 계모가 삶의 깊이나 고통의 의미를 가르치려 의도했거나 연이를 성장시키기 위해 잔인함과 폭력을 행사하는 것은 아니다. 그러나 아이러니하게도 계모가 가하는 시련은 주인공의 성장을 위한 필요악의 성격을 띤다. 계모의 행위가 영웅의 탄생을 위한 촉매 역할을 하는 것이다. 계모 없이 콩쥐가 왕비가 되거나 연이가 하늘로 오를 수는 없다.

계모의 행위가 애매모호하고 양면적으로 보이는 이유는 아직 여성의 심리에서 계모적 특질이 그 정체를 드러내지 않았기 때문이기도 하다. 계모는 어두움, 파괴, 죽음의 이미지를 수반한다. 이성적인 우리가 제일 다루기 힘든 난제들이다. 연이 이야기에 드러나는 계모의 특질을 살펴보면서 이런 난제들에 다가가 보자.

【 계 모 를 에 워 싸 는 냉 기 】

계모 주위에는 항상 찬 기운이 냉랭하게 흐른다. 계모로 인해 엄동설한에 바깥으로 내몰린 연이는 살을 에는 매서운 칼바람에 노출된다. 콩쥐에게는 연이처럼 엄동설한 한파가 닥치지는 않지만 '찬 기운이 살살 돈다'는 표현처럼 장시간 지속적인 냉기가 에워싼다. 우리가 잘 알고 있는 백설공주도 그 이름이 시사하듯 백설이 가득한 한겨울에 이야기가 전개된다. 만물을 얼어붙게 만드는 매서운 한파든, 아니면 장기간 지속되는 냉동 창고 같은 서늘함이든 계모가 등장하는 공간의 온도계 수은주는 급강하한다.

엄동설한에 여름옷을 입고 산길을 헤매는 연이의 이미지에 처절한 외로움이 묻어나온다. 칼바람이 자유로이 드나드는 얇은 옷은 외로움의 정도를 강조해 준다. 외로움이란 어머니, 본향, 궁극적인 회귀의 장소, 영혼의 집과 멀어질 때 느끼는 감정이다. 어머니의 보살핌이나 보호로부터 멀어진 상태를 은유적으로 말하는 표현이기도 하다.

일반적으로 어머니의 품을 안방 아랫목이나 화롯가의 훈훈함과 함께 연상하게 된다. 그래서 동서고금을 망라해 집안의 불씨를 보호하는 것이 여자의 관할이었나 보다. 따스함, 온기, 포근함과 어머니의 연관성은 역사적으로 인간이 오래 축적해 온 관습 훨씬 이전의 문제다.

갓 잉태된 새 생명이 9개월 간 자궁 속에서 어머니의 체온으로 자란다. 출생과 동시에 아기는 어머니 몸에서 흐르는 따뜻한 젖을 먹으면서 생명을 유지하게 되고, 젖을 먹을 때 안기는 어머니의 품은 양수 대신 공기가 에워싸 보듬는 또 다른 자궁이다. 새 생명과 어머니의 관계는 본질적으로 온기로 이루어진다. 우리가 궁극적으로 돌아가야 할 곳인 땅을 어머니라 부를 때, 무의식적으로나마 기대하는 느낌이 바로 이런 온기가 아닐까? 어머니와 따뜻함이란 따로 상상할 수조차 없기에 우리의 군건한 신념이 되었나 보다. 그러나 이런 결연한 신념은 현실과 이상 사이에 간극이 존재한다는 사실을 바라보지 못하게 하고, 또 간극을 좁히는 데 도움이 되지 않는다.

주위를 둘러보면 따뜻하지 않은 어머니가 적지 않다는 사실을 쉽게 알 수 있다. 워크숍 중 서른이 갓 넘은 재미교포가 들려준 자기와 어머니의 관계에 관한 일화다. 네 살 때 처음 세발자전거를 배울 때의 기억이다. 자전거를 타다가 넘어져서 무릎에 흐르는 피를 보며 놀라 울고 있는 자기에게 어머니는, 1) 얼마나 아픈지 물어 보거나, 2) 안아서 달래 주거나, 3) 병원으로 데려가는 것이 아니었다. 단호하고 교양 있게 "너 이제 미스코리아는 못 나가겠다"라고 말했다. 그는 이 일화로 시작해 수많은 경험을 이야기하면서, 자기 어머니와 따뜻함이란 말은 함께 연상되는 단어가 아니라고 했다.

대학 수업 시간에 크레용과 종이를 주면서 자신의 몸을 그려 보라고 한 적이 있다. 한 여학생이 단순한 스케치에 겨우 골격만 그려 놓더니 양손에 장갑을 그려 넣었다. 왜 장갑을 끼고 있냐고 물었더니, 자기는 늘 추위를 느낀다고 답했다. 어떤 학자가 몸이란 단어는 원래 아래아(·)를 써서 몸과 마음이 결합된 단어(ᄆᆞᆷ)라고 말했다. 항상 장갑이 필요한 그 학생의 이미지가 서늘한 여운으로 남는다.

꿈을 가르칠 때 한 학생에게 잊을 수 없는 악몽을 들은 적이 있다.

시골 할머니 댁이다. 동생이랑 곡식을 쌓아 두는 아랫채 창고 문을 여는데 그 속에 쥐가 가득하다. 쥐들이 동생과 내 몸으로 기어 올라온다. 발버둥을 치지만 어쩔 수 없다. 너무 무섭고 놀라서 입이 벌어졌는데 쥐가 입으로 들어가 목구멍에 걸린다. 아무리 잡아당겨도 빠지지 않고 목에 강한 쥐의 힘을 느낀다.

아주 예쁜 여학생이었지만 늘 얼굴 표정이 죽어 있다고 생각했는데, 나중에 그 이유를 알게 되었다. 중학교 때 학생의 어머니가 돌아가셨다고 한다. 어머니가 돌아가시기 직전에 위독하다는 말을 듣고 병실 계단을 급하게 올라가는 중에 할머니가 불러 세웠다. "너는 장녀이니 동생들을 생각해서라도 울면 안 된다. 강하고 굳세야 한다." 이 말 때문에 그 학생은 어머니가 돌아가셨을 때 울음을 토해 보지 못했다. 그날 이후 근 10여 년 동안 그는 소리 내어 울어 보지 못했다고 했다. 이 학생의 꿈에도 항상 춥다는 이미지가 등장하곤 했다.

미국에서 남성성 운동을 주도하고 있는 마이클 미드로부터 차가움과 관련한 또 다른 충격적인 이야기를 들은 적이 있다. 마이클이 워크숍을 인도하는 도중에 고양이는 새끼를 낳으면 온 몸을 혀로 핥아 준다는 이야기를 하고 있었는데, 한 남자가 일어나 자기의 몸은 평생 혀는 고사하고 손길로도 만져진 적이 없다고 말했다고 한다. 갑자기 그 말이 파문이 되어 동요가 일어났고, 충격적이지만 아주 많은 남성들이 같은 고백을 했다는 일화이다.

장황하게 온기와 어머니의 관계에 관한 사례들을 늘어 놓는 이유는 모든 어머니는 다 따뜻하다는 불변의 신념에 질문을 해 보자는 것이다. 과연 나의 어머니는 나에게 따뜻한 사람이었나? 어머니와 딸, 아버지와 아들 사이의 상처를 다루는 프로그램을 진행해 보면 아주 많은 수가 이런 추상적이고 이상화된 부모 이미지를 실제 자기 부모와 분리해서 생각하지 못하는 경향

이 있음을 발견하게 된다.

가장 사랑하는 사람으로부터 가장 많이 상처를 받는다는 사실은 심리학적 법칙이다. 부모에게서 받은 상처를 들여다보고 이야기하는 것이 부모에 대한 존경이나 사랑을 경감시키는 것은 아니다. 오히려 정리되지 않고 묻혀 있던 감정을 드러내어 이해하게 됨으로써 더 진실하고 친밀한 관계로 발전할 수 있다. 부모와 자녀 간에 건강하고 친밀한 관계가 형성되면 사랑하기 때문에 누구라도 효도하지 않을 수 없을 것이다.

따뜻함과 차가움이란 원래 하나가 지니는 다른 특성이다. 이 둘은 결코 나누어질 수 없다. 따뜻하다는 말은 한때 차가웠다는 뜻이고, 차갑다는 말은 따뜻해질 수 있다는 말이다. 종종 "어머니가 어떻게 저렇게 차가울 수가 있을까?"라는 표현을 쓰곤 한다. 이 말의 기저에는 어머니란 따뜻해야 한다는 믿음이 자리하고 있다. 마찬가지로 "친어머니가 아니어서 그토록 차갑다"라는 표현은 앞에서 말한 계모에 관한 편견을 드러낼 따름이다. "우리 어머니는 참 이상하다. 어떻게 자식에게까지 그토록 이기적이고 차가운가?" 차가움도 따뜻함도 여성성의 특질이라는 사실을 받아들인다면 훨씬 쉽게 현실을 직면하고 상황을 이해할 수 있을 것이다.

심리학적으로 차가움이란 감정이 없다는 의미이기도 하다. 이는 무관심과 일맥상통한다. 정보가 쏟아져 들어오는 사회, 특히 불행하고 암울하고 파괴적인 뉴스에 끝없이 노출되는 현대인에게 무관심은 일종의 생존 메커니즘인지 모른다. 그러나 심리학적으로 얼어붙은 감정은 흐르지 않는 물에 비유할 수도 있다. 내면에서 단단하게 얼어붙은 감정의 물은 마음(mind)과 몸을 분리하고 결국 행위에 앞서 가슴(heart)의 목소리를 차단한다.

흔히 두려움이나 불안, 나약함 혹은 기쁨과 환희 등 자연적으로 우러나는 감정이나 정서를 자유롭게 표현하지 못하는 환경에서 감정이 단단히 얼어붙게 된다. 얼음으로 변한 감정은 순간적으로 자기보호의 메커니즘으로 작용할 수 있는지는 모르지만 결국 자기 생명의 힘인 창의력의 불길에 찬물을 끼얹게 된다.

유학 시절 동급생 중에 브라질에서 온 여배우가 있었다. 같은 아파트에 살고 있었고 한 학교를 다녔고 둘 다 미국에서는 외국인이라 금방 친해졌다. 그 친구는 어느 날 브라질 사람다운 열렬한 연애를 두 달 하고는 극적인 파경을 맞았다. 그의 컨디션은 그때부터 곤두박질치기 시작했다. 우울증이 심했고 자살한다는 말을 달고 다녔다. 나는 '좀비가 저런 것이구나' 하는 생각이 들었다. 그는 무거움과 어두움을 주변에 전염시켜 갔다.

그리고 어느 날 밤 내 방에 와서 이야기를 하는데 갑자기 이런 표현이 튀어나왔다. "여성은 생산하지 않으면 우울하다." 우울해서 창의적 표현 즉 생산이 안되는지, 생산을 할 수 없어서 우울한지는 모르겠다. 하지만 어떤 순간 감정의 흐름이 정지되면서 창의적인 에너지도 생명의 기운도 동시에 얼어붙는다. 이반 이야기의 공주처럼 감정의 물꼬가 터지지 않는 한 몸도 마음도 병이 든다. 이런 상황에서 창조적 활동은 불가능하다.

『늑대와 함께 달리는 여신들』(Women Who Run With the Wolves)의 저자 클라리사 에스테스(Clarissa Pinkola Estes)는 차가움은 창의력이나 사람들과의 관계뿐 아니라 생명 자체에 죽음의 키스를 하는 것이라 표현했다(184). 흐르지 않는 감정은 결국 생명의 흐름을 차단해 주검으로 만든다.

계모를 에워싸는 냉기는 궁극적으로 죽음의 에너지이다. 이 에너지가 강한 사람은 과거 어느 한 시점 자신의 어느 부분과 죽음의 키스를 한 것이다. 이 에너지는 주위의 사람을 얼어붙게 만들고 서서히 죽여 간다. 이런 에너지의 지배를 받지 않기 위해서라도 우리는 먼저 차가움이 여성성의 자연적인 한 측면이라는 사실을 인정하고 받아들여야 한다. 따뜻함과 포근함과 창

의력을 계발하지 않는다면 어느 누구라도 차가움의 지배를 받게 된다는 사실을 얼음 같은 계모가 경고하고 있다.

【 불 길 : 통 제 되 지 않 는 분 노 】

찬 겨울 한서리가 내리던 연이 이야기에 갑자기 훨훨 불길이 타오른다. 이렇게 극단적인 차가움과 타오르는 불길은 종종 옛이야기에 같이 등장한다. 양극이 통한다는 통념은 감정의 스펙트럼에도 마찬가지로 적용되는 듯하다. 극단적으로 냉정한 사람은 갑자기 분노를 삭이면서 곧 바로 찬 얼음처럼 변하기도 한다. 이처럼 계모의 불길은 버들과 버들의 세계를 순식간에 재로 만들어버린다. 이 파괴적인 불의 정체는 무엇인가?

극적인 감정이 표현되는 양상은 다양하지만 에너지의 형태는 비슷하다. 폭발하는 분노, 불타는 시기와 질투, 까맣게 타들어가는 증오, 타오르는 열정, 꺼지지 않는 욕망, 타는 목마름 등 강한 감정을 표현할 때 우리는 불을 떠올리게 된다. 그리고 이런 감정이나 정서적 이슈가 강할 때 꿈에 강렬한 불길이 등장하기도 한다.

불은 양면성을 지닌다. 인간의 삶에 불은 꼭 필요한 것이지만 동시에 가장 파괴적이고 위협적일 수 있다. 물, 불, 공기, 흙 등 우주를 구성하는 네 가지 기본 원소 중 물, 공기, 흙은 사람과 접촉해도 순식간에 변화가 일어나지 않으나 불의 경우는 전혀 사정이 다르다. 불에 노출되어 변화하지 않는 물질은 거의 없기 때문이다. 자연 현상에서 불길이 위협적이듯 심리학적으로도 타오르는 감정은 위협적이다. 필연적으로 급격한 변화가 뒤따르기 때문이다.

불 같은 감정은 통제가 거의 불가능하다. 이런 급작스런 감정이 드러날 때 흔히 폭발한다는 말을 쓴다. 폭발물이 한번 터지면 원상복귀가 불가능하

듯, 폭발한 감정 또한 산산이 부서진 유리잔처럼 인간관계에 심한 균열을 남기며, 억지로 다시 이어 붙여도 깊은 상흔은 사라지지 않는다. 연이의 이야기에서 모든 것을 태워 없애버릴 수 있을 만큼 강한 감정은 분노와 증오를 담고 있다. 증오는 다음에 다루기로 하고 우선 분노라는 감정부터 살펴보자.

분노와 여성을 함께 연상하는 것이 왠지 낯설게 느껴질지도 모르겠다. 전통적으로 분노란 남성에게 훨씬 관대하게 허용되었기 때문이다. 그러나 남성은 여성보다 상대적으로 감정이 덜 발달되어 있다. 이는 여남 차별적인 편견이 아니다. 꿈 작업을 해 보면 남성이 흑백 꿈을 꾸는 빈도가 여성보다 훨씬 높다. 감정의 스펙트럼이 다양하게 발달하지 않았기 때문이다. 이러한 남성에게 상대적으로 허용된 감정이 분노다. 그래서 모든 강한 감정은 분노라고 생각하는 남성들도 있다고 한다. 사랑, 슬픔, 기쁨, 심지어 성적 쾌감까지 분노로 느낀다는 것이다.

여성이 분노를 표출할 경우, 자연스런 감정으로 받아들여지기보다는 심리 깊은 곳에 해결되지 않은 문제가 있어서 히스테리를 부린다고들 생각한다. 이런 통념의 기저에는 분노가 남자에게는 정당하지만 여자에게는 맞지 않다는 편견이 깔려 있다. 그리고 바로 이러한 사실이 여자와 분노를 떼어 놓을 수 없는 관계로 만드는 원흉이 된다.

분노란 인간의 자연스러운 감정이다. 그 자체로 좋지도 나쁘지도, 타당하지도 타당하지 않은 것도 아니다. 『The Dance of Anger』(분노의 춤)를 쓴 심리학자 해리어트 러너(Harriet Goldhor Lerner)는 분노를 표현하는 방식에 따라 여성을 두 범주로 나누어 소개한다. 바로 '착한 여자'와 '나쁜 여자' 다.

착한 여자에게 분노란 존재해서는 안 되고 표출해서는 더욱 안 되는 감정이다. 이 범주에 속하는 여자들은 분노를 느끼면 침묵한다. 눈물로 삼키거

나 자기 비판적이 되거나 아니면 상처로 묻어버린다. 반면 나쁜 여자는 분노를 표출하는 데 주저하지 않는 여성을 말한다. 흔히 이들은 불평만 많은 사람이라거나, 공격적이라거나, 여자답지 못하다는 식의 꼬리표를 달고 있다. 그러나 해리어트는 그녀의 책에서 좋은 여자와 나쁜 여자는 동전의 양면처럼 겉모습만 다를 뿐 한 사람 안에 있는 두 경향임을 분명히 한다(3-16).

미국에서 내가 살던 곳에는 매주 직거래 장터가 열렸다. 그곳에서 빵을 만들어 팔던 아저씨가 나를 예쁘게 본 모양이다. 내 친구들이 장에 가도 나에 대해 질문을 하고 대신 빵 값을 깎아 주곤 해서, 친구들은 그 아저씨 이야기를 할 때마다 'your breadman'이라고 놀려댔다. 우리 빵 아저씨가 나에 대해 물었던 질문 중 하나는 "그 잘 웃는 한국인 여자도 화를 내느냐?"였다. 나는 배실배실 잘 웃고 다닌다. 그렇지만 나는 늘 빙긋이 웃어 주는 그 빵집 아저씨도 분명 화를 낼 줄 아는 사람이라는 사실을 알 만큼은 똑똑하다.

좋은 여자란 분노를 속으로 삼킬 뿐 아니라 자기 에너지의 대부분을 주변 사람들에게 쏟는 사람이기도 하다. 자기 주위에 있는 사람들의 감정 상태가 어떤지, 무슨 생각을 하고 있는지에 모든 신경을 집중하여, 실제 자기는 무엇을 느끼는지, 무엇을 원하는지 표현하지 못한다.

다른 사람들과의 관계가 자기 내면의 진실보다 더 중요하다고 믿는 이런 여성들은 "착한 여자는 절대 화내면 안 돼"라는, 사회가 내리는 처방전을 숙명처럼 받아들인다. 집단적 준거를 수용하고 답습하며 살아간다. 그러나 무서운 진실을 말하자면, 이런 여성이 삼킨 분노는 마치 잉태한 아기처럼 무의식의 자궁에서 새록새록 자라고 있다. 그렇기 때문에 이런 여성이 하루아침에 나쁜 여자로 둔갑하는 것은 너무도 자연스런 이치다.

결혼 생활 12년차인 한 친구가 있는데 현모양처의 전형처럼 살아왔다. 자신보다는 착한 며느리-어진 아내-현명한 엄마가 되는 걸 더 중요하게 생각하는 친구였다. 주변에는 그녀에 대한 칭송이 늘어졌다. 그러나 나는 이 친구가 건강해 보이지는 않았다. 그런 친구가 어느 날 시아버지 생신 상 차리는 일로 시어머니와 큰소리가 오고갔다고 한다. 그야말로 대판 했다는 것이다. 12년 만의 폭발이 얼마나 강렬했으리라는 것은 너끈히 짐작이 간다. 내심 이 혁명이 프랑스대혁명보다 반가웠지만 돌변한 친구가 불안하기도 했다. 이런 미숙한 드라마를 연출하는 것도 결국은 자신에게 너무 오래 솔직하지 못했기 때문이리라.

분노를 무조건 참아내는 사람과 무분별하게 표출하는 사람의 모습은 한 사람의 두 얼굴이라 했다. '착한 여자'의 다른 얼굴, 소위 '나쁜 여자'는 분노를 터뜨리는 데 거침이 없다. 감정표현은 건강하지만 조절되지 않는 분노의 표출은 동정이나 이해를 얻지 못하고 불편만 가중시킨다. 결과적으로 상대방과 자기 사이에 벽을 만들고 마음의 골만 깊어지게 한다. 이런 여성의 경우 자기 주변에 정의로운 사람은 하나도 없고 자기를 이해해 주는 따뜻한 사람은 단 한 명도 존재하지 않는다고 생각한다. 외로움만 가중되고 쓸쓸함만 더해 간다.

따라서 자신의 감정이나 생각을 정확하게 표현하여, 전달하고자 하는 바를 효과적으로 표현하는 지혜가 필요하다. 효과 없는 분노의 표출은 상대로 하여금 방어벽을 설치하게 하여 문제의 본질에서 등을 돌리게 만들 수 있기 때문이다.

분노의 힘이 얼마나 강한지, 날것으로 토해내는 분노가 얼마나 여러 사람을 불편하게 하는지 경험한 적이 있다. 창조 영성을 공부할 때였는데, 이 학교에서는 매주 한 번씩 세미나가 열렸다. 매번 외부강사를 초청했는데 그날은 인종차별 철폐를 위해 오클랜드에서 활동하고 있던 지역 강사를 초청했다. 강연이 시작되자 인종차별 사례들이 나열되었다. 인간의 무지와 편견에

대한 분노의 따발총이 난사되었다. 한 백인 학생이 자신의 의견을 내놓았는데 그 말이 흑인 학생들을 자극했고 폭탄에 미사일까지 터져 그 방은 쑥대밭이 되었다.

소수 인종에 속하는 사람으로 뭔가 한마디를 해야 할 것 같았는데 입이 떨어지지 않았다. 완전히 주눅이 들어 있었다. 불편하고 긴장되고 겁까지 났다. 나를 향한 것이 아니었는데도 말이다. 몇 날 며칠 불편했는데 그 이유를 곰곰이 생각해 보면서 무서워서 불편한 것만은 아니라는 사실을 알았다. 그 세미나는 내가 참가자의 한 사람으로서 자유롭게 느끼고 생각하도록 허용하지 못했고 강사가 일방적으로 자기 분노를 주입했던 것이다. 마치 인종차별이라는 대의 앞에 개인은 느낄 자유도 없는 것처럼 말이다. 매일 편견과 부정의에 맞서 싸우는 사람의 정의로운 분노를 비난하는 것은 아니다. 그러나 그것이 강사 자신의 내면에서 인정하는 진정한 정의의 표현인지 궁금하다.

우리가 분노를 두려워하는 이유는 분노가 변화를 요구하기 때문이다. 누구나 기존의 삶을 바꾸고 싶어 하지만 동시에 변화를 두려워한다. 역사적으로 자신의 분노를 수용하고 소화하여 진보와 발전의 동력으로 사용한 예가 많다. 따라서 분노는 무조건 억눌러야 하거나 무분별하게 난사할 것이 아니라 냉철하게 들여다보아야 한다. 분노를 다루는 법을 훈련해야 하는 것이다.

우리는 먼저 무엇에 대한 분노인지, 문제가 무엇인지, 누가 무엇에 책임이 있는지 질문해야 한다. 그리고 분노를 적절하게 표현하는 방법을 찾아야 한다. 화가 날 때 남을 공격하거나 또는 지나치게 방어적으로 대하지 않고 상대방과 대화할 수 있는지 각자 자문해 보자. 이런 질문에 구체적으로 대답할 수 있다면 분노는 오히려 자신을 강하게 만들고 관계를 개선하는 계기가 될 수도 있다.

이번에는 계모가 보여 주는 분노의 불길과 밀접하게 관련된, 그러나 분노보다 훨씬 지속적이고 농축된 감정인 미움과 증오로 넘어가자.

【 불 길 : 미 움 과 증 오 】

분노는 마른 장작에 지핀 불길처럼 순식간에 타올랐다가 사그라진다. 반면 증오는 훨씬 지속적이고 사악하다. 연이를 끝없이 구박하고 상처 입히고 해치기 위해 갖은 방법을 짜내고 뒤를 밟는 감정은 증오다.

증오의 기저에는 공격성과 파괴력이 강하게 자리한다. 그리고 공격 대상에 대해서는 열정적이다. 계모가 적나라하게 보여 주는 파괴적이고 공격적인 성향의 뿌리에 대해 심리학자들은 본인이 충분하게 누리지 못한 부분이나 과거에 입은 깊은 상처로 인한 반작용이라 설명한다. 애정이 결핍되었거나 자신이 충분한 사랑이나 보호를 받지 못했다고 느끼는 사람들은 다른 사람에게 지나치게 의존하는 성향을 드러내기 쉽다. 그러나 상대에 대한 의존도가 높아지면 높아질수록 취약한 자기 자신에 대한 좌절감이 깊어진다.

누구에게나 증오란 싫고 징그럽고 무서운 감정이다. 이 불편한 감정을 아주 예쁘게 다루어낸 사례를 한 분석심리학 잡지에서 읽은 적이 있다. 암에 걸려 죽어 가고 있는 남편과 함께 투병 생활을 하는 한 부부의 사례이다.

남편이 암으로 진단받고 더 이상 치유의 희망이 없다는 사실을 알고 투병과 죽음 맞이를 시작한 부부가 약속을 했다. 하루 15분씩 자기들에게 닥친 이 예기치 않은 고통에 대해 불평하고 소리치고 저주하고 날뛰는 시간을 갖자는 것이었다. 그리고 15분을 제외한 나머지 시간은 일상의 이야기, 인생에 관한 이야기, 사랑과 아름다움에 관한 이야기로 채워 가자는 약속이었다.

견디기 힘든 통증, 희망의 상실, 죽음에 대한 두려움, 예고된 이별 그리고 이 과정에 필연적으로 뒤따르는 피로와 스트레스. 이런 힘든 과정에 새록새록 자라게 될 자기들 내면의 파괴적인 감정에 목소리를 부여하고 표현의 기

회를 주자고 부부는 약속했다. 그리고 이 15분의 약속은 나머지 시간을 구원하는 데 도움이 되었다. 그러나 어느 날 그들은 목욕탕에서 잠시 섬광 같은 미움과 증오의 눈길을 주고받게 된다.

이 사건 후 아내가 서로에 대한 미움과 증오를 표현할 필요가 있다고 제안하자, 남편은 자기는 단 한번도 아내를 미워하거나 증오한 적이 없다고 부인했다. 그러나 아내가 목욕탕에서 그들 사이에 순간적으로 작열했던 그 감정은 무엇이냐고 묻자 남편은 자기에게 증오의 감정이 있었음을 인정한다. 그리고 부부는 목욕탕을 미움과 증오를 표출하는 장으로 만들었다.

이 이야기를 들은 한 학생이 부부에게 긴 물총을 두 개 선물했다. 암이 몰고 오는 치명적인 통증과 다가오는 죽음에 대한 공포를 완전히 떨칠 수는 없지만 목욕탕에서 서로에게 표출하는 물-총의 세례로 이들의 증오는 서서히 놀이로 변해 갔다. 미움이나 증오같은 숨 막히게 강하고 힘든 감정을 검고 비옥한 거름으로 만들어 갔다고 이 여성은 기술했다.

서구 사회는 감정을 다루는 데 분명 우리보다 많이 앞서 있다. 각자 안에 일어나는 감정을 자연스럽게 받아들이고 그 감정에 목소리를 부여하고 이를 창의적으로 표현해낸다면 최소한 한이나 홧병 같은 단어는 언젠가 사라질 수 있을 것이다. 그리고 우리의 얼굴도 조금은 부드러워지고 순해질 것이다. 참으라는 말보다는 자연스럽게 표현할 수 있는 길을 열어 준다면 삶의 무게가 지금보다는 한층 가벼워지지 않을까?

【 공 허 함 , 시 기 , 질 투 】

계모가 연이에게 내린 한겨울에 신선한 야채를 구해 오라는 명령은 불가능한 일이다. 그러나 연이가 이 과제를 성공적으로 수행하자 계모는 의심의 눈초리를 보낸다. 증폭된 의심으로 마치 사설 탐정처럼 연이의 뒤를 밟게 되는데, 이 이미지에서 의심과 질투의 감정이 잔뜩 묻어난다.

질투라는 감정은 자신이 가지고 있는 것을 다른 사람이 빼앗아 갈까 염려하는 두려움이다. 흔히 사랑과 질투를 불가분의 관계처럼 말하기도 하지만 엄밀히 말할 때 질투는 사랑의 왜곡된 형태다. 사랑하는 사람과 삶의 기쁨과 환희, 슬픔과 좌절을 함께 나누고 갈등하고 고민하며, 자연스러운 위안과 평화를 누리고, 더 나아가 각자 삶의 더 깊은 신비와 더 짙은 아름다움을 맛보는 영적 깊이로 고양되지 못하면, 시공간을 공유하기는 하지만 서로를 향해 또 자신을 향해 열리지 않고 깊어지지 않는 기계적인 관계가 되고 만다. 이렇게 메마르고 피상적인 관계는 자연히 내면의 공허함을 불러일으킨다. 이 공허함이 표출되는 한 형태가 바로 질투이다.

그러나 모든 질투가 다 파괴적인 것은 아니다. 질투가 사랑을 확인하는 계기로 작용하는 내용을 담은 영화를 본 적이 있다. 미국 서부 개척 시기, 한 커플이 야생의 땅을 찾아 들어간다. 그곳에서 집을 짓고 자녀를 낳고 살아가던 이들은 대부분 집밖의 야성의 도전에 맞서 싸우는 데 가장 많은 시간을 보냈다. 이 과정에서 자연이 부부의 아이 중 하나를 데려가버린다. 곧이어 남편도 자연의 품으로 간다. 자녀 둘과 함께 척박한 환경에 남은 여인은 억척스레 살아낸다.

그런데 이 여자의 분투와 시련을 말없이 지켜봐 주고 힘이 되어 주는 한 남자가 있다. 이 남자는 처음부터 그 여자를 사랑했지만 이 남자의 감정을 받아주기에는 이 여자가 감당해야 할 주변 환경이 너무 절박했다. 몇 번씩 자기 감정을 거절당한 남자가 마침내 여자를 떠나기로 결심한다. 그러던 어느 날 마을 선술집에서 이 남자가 다른 여자와 춤을 추고 있는 장면을 여자가 목격하는데, 그 순간 이 여자의 입에서는 "하느님, 감사합니다. 내가 질투를 느끼다니"라는 말이 흘러나온다.

여기서 질투란 사랑을 확인하는 계기로 작용한다. 그러나 일반적으로 질투는 이보다 훨씬 농도 짙은 감정이다. 이 감정은 그 사람을 송두리째 집어삼켜 온 마음과 몸을 지배한다. 이렇게 통제 불가능한 질투라는 감정에는 분명 야성이 살아 있다. 강하고 파괴적이고 사악하다. 통제가 불가능하다.

한국에 돌아와서 대책 없이 질투의 대상이 되는 경우가 종종 있었다. 전혀 논리적이지 않고 너무나 무의식적이라 내가 할 수 있는 것은 아무것도 없었다. 그런데 당하는 입장에선 정말 억울하다. 상대의 감정이 무엇인지도 알고 그 감정에 이름을 붙일 수도 있고 그 질투의 뿌리가 무언지 보이지만 그래도 이런 일이 일어나고 매번 힘들다. 이 감정은 너무나 무의식적이라 정작 질투하는 본인은 자기가 무엇을 하고 있는 건지 모른다. 얼마나 잔인한지는 말할 필요도 없다.

흔히 우리는 질투에 "사랑하기에"라는 변명을 붙인다. 그러나 질투는 사랑에서 오는 것이 아니라 힘의 추구에서 비롯된다. 힘을 추구하는 관계란 상대를 통제하고 지배하는 데 목적이 있다. 그러므로 흔히들 질투를 사랑의 필요악처럼 다루지만 엄밀히 말해서 힘과 사랑은 양립할 수 없는 것이다.

관계에서 에너지가 한 방향으로만 흐르고 있다면, 예를 들어 일방적으로 한 사람의 쾌락만 충족하는 관계가 지속되거나 상대의 지위나 경제력 때문에 성립되는 관계라면 그런 관계는 그저 자기 만족을 위한 수단일 뿐이다. 이런 이기적인 관계는 인간관계의 본질을 축소하고 조악하게 만들 뿐이다.

연이 이야기에서 계모의 분노와 질투는 버들과 버들의 세계를 통째로 태워버리는 파괴의 극단을 보여 준다. 그런데 여기서 계모가 진정으로 파괴하는 것은 무엇일까? 신선한 야채로 상징되는 연이는 불가능을 가능하게 하는 힘을 가지고 있다. 연이는 무한한 가능성, 영원한 젊음, 존재 자체가 풍기는 아름다움, 결코 파괴될 수 없는 강인한 생명력의 소유자이다. 연이의 이런 힘이 계모에게는 위협으로 다가올 수밖에 없다. 이 무한한 가능성과 불멸의 생명력이 계모에게는 이미 오래 전에 파괴되었기 때문이다. 예로부터 인간이란 자기에게 없는 것이 타인에게 존재하는 것은 봐줄 수 없는가 보다.

엄밀히 말해서 계모의 이런 감정은 질투라기보다는 시기에 가깝다. 흔히 시기와 질투를 구분 없이 사용하지만 사실은 다른 감정이다. 질투는 자기가 가진 것을 타인이 앗아갈까 염려하는 두려움이라면, 시기는 다른 사람이 가진 것에 대해 내는 욕심이다(Moore 97). 자기에겐 없는 것 같은데 다른 사람은 가지고 있는 것 같은 행복, 지혜, 아름다움, 부, 젊음, 친밀함 등을 부러워하는 감정이므로 사실 상당 부분은 자기연민이 차지한다.

질투가 강한 사람이 보이는 또 다른 특성은 강한 보수성이다. 자기 안에 있는 공허함과 의심으로 가득한 자리를 지탱해 줄 절대부동의 견고한 기준과 틀이 필요하기 때문이다. 유연성을 수용할 여유가 없으며 무정형, 무질서의 에너지를 감당할 수가 없다. 그래서 이들은 자유 대신 배타적인 소유를 강조한다.

규범과 도덕으로 무장하여 자기는 시기도 질투도 하지 않는다고 말하는 사람이 가끔 있다. 이들의 진실은 대개 자기에 대해 강하게 부정하고 있다는 점이다. 이런 사람들은 다른 사람의 흠집을 찾아내는 데 특별히 예민한 후각을 가지고 있다. 본인이 눈치가 빠른 사람이라고 자랑할 수도 있다. 그러나 그처럼 눈치가 빠른 사람이 아주 사소한 일에 과민하게 반응하여 상대에게 상처 입히는 말을 서슴지 않는 것을 보면 눈치가 빠르다는 주장은 설득력이 없다.

우리 사회에서 두드러지는 몇 가지 현상이 여기서 다루는 계모의 주제와 깊이 관련 있는 것 같다. 인터넷에서 누구 아나운서의 머리 모양이 어떻고, 누가 어떤 옷을 입고 TV 쇼에 등장하고, 누구는 성형을 했느니 마느니 하는

이야기를 놓고 말들이 많은 것을 보면, 자기가 남의 일에 사사건건 간섭할 권리가 있다고 생각하는 근거는 어디에서 온 것인지 정말 궁금해진다. 왜 세상을 좁은 자기 틀에 맞추어야 한다고 생각하는 것일까? 다름에 대한 거부는 왜 이렇게 강한 것일까? 강한 보수적 잣대로 개성과 다름을 존중하지 못하는 경향은 계모가 보여 주는 강한 시기심과 닮은꼴이다.

시기와 질투는 보수성뿐 아니라 이기심과도 연결되어 있다. 당동벌이(黨同伐異)라는 말은 옳고 그름을 떠나 한 그룹이 다른 그룹을 무조건 배척한다는 뜻이다. 내 자식, 내 남편, 내 가족, 내 동문, 내 동향, 내 그룹 등 '내…'라는 자아 중심의 그룹이 무리지어 남과 구분되는 '우리'를 만들어 힘을 행사하고 있다. 우리 사회에 팽배한 집단 이기주의의 근원 또한 계모가 보여 주는, 개인 안에 파괴된 상상력과 창의력, 그리고 가능성에 원인이 있을 것이다.

그리고 또 하나, 지나치게 남의 눈을 의식하는 경향 또한 이 문제와 관련이 있다. 시기와 질투가 강한 이기적인 사람들은 온 세상이 자기를 중심으로 돌아가거나 자기만을 위하여 돌아가는 것처럼 행동한다. 그러나 이런 사람들의 관심은 정작 늘 타인을 향해 있다. 타인이 가진 것을 보면서 자신의 욕구를 충족하려 들고, 타인에게 자기 것을 빼앗기지 않기 위해 타인을 관찰하느라 자기 에너지를 고갈한다. 당연히 이런 사람들에게 남의 시선은 절대적으로 중요하다. 내가 어떻게 느끼느냐보다 남들이 나를 어떻게 생각하느냐가 중요하다.

그러나 이 모든 것은 신기루 같은 것이다. 타인을 향해 에너지를 집중하는 동안 자기 안에서 벌어지고 있는 운명에는 관심을 기울일 수 없다. 에너지를 밖으로만 소진하여 자기가 부여 받은 고유한 선물, 재능, 소명, 행운을 발견하고 드러내는 데 쏟을 여력이 없다. 극단적인 집단 이기심, 강한 보수성과 도덕성, 지나친 남 눈 의식, 다름과 개성이 존중되지 않는 경향들이 모두 질투와 시기와 내적인 공허함에 연결되어 있다면 우리 사회는 전체적으로 계모의 주술에 걸려 있는 것이다.

계모라는 원형적인 여성이 드러내고 있는 질투, 의심, 공허함, 분노, 시기, 증오, 외로움을 집약하는 단순한 이미지 하나를 소개하려 한다. 미국 남서부 파이우테(Paiute) 종족에게 전해 내려오는 이야기다.

부락에 신통력을 지닌 샤먼이 있었다. 그는 자기의 신출귀몰한 힘을 사람을 치유하는 데 쓰지 않고 악용하여 파괴를 일삼았다. 이 샤먼의 이름은 '돌로 된 셔츠를 입은 사람'이다. 그는 동굴에 살면서 사람을 납치하고 재물을 빼앗는 등 온갖 파괴 행각을 서슴지 않았다. 하지만 사람들은 이 샤먼을 해칠 엄두를 못 냈다. 신비한 영양이 돌로 된 셔츠를 지키고 있기 때문에 아무도 동굴로 접근하지 못한 것이다. 이 영양의 몸은 털로 뒤덮여 있는데, 털 끝 하나하나마다 눈이 달려 있다(Johnson 144-153).

돌로 된 셔츠를 입은 사람이란, 가슴이 돌처럼 굳어버렸다는 표현의 은유이다. 털끝마다 눈이 달린 영양이 이 인물을 지킨다는 말은 이 샤먼이 항상 긴장하고 의심의 눈초리로 늘 주변을 경계했다는 뜻이다. 눈의 숫자만큼 의심도 많고, 이 의심의 눈들은 자기에게 상처 될 일을 찾느라 분주하다. 자연히 다른 사람의 의도나 행동을 끝없이 오해하고 곡해한다.

감정과 온기가 자연스레 흘러야 할 심장이 돌이란 갑옷으로 무장해 아무것도 허용하지 않는 샤먼과 부드러운 털끝마다 수백 수천의 눈이 달린 영양의 결합은 감정이 얼어붙은 사람의 상반된 두 측면을 보여 준다. 돌로 된 셔츠는 어떤 순간에도 감정을 드러내지 않거나 어떤 감정도 느끼지 못하는 냉혈한을 연상시키지만, 한편 그는 터무니없는 곳에서 눈물의 바다를 연출하는 과장된 감상주의자이기도 하다.

이들이 어두운 동굴에 산다는 자체부터 외부 세계와는 차단되고 다른 사람들과 교류가 없는 상황을 보여 주는데, 이 말은 곧 이들이 대단히 외로운 존재임을 시사한다. 계모는 외롭고 공허하다. 사랑을 이기적이고 파괴적으로 사용하고 자신의 에너지를 밖으로만 낭비한 필연적인 결과인지 모른다.

외로움, 공허함, 냉혹함, 시기, 질투, 증오, 분노, 이기심 등 계모라는 원형적인 여인이 보여 주는 특성은 우리 누구라도 예외가 아니다. 누구도 편치 않고 받아들이고 싶지 않은 감정이다. 하지만 이런 불편한 감정들이 인간의 자연스러운 감정이라는 사실을 받아들이고, 드러날 때마다 정확하게 이름을 붙여 보면 이런 감정의 지배를 덜 받게 된다. 계모의 마술이 서서히 풀리는 것이다. 암 투병 중이던 부부의 사례처럼 이런 파괴적인 감정을 창조적으로 전환하고 공격적인 에너지를 재미있는 놀이로 만들어 갈 수도 있을 것이다.

이 모든 것은 오로지 내면세계로의 여정을 통해서만 가능하다. 연이 이야기에서는 이 세계의 문을 여는 열쇠가 "버들 버들 버들아"라는 주문이다. 마찬가지로 여러 이야기에서 "열려라 참깨" "수리 수리 마수리" "나와라 뚝딱" 등의 주문이 이 세계를 여는 열쇠로 사용된다. 이것은 적절한 질문을 하는 것이 해결의 문을 여는 핵심이란 뜻이다. 계모의 공허함과 외로움, 질투와 증오는 결국 자기 안에서 이 무한한 지혜와 신비를 만날 수 없었기 때문에 생기는 반작용이다.

'버들 버들 버들아'를 되뇌어 보자. 열려진 문 안에서 내가 진정으로 만나고 이해하고 발견하고 싶은 것은 무엇인가. 내면의 세계에서 들리는 목소리를 이해하는 방법을 다음 장에서 구체적으로 이야기해 보자.

참 고 문 헌

• Estes, Clarissa Pinkola. Women Who Run With the Wolves: Myths and Stories of the Wild Woman Archetype. New York: Ballantine Books, 1992.

• Johnson, Robert. Balancing Heaven & Earth. San Francisco: HarperSanFrancisco, 1998.

• Lerner, Harriet Goldhor. The Dance of Anger: A Woman's Guide to Changing the Patterns of Intimate Relationships. Harper&Row Publ., 1985.

• Moore, Thomas. Care of the Soul: A Guide for Cultivating Depth and Sacredness in Everyday Life. New York: HarperPerennial, 1992.

머리 아홉 달린 거인

❋

　옛날 깊은 산속에 머리 아홉 달린 거인이 살고 있었는데 가끔씩 마을로 내려와 사람을 잡아가곤 했다. 마을에 사는 사람들은 거인에게 잡혀 가지 않으려 항상 경계를 늦추지 않았다. 그러던 어느 날 한 여인과 여인의 몸종이 물을 길러 우물에 갔다가 그만 거인에게 잡혀 가고 말았다. 이 소식을 들은 남편은 아내를 구하려고 산속으로 갔다.

　거인을 찾아 산속을 헤매던 남편이 아주 오래된 낡은 오두막에 당도했다. 천 년 만 년이나 살았을 듯한 아주 나이 많은 할머니가 집에서 나왔다. 할머니는 사람이 오는 곳이 아닌데 왜 여기까지 왔느냐고 묻는다. 여차여차해서 머리 아홉 달린 거인을 찾는다고 하자 골짜기를 따라가다 보면 계곡에서 무 씻는 여인이 나타날 텐데 그 여인에게 가서 물어보라고 한다.

　계곡을 거슬러 오르자 할머니 말대로 여인이 무를 씻고 있었다. 머리 아홉 달린 거인이 사는 곳을 묻자 거인은 힘이 대단하므로 거인과 대적하려면 자기가 주는 무를 먹고 옆에 있는 커다란 바위를 들어 보라고 했다. 무를 먹고 바위를 들어 보려 했으나 바위가 무거워 겨우 땅에서 떼어 놓을 수 있을 뿐이었다. 여인이 무를 하나 더 주었다. 그 무를 먹고 이번에는 무릎까지 바위를 들어 올렸다. 무 하나를 더 먹고는 거뜬하게 바위를 머리 위로 들어 올리게 되자, 이번에는 여인이 겁을 주면서 다음 언덕으로 가면 크고 넓적

한 바위가 하나 나오는데 그 바위를 들어 올리면 동굴 입구가 나오고 그 동굴을 따라 난 좁고 긴 길을 따라 가면 머리 아홉 달린 거인의 집이 나온다고 했다.

과연 여인의 말대로 넓은 바위를 들어 올리자 동굴 입구가 나왔다. 좁은 동굴을 따라 가자 문이 아홉 있는 담장으로 둘러싸인 거인의 집이 나왔다. 재빨리 문 안으로 들어가 우물 옆 버드나무 위에 몸을 숨겼다. 한참을 기다리자 한 여인이 물을 길러 나오는데 바로 아내의 몸종이었다. 물 항아리 위에 버드나무 잎을 떨어뜨리자 몸종은 바람이 부나 생각하고는 물을 엎지르고 다시 길었다. 다시 잎을 떨어뜨리자 또 물을 다시 길었다. 잎을 세 번 떨어뜨리자 그제야 바람이 불지 않는다는 사실을 알아채고 나무 위를 쳐다본 몸종은 주인을 발견하고 집안으로 달려가 그 소식을 아내에게 전했다.

아내는 남편을 비밀의 방에 숨겼다. 거인은 백 일 동안 어디론가 사라졌다가 집으로 돌아오는데, 집에 돌아오면 백 일 간 잠만 자곤 했다. 집으로 온 거인은 집에서 사람 냄새가 난다고 의심했지만 아내가 재빨리 술을 먹여 잠들게 했다. 거인의 몸은 목을 제외하곤 철 비늘로 감싸 있어 어떤 검도 침투할 수 없었다. 자는 동안 목을 내려치자 잠에서 깨어난 거인이 반격을 시도했다. 무를 먹어 힘이 세어진 남편은 거인의 목을 하나씩 베어 나갔고 땅에 떨어지는 목이 다시 거인의 몸에 붙지 않도록 아내는 잽싸게 재를 뿌렸다.

남편은 마침내 거인을 물리치고 거인 집에 가득하던 황금과 쌀과 비단을 가지고 마을로 돌아와 잘살게 되었단다.

【 산 골 오 두 막 의 아 주 나 이 많 은 할 머 니 와 의 만 남 】

이 이야기는 주민들을 괴롭혀 오던 난공불락의 괴물을 무찌르고 보물을 가지고 마을로 돌아온 전형적인 영웅의 이야기다. 특별히 머리 아홉 달린 괴물의 등장이 흥미롭고, 기지가 넘치는 아내가 전투 과정에 적극적으로 동참한다는 사실도 재미있다. 이렇게 주요 등장인물을 중심으로 이야기를 다

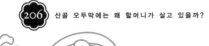

룰 때 마치 배경처럼 스쳐 지나가는 인물이 바로 인적 없는 산골 오두막에 사는 아주 나이 많은 할머니다.

우리는 이 할머니가 계곡에서 무를 씻고 있는 여인과 동일한 인물임을 미루어 짐작해 볼 수 있다. 한 사람에 깃든 두 영혼이라는 표현처럼, 무를 씻는 아름답고 젊은 여인이 산골 오두막집 나이 많은 할머니의 또 다른 얼굴이라 생각해 볼 수 있는 것이다. 지상에서 가장 나이 많은 지혜의 여인이자 동시에 가장 싱그러운 젊음과 아름다움을 갖춘 여인, 접근하기 어려운 무서운 얼굴의 소유자이자 음식을 주는 따사로운 여인, 생명을 부여할 수도 생명을 거두어 갈 수도 있는 이 두 얼굴이 모든 여성이 지니는 본질적인 역설의 이미지가 아닐까 생각해 본다.

수천 년 수만 년 전, 어쩌면 이 땅이 탄생하기 전부터 존재한 듯하지만 사람의 눈에 띄지도 흔적을 찾아 볼 수도 없는 할머니. 그렇지만 태곳적 신비나 조물주의 창조의 손길이 물씬 느껴지는 깊은 산과 계곡, 바다와 하늘을 고요히 응시하노라면 할머니의 존재가 온 몸으로 전해진다. 말로 표현할 수도 형상으로 드러낼 수도 없지만 체취를 느낄 수 있는 할머니. 심원에서 밀려드는 계곡의 바람 소리, 짙고 어두운 먼 바다, 사방으로 터진 깊은 하늘, 구수한 흙 냄새, 칠흑 같은 어둠 위로 쏟아지는 별빛이 할머니가 이야기하는 방식이다.

이 땅의 어느 누구도 할머니의 할머니의 할머니인 태곳적 할머니를 만나본 적이 없고 더욱이 형상으로 그려지지도 않지만, 할머니가 얼마나 자주 꿈속에 등장해 우리에게 말 걸기를 시도하는지 기억을 되살려 보자. 할머니는 길거리에서 매일 만나는 평범한 아낙의 모습으로 나타나기도 한다. 때로는 목소리만으로 등장하고 어떤 때는 형체도 소리도 없이 느낌만으로 다가온다. 그런가 하면 압도할 정도로 거대한 모습으로 등장하여 우리 존재를 미미하게 느끼게 만들기도 하고, 예상을 초월하는 익살과 유머로 배꼽을 쥐게 하기도 하며, 등골이 서늘해지는 무서운 모습으로도 나타나기도 한다. 이렇게 등장해서는 불쑥 수수께끼 같은 공안(公案: 석가모니의 말과 행동)을 던진다. 대개는 할머니의 등장 그 자체가 공안이 된다.

꿈에 등장하는 태곳적 할머니의 모습은 하나로 묘사하거나 규정할 수 없다. 이 세상에 존재하는 수많은 민족만큼이나 다양한 이름, 다양한 이미지로 묘사되고 있지만, 이 할머니의 존재는 그 어느 땅과 뇌리에서도 온전히 사라진 적은 없다.

【 할 머 니 = 마 녀 = 여 신 의 집 】

세계 곳곳마다 다르게 부르는 할머니의 다양한 이름처럼 할머니가 사는 곳도 제각각이다. 그렇다고 영화에서 성배를 찾아다니는 성서학자나 고고학자들처럼 비밀의 지도 같은 걸 들고 할머니를 찾아다닌다면 반드시 낭패를 볼 것이다.

이 책에 여러 번 언급했던 바바야가(Baba Yaga)는 러시아의 어두운 숲 속에 산다. 광활한 툰드라와 백설로 뒤덮인 대륙에 끝없이 펼쳐지는 깊은 숲 속, 대낮에도 빛 하나 투과되지 않는 칠흑 같은 어두움이 덮고 있는 곳에 야가는 해골과 뼈로 만든 울타리를 치고 산다. 깜깜한 어두움과 매서운 추위가 가득한 숲속에 갑자기 인골이 발하는 푸른빛이 새어나오면 그 주위에 야가의 집이 있다고 생각해야 한다. 야가의 집은 큰 닭다리 위에 놓여 있어서 뒤뚱뒤뚱 걸어다니기도 하고 무당처럼 빙글빙글 돌며 트랜스 춤을 추기도 한다. 지구의 허파라 불리는 광활한 침엽수의 바다를 가진 러시아 땅에서 할머니가 좌정하기에 이보다 마땅한 곳이 없어 보인다.

동유럽을 비롯한 미국과 멕시코의 인디언들에게 잘 알려진 여신 라 로바

(La Loba)는 한 자리에 정착해 있기보다는 이곳저곳 돌아다닌다. 이렇다 보니 자연히 여신을 만나는 사람마다 라 로바가 사는 곳을 다르게 말한다. 어떤 사람은 사막 중간에 우뚝우뚝 솟아 있는 풍화된 화강암의 절리들 사이에서 여신을 보았다고 한다. 이곳의 바위 틈새나 바위 동굴이 라 로바가 사는 곳이라고 주장하는 것이다. 어떤 사람은 사막 근처 우물 곁에서 여신을 만났다고 하면서 여신이 우물 속에 산다고 한다.

여신 라 로바는, 계모 이야기에서 연이가 버들의 뼈를 주워 모아 생명을 되불러내듯, 지상에서 사라져 가는 동물들의 뼈를 주워 모아 부활의 노래를 불러 다시 생명으로 번성하는 땅을 만든다. 여신이 사는 바위 틈새나 동굴은 지상에서 사라져 간 동물들의 뼈로 가득하다고 한다.

그리스 여신 중에 이런 태곳적 할머니의 특질을 지니는 여신은 헤카테(Hecate)이다. '헤카테'는 '아주 저 멀리'라는 말이다. 여신의 무시무시한 이미지는 잘 알려져 있다. 이마 둘레에는 참나무 화관을 쓰고 실타래처럼 꼬여 있는 뱀들이 어깨 너머로 줄줄 흘러내린다. 대부분의 그리스 신들과는 달리 헤카테에게는 신전이 없다. 사는 곳도 모른다. 그러나 그리스 인들은 세 길이 만나는 곳이나 두 길이 교차되는 곳에서 종종 헤카테를 만난다고 한다.

이들을 칭할 때에는 여신, 마녀, 할머니라는 세 가지 호칭이 통용된다. 여기서 잠깐 호칭에 대한 정리가 필요할 것 같다. 우선 마녀란, 영어로 'witch'다. 구부러진 매부리코가 두드러지는 얼굴은 굵고 깊은 주름살로 덮여 있다. 길게 자란 머리는 헝클어진 은발이고, 그 위에 넓고 둥근 챙이 달린 모자를 쓰고 있으며, 지팡이 대용으로 쓰는 빗자루는 마녀의 트레이드마크다. 주술에 능하고 온갖 짐승과 약초를 섞어 영약을 만들며 심술과 변덕과 파괴를 일삼는, 흉측하고 사악한 노파다. 우리가 알기로는.

그러나 'witch'란 단어의 'wit'은 현명하다는 뜻을 가진 'wise'와 뿌리를 같이한다. 마녀란 현명한 여인이란 뜻이고 원래 이 단어는 젊고 늙음에 상관없이 치유하는 여성을 일컫던 말이다(Estes 93). 중세 교회가 제도적으로 불태운 마녀의 실체가 이것이다. 치유의 비밀을 간직한 지혜로운 여인이 사악하고 파괴적인 마녀가 되기까지 가부장 시대의 오랜 왜곡과 파괴의 역사가 있었다. 마녀의 뿌리를 캐들어 가면 유일한 남신 종교의 확산 이전에 존재했던 여신 전통의 흔적을 엿볼 수 있고, 여신 본래의 힘을 발견하는 계기가 될 것이다.

동서양을 초월하여 여신(goddess)이 새롭게 의식의 표면으로 등장하고 있다. 여신(The Goddess)이란 남신(The God)과 구분되는 여성 신을 지칭하는 단어다. 그러나 이 여신이 아브라함 계 종교처럼 유일신과 대비되는 유일여신을 말하는 것인지 아니면 다신인지, 양성(androgynous)인지, 인간 중심적인지에 대해서는 정리된 것이 없다. 근자에 본격적으로 연구에 불이 붙는 주제들이다. 이런 열기가 한국에서도 일어나길 기대한다.

여신의 이미지를 여전히 간직하고 있는 수많은 원주민 종족들 사이에는 할머니(Grandmother)란 표현이 통용된다. 미국 인디언 종족들이 이 호칭을 사용하고 있고, 여신 전통의 잔영을 많이 간직하고 있는 제주에서도 할망이란 단어를 쓰는데 이는 할머니의 제주 방언이다. 나는 개인적으로 여신을 부르는 호칭으로 할망이나 할머니를 선호한다. 그 이유는 할머니가 우리의 혈연적 조상인 것처럼 여신이 우리의 영적 조상이란 개념을 담고 있는 듯하기 때문이다. 그래서 신(God/dess[es])과의 골이 덜 깊어 친밀함이 느껴진다. (신이라는 말에는 여신과 남신이 같이, 그리고 수많은 이름으로 불리는 하나라는 다신 일신의 개념이 같이 포함되어야 한다고 생각해서 'God/dess[es]'라는 표현을 만들어 보았다.) 이 글에서는 할머니란 호칭을 여신과 동일한 개념으로 사용할 것이다.

위에서 언급한 할머니들은 다양한 역사와 문화적인 배경을 지닌, 저마다의 독특한 이미지를 드러내지만 이들 사이에는 공통점이 발견된다. 우선, 이 할머니들은 한결같이 이 세상이 끝나는 지점, 혹은 다른 세상이 교차하는 지점에 머문다. 저승에서 이승으로 나오는, 아니면 이승에서 저승으로 들어가는 길목에 좌정하는 것이다.

산이 많은 우리나라에선 예로부터 높은 산은 하늘과 맞닿아 있다고 믿었고, 하늘을 '그 너머'의 세계로 숭배해 왔다. 이 뿌리 깊은 믿음에 따라 천제의 아들이나 선녀가 이 땅으로 내려오는 길목이 주로 산이고, 삼신이 거주하는 곳도 산이며, 신선이 내려와 바둑을 두는 곳도 산이고, 꿈꾸어 보는 무릉도원도 산중에 있다. 예로부터 선조들의 초월적 상상력의 대상이 되어 온 산 중에 할머니의 집이 있다는 것은 당연해 보인다.

그리스 여신 헤카테의 경우 구체적인 지형 묘사가 없지만, 두 길 혹은 세 길이 만나는 교차로에서 만날 수 있다고 믿는데, 신화적 상상력이 살아 있는 사람들에게 세 길이 만나는 지점은 항상 운명적 의미를 지닌다. 과거, 현재, 미래가 만나는 지점이자 중요한 결정의 지점이며, 치유의 비밀이 숨겨진 곳이기도 하다. 또 교차로는 의식과 무의식이 만나는 지점으로, 한시적 세계와 무한의 세계가 만나는 지점이다. 그리스 인들은 교차로에 도달하면 미지의 세계에 대한 불확실성과 두려움을 극복하기 위하여 돌을 놓아 헤카테의 자비를 기원했다고 한다.

러시아와 동유럽에 널리 알려진 바바야가는 울창한 숲속에 산다. 대낮에도 햇빛이 스며들지 않는 깊고 깊은 숲은 낮과 밤이라는 익숙한 자연의 리듬이 사라지는 곳이며 사람의 흔적이 끊어지는 곳이고 불확실과 불예측의 장소이고 어두움의 두께만큼이나 숨어 있는 깊은 무의식의 영역이다.

라 로바가 산다는 깊은 샘의 바닥이나 깊게 파인 바위의 균열, 바위 동굴 등은 두드러진 지형물 없이 수평으로만 확장되는 사막 지형에서 지하로 나 있는 유일한 틈새들이다. 이 틈새가 바로 지하 세계로 들어가는 입구이자 지상과 지하를 연결하는 통로가 되는 것이다.

산 위나 땅 속 동굴이나 바위 틈새나 우물, 그리고 교차로는 언뜻 보기에 전혀 다른 느낌을 준다. 그러나 이 세계를 단순하게 이차원적으로 표현하자 면 수평선과 지평선으로 묘사할 수 있을 것이다. 땅 끝이고 세상의 끝이며 우리를 이 너머의 세상으로 확장해서 열어 줄 설렘과 두려움의 자리이다.

이야기에서 머리 아홉 달린 괴물이 사는 곳으로 들어가는 입구를 가르쳐 주고, 또 이 세계로 들어가도록 준비를 시켜 주는 것이 할머니라는 사실은 이 세계가 바로 태곳적 할머니의 관할 영역임을 드러낸다. 절간에 들어설 때 욕망과 번뇌와 아상으로 가득한 우리를 벗어던져야 하듯 이 세계의 경계 를 넘기 위해서는 지금까지의 시각을 넘어서는 다른 시각과 열린 자세가 필 요하다.

【 야 생 으 로 의 모 험 】

할머니들이 사는 곳은 인적이 닿은 적이 없는 야생의 땅이다. 야생의 자 연은 대단히 역설적이다. 개발 신화를 신봉하여 자연을 정복의 대상으로 삼 아 온 현대인들에겐 타도의 대상이자 두려움의 대상이다. 야생의 자연이 드 러내는 야성은 통제나 예측이 불가능하여 법칙이나 예측 같은 확실함에 길 들여진 우리를 불편하게 만든다. 정복과 타도를 내세우며 전력 매진해 왔지 만 결국은 자연을 통제 하에 놓거나 길들이는 것이 불가능하다는 사실을 알 기 때문에 더욱 두려운지도 모르겠다.

그러나 이런 파괴적이고 두려운 야생의 땅을 선택하여 들어가 고독과 위안을 구하는 구도자들이 있다. 이성으로 황폐해지고 눈에 보이는 것만 신뢰하는 현대인들을 치유할 수 있는 장소도 바로 이곳이라고 한다. 위험하고 불확실하다는 야생의 땅에서 영혼의 안식을 얻고 새로운 힘으로 충전되는 비밀은 과연 무엇일까?

바바야가, 헤카테, 라 로바, 산골 오두막의 태곳적 할머니 또한 역설적이다. 오두막에 당도한 남자에게 할머니는 인간이 발 들이지 않아야 할 땅으로 들어온 이유부터 묻는다. 일반적인 신화의 규칙대로라면, 이때 분명한 이유가 없거나 이유를 명쾌하게 설명하지 못하는 사람은 할머니에게 목숨을 빼앗긴다. 단순한 호기심 때문이라거나 부모님의 권유 때문에 슬쩍 맛을 보기엔 이 지하 세계, 어두움의 세계, 이 세상 너머의 세계는 너무 위험하기 때문이다. 할머니의 질문은 지하 세계를 탐험할 준비가 충분히 되었는지, 이 세계를 탐험할 만큼 자아가 강한지 묻는 것이다. 야생의 땅에서 살아남기 위해서는 이러한 준비가 필수적이다.

우리의 정의롭고 용감한 남편은 자기가 할머니를 찾아온 이유가 머리 아홉 달린 괴물을 무찌르고 아내를 구하기 위한 것이라고 또박또박 설명한다. 그러자 무섭던 할머니는 무 씻는 예쁜 여인의 모습으로 변하여 무를 먹여 힘을 길러 주고 괴물을 대적할 검을 주고 괴물이 사는 지하 세계의 입구를 가르쳐 준다.

지하 세계란 단순히 땅 밑을 뜻하지 않는다. 괴물과 요정을 만나는 세계, 어두움의 세계, 죽음의 세계다. 빛과 의식 세계의 방향감각이 전혀 작용하지 않는 곳이다. 미국의 농부 시인 웬델 베리(Wendell Berry)의 시 한 편을 읽으면서 이 세계를 탐험하는 자세에 관해 생각해 보자. "어두움을 알기 위해서"란 제목의 시다(Van Matre 158).

빛을 가지고
어두움 속으로 들어가는 것은 결국
빛을 아는 것이다.

어두움을 알기 위해서
어두움 속으로 들어가라.

빛 없이 가서
어두움
또한
꽃을 피우고 노래한다는 것을
발견하라….

베리는 빛을 밝혀서 어두움을 들여다보려는 자세로는 어두움을 이해할
수 없다고 말한다. 어두움을 이해하려면 빛을 감지하는 렌즈가 아니라 어두
움에 반응하는 전혀 새로운 렌즈가 필요하다. 깜깜한 밤에 잠이 들면 광활
한 꿈의 세계가 환하게 열리듯, 빛으로 상징되는 의식의 눈을 포기할 때 더
큰 비전이 열리고 어두움이 스스로 그 신비를 드러낸다.

모든 성장은 상징적인 죽음을 수반한다. 따라서 성장을 원한다면 어두움
의 세계, 죽음의 세계를 탐험하는 것이 불가피하다. 의식적으로 선택해서
이 세계의 탐험을 시작하려 한다면 욕망도 번민도 집착도 희망조차도 내려
놓고 칠흑 같은 어두움을 향해 나 있는 낭떠러지로 떨어져야 한다.

이 위험한 여정을 시작하려는 사람들은 세상이 끝나는 곳으로 가 태곳적
할머니를 만나, 어두움의 세계를 여행할 자세나 준비가 되어 있는지 확인하

고 시험을 받아야 한다. 일상에 무언가 부족함을 절감하고 그것을 찾아 나서려 한다면, 과연 내게 모험을 감행할 만한 힘과 용기는 있는지 시험해 보자. 지하 세계의 문은 이 시험을 통과하는 자에게만 열린다.

　태곳적 할머니를 직접 만났다는 사람은 없지만 할머니의 존재를 증거하는 수많은 이야기들이 전해지고 있다. 할머니 이야기가 끝없이 우리의 입과 가슴에 회자되는 이유는 어두움의 세계에서 피어나는 꽃과 침묵의 노래에 대한 근원적 향수가 우리의 세포 하나하나에 심어져 있기 때문이 아닐까?

　예로부터 야성, 자연, 어두움, 지하, 죽음, 무의식은 여성적인 특징으로 간주되었다. 그리고 여성이 무의식 세계에 대한 감각이 훨씬 열려 있다고도 한다. 이 태곳적 할머니를 여성성의 마지막 과제로 다루는 이유는 가장 본능적인 시원의 세계로 돌아가 야성의 여성, 즉 심원의 여성을 만나 여성 영혼의 원천의 소리를 듣고 싶어서이다.

　야성의 목소리는 오랜 시간 침묵을 강요받았다. 이 목소리를 존중하고 강화하는 의례도 사라졌다. 그 결과 우리는 야성의 소리를 들을 수 있는 감각이 둔화되고 마침내 잃어버렸다. 그러나 잿더미로 변한 버들의 집에도 불멸의 뼈는 남아 있듯, 오래 전 의식에서 사라져 간 목소리가 무의식 안에서 끊임없이 신음하고 호소하고 깨어나기를 촉구하고 있다. 뼈를 주워 모아 생명을 되불러내듯, 진정한 여성의 힘의 원천으로 돌아가 야성의 여성, 영혼의 목소리를 다시 듣고자 한다면 어두움 속으로의 여정이 유일한 길임을 인류가 쌓아 올린 지혜의 보고인 신화들이 공통적으로 이야기하고 있다.

　지하 세계를 탐험하기 위해서는 웬델 베리의 시처럼 어두움에서 반응하는 눈, 즉 지금까지와는 전혀 다른 관점이 필요하다. 이런 관점은 현대 이전 여성들의 삶에서는 자연스러운 것이었고 이런 감각을 계발하는 것도 자연스러웠다. 여기 현대인이 비교적 쉽게 어두움의 세계에 접근할 수 있는 방법 몇 가지를 소개하려 한다.

먼저, 우리에게는 사물을 꿰뚫어 볼 수 있는 직관이라는 힘이 있고, 보이지 않는 우주의 그물망을 가시화해 주는 오라클(신탁)이 있고 또 밤마다 저절로 열리는 꿈의 세계가 있다. 이 외에도 춤이나 악기 연주, 노래, 그림, 문학, 열정적인 사랑, 명상, 기도 등 평소의 의식 상태를 넘어서게 하는 모든 활동이 이 어두움의 세계로 인도해 준다. 직관, 꿈, 오라클, 의례와 같은 것들이 바로 불멸의 뼈를 주워 모아 부활의 노래를 부르게 하는 길이며 이런 몸짓이 우리를 다시 본능적 야성의 세계로 연결하는 다리를 놓아 준다.

【 야 성   일 깨 우 기   하 나 :   직 관 】

직관력을 소유한다는 말은 여성의 내면에 이 태곳적 할머니가 늘 함께한다는 뜻이다. 이 할머니는 지금 무엇이 잘못되고 있는지, 어떤 선택을 해야 하는지, 그리고 어디로 가야 하는지에 대해 정확하게 가르쳐 준다. 그런 의미에서 직관은 내면의 눈, 내면의 귀, 내면의 촉각, 내면의 미각, 내면의 후각, 내면의 지각이라고 할 수 있다.

이 내면의 감각 기관은 착한, 순한, 이상적인, 귀감이 되는, 규범적인, 규칙적인, 예의 바른, 평범한 등 사회가 요구하는 수식어에 길들여져 규격화되고 표준화된 모든 방식에 저항한다. 길들여지고 순화된, 순진하고 수동적인 여성에게 야성의 세계로 돌아가 가장 자연스러운 본래의 자신의 힘을 되찾으라고 외치는 것이다. 그렇다고 해서 직관이 우리를 충동적이고 파괴적인 광란의 세계로 몰고 가는 것은 아니다. 지나친 질서 때문에 얼어붙어버린 생명의 자유를 회복하라는 것이다. 직관은 생명의 본능적 힘이고 내면의 진실이다.

여성의 직관의 힘을 위협해 온 두 가지 대표적인 에너지가 있다. 하나는

지나친 보호이고 다른 하나는 집단적이고 제도적인 파괴다. 지나친 보호는 대개 성장 과정 중 부모의 양육 태도와 밀접하게 관련되어 있다. 결혼 후 남편의 과잉보호가 부모의 양육의 연장선에 놓이기도 한다.

편안한 삶, 안정된 삶을 자녀에게 보장해 주려는 부모의 마음은 이 세상 무엇보다 귀한 것이다. 그렇지만 지나치면 생명의 가장 원초적이고 본질적인 직관의 힘을 파괴시킬 수 있다. 부모의 역할 중 가장 어려운 부분이 보듬을 때 보듬고 놓아둘 때 놓아두는 두 가지 역할을 적절하게 조화하는 것이라 생각한다. 너무 편안하고 견고한 울타리는 야성의 힘을 기르는 데 최대의 적이 된다는 사실을 한 여학생의 사례에서도 볼 수 있었다.

학기 말에 한 여학생이 연구실 문을 두드렸다. 들어와 앉으며 자기가 아주 오랫동안 반복해서 꾸는 악몽이 있다고 했다.

도둑이 내 방 창문을 부수고 방 안으로 들어오려 한다. 어떤 날은 도둑의 다리 하나가 방 안으로 쑥 들어오기도 한다.

이 여학생이 악몽에서 깨어나 울면서 부모님 방으로 건너가면 부모님은 두 분 가운데에 이 학생을 재워 주신다고 했다. 그러나 어떤 날은 너무 무서워서 자기 침대에서 기어 나오지도 못하고 울기만 한다고 했다.

도둑이란 뭔가를 훔쳐 가는 사람인데 본인의 삶에서 잃어버릴까 두려운 것으로는 무엇이 있는지 물었다. 저녁을 먹고 나서 가족이 다 같이 둘러앉아 텔레비전을 보면서 과일을 먹을 때면 문득문득 밑도 끝도 없이 스치는 생각이 있는데, 자기는 지금 모든 것을 다 가지고 있는데 이 행복이 어느 날 갑자기 사라져버리면 어쩌나 하는 두려움이 있다고 했다.

이야기를 듣는 중에 이 학생의 부모님이 늘 전하는 메시지가 있다는 걸 알게 되었다. "네가 고생하면서 살지 않아도 될 만큼 충분한 돈을 줄 테니 너는 돈 벌려고 애쓸 필요가 없어. 그저 취미 생활이나 하면서 삶을 즐기며 살아라. 그리고 너처럼 곱게 자란 배우자를 만나서 평생 고생을 모르고 살면 된다."

이 말대로 해 주고 싶은 게 모든 부모님의 염원이고 바람이리라. 그러나 부모로부터 다음과 같은 메시지를 듣고 자라난 아이가 있다면, 삶에 대한 태도나 미래에 대한 설계가 앞의 학생과 얼마나 다를지 생각해 보자. "세상은 참 다양하고 아름다운 문화로 가득한데 이 다양한 문화들이 모두 삶의 신비와 아름다움을 표현하는 방식이란다. 많이 보고 많이 배우고 이 아름다움을 마음껏 즐기렴. 그리고 인생의 고통은 선택사항이 아니다. 고통의 매 순간은 힘들지만 고통과 그늘이 연민과 밝음을 이해하는 길이란다. 고통이 닥치면 달게 받아들여라. 치열하게 고민하고 많이 사랑하고 네 안에 잠재된 무한한 가능성을 활짝 펼쳐라."

자녀를 온실에서 기르면 생명이 마땅히 지녀야 할 강인한 본능과 생명력을 잃어 간다는 사실은 냉혹할지라도 진실이다. 최악의 경우, 직관과 같은 야성의 목소리를 죽게 만든다. 이 여학생에게 순간순간 스쳐 지나가는 불안감은 바로 '여기 안주하고 있으면 네 안의 가능성은 죽어 간다'는 메시지이며, 악몽의 형태로 무의식이 경고하고 있는 것이다. 이런 목소리가 바로 이 여학생 내면에 존재하는 태곳적 할머니의 소리이고, 이 아이 영혼의 외침이고 호소이다.

과잉보호 외에도 직관을 파괴하는 메시지는 주변에 널려 있다. "너는 할 수 없어." "너는 이 일을 할 만큼 똑똑하지 못해." "넌 시간이 없잖아." "너는 강하지 못해." "너는 아름답지 않아." "나약한 게 매력이야." "자기 표현을 다 하고 살 수는 없어." "너는 평범한 사람이야." "내가 힘을 가졌으니 알아서 처신해." "너는 쓸모없어." "먹고 살려면 원하는 걸 다 하고 살 수는 없어." 개성을 죽이고 내면의 힘을 신뢰하지 못하게 만드는 표현들이다. 이렇게 우리를 무기력하게 만들고 무의미하게 만드는 말, 사람과 문화를 꿰뚫어 보는 투시력, 그리고 주변에 널려 있는 왜곡된 반생명적 요소를 거부하고 진정한 자기를 주장하게 하는 힘이 바로 직관이다.

남성들은 여성의 이런 야성적 힘을 두려워한다고 한다. 그러나 건강한 여성과 건강한 관계를 발전시키려면 여성의 본능인 야성을 이해하려 노력해야 하지 않을까? 그리고 여성들은 남성의 눈, 혹은 사회 집단의 눈을 벗어던지고 자신의 눈으로 세상을 바라보아야 한다. 본능의 세계를 존중하고 양육할 때 원천적인 여성의 진정한 힘을 회복할 수 있다.

우리는 우리의 내면을 들여다보고 내면 작업을 하다가 두려운 진실에 맞닥뜨리게 된다. 가장 간절한 꿈과 목표와 희망이 죽어 가고 있다는 사실을 발견하게 되는 것이다. 밑도 끝도 없이 닥치는 공허함과 무기력감과 무감각의 근원적 실체를 만나게 되는 순간이 바로 이때일 것이다.

삶이 지워 준 무게가 너무 무거워서, 생존을 위해 애쓰다 보니 여력이 없어서, 어떻게 해야 할지 방법을 몰라서 등 수많은 이유를 찾아낼 수 있으나 결정적으로 원인은 자신이 진정으로 갈망하는 것을 듣지 못하고 이해하지 못하고 감지하지 못하고 양육하지 못했기 때문이다. 질문하라. "내 영혼에 무슨 일이 일어났는가?" "잃어버린 나의 꿈은 어떻게 되었는가?" "지금 나는 나의 본능적 목소리와 어떤 관계를 유지하고 있는가?" "그렇다면 어떻게 내 생명을 되찾을 수 있을까?"

자식들 대학 교육까지 다 시켜 놓고 신입생으로 대학에 입학한 어른 학생이 있었다. 아주 얌전하고 단아한 인상을 주지만 표정이 얼굴에서 사라진, 절제되어 보이는 이 여인은 언젠가 이런 꿈을 이야기했다.

아주 맑고 투명한 강물이 있는데 물 건너편에 아름다운 괴암괴석이 우뚝 솟아 있다. 자세히 보니 수많은 물개 떼가 죽어서 물 위에 둥둥 떠 있다.

이 여인은 유난히 엄한 아버지 밑에서 자라났다. 발소리를 내지 않기 위해 집에서도 발뒤꿈치를 들고 걸어야 했다. 일찍 결혼을 했는데 남편도 엄했다. 주변에서 늘 예의 바르고 얌전하다는 소리를 듣고 살았지만 남들 앞에 서는 것이 제일 두려운 그녀였다. 발표를 하거나 심지어 사람들 앞에 서서 성서를 읽는 것조차 자기에게는 고문이라 했다.

물개 떼의 이미지처럼, 자신에게 생명의 힘을 부여하는 본능적인 힘이 주검으로 떠오른다는 사실은 대단히 심각한 일이다. 밥을 먹어 몸에 자양분을 공급하듯 영혼도 밥이 필요하다. 몸을 돌보지 않으면 병이 나고 심하면 목숨을 잃게 되듯 내면의 세계도 너무 오래 무시하고 방치하면 영양실조에 시달리고 신음하다 마침내 죽어 간다.

꿈에서 상처 입은 동물이나 주검의 등장은 곧 자신의 본능 세계의 상처와 죽음을 의미한다. 죽어 간 잔해인 뼈를 주워 모아 생명을 불러내 노래하는 라 로바처럼, 버들의 뼈에 생명수를 부어 되살려내는 연이처럼 죽은 동물을 되살리는 작업이 절실히, 그리고 즉각적으로 필요하다. 이런 일을 하려면 근본적으로 모든 것을 바꾸어야 한다고 생각하기 쉽다. 그러나 일상 속의 생활 방식이나 태도만 바꿔도 이것은 가능하다.

학기를 마칠 때쯤 이 여인과 따로 차 한 잔을 하게 되었다. 방학 때 꼭 춤을 배우겠다는 결심을 듣고, 나는 너무 기쁘고 신나서 세상에서 가장 야하고 섹시한 춤을 배우라고 축하해 드렸다. 두 발로 굳건히 땅을 딛는 것이 금지되었던 사람이 땅 위를 풀쩍풀쩍 뛰고 구르고 솟아오른다면, 이사도라 던컨처럼 자유를 온몸으로 웅변하지 않더라도 그 자체로 해방이요 치유요 부

활이다.

우리 각자가 자기 내면의 태곳적 할머니와 친밀한 관계를 지속하기 위해서는 야성의 세계로 되돌아가 이 세계와의 관계를 회복하는 것이 필연적이다. 남을 의식하느라 에너지를 낭비하지 말고 눈을 내면으로 돌려, 내가 지금 가장 목말라 하는 것이 무엇인지, 진정으로 꿈꾸는 것이 무엇인지 질문하라! 이 질문에 대한 답은 각자 자기 내면의 깊은 어두움 속, 야성의 세계에서만 들을 수 있다. 그곳에서 솟아나오는 목소리를 감지하고 존중하는 삶 자체가 영혼에 밥을 공양하는 것이며 이러한 삶은 영혼적이다.

야성의 힘을 무시하고 억압하는 메시지를 거부하는 것도 중요하다. 깊은 내면의 목소리나 생각, 아이디어, 가치, 이상을 존중하지 않거나 파괴하는 어떠한 소리도 자기에게 영향을 미치게 해서는 안 된다. 우리 주변에는 야성을 위협하는 사람과 문화가 비일비재하다. 이런 목소리에 단호하게 "아니오"라고 외칠 수 있어야 한다.

직관은 내적 레이더이자 내적 비전이다. 이 비전을 신뢰하고 존중하는 것은 그 누구도 대신 해 줄 수 없다. 이 소리는 때로 비논리적이고 비이성적인 듯하지만 이 내면의 힘은 어머니, 어머니의 어머니, 어머니의 어머니의 어머니, 마침내 태곳적 할머니까지 연결되는 여성들만의 유산이다.

직관을 존중하는 것과 밀접하게 연결된 성질이 바로 자발성(spontaneity)이다. 자발적인 행위를 즐기라. 사전에 계획하거나 심각하게 고민하고 내린 결론이 아니기 때문에 분별이 없다거나 무모하다고 생각하면 오산이다. 자발적인 사람은 주위의 에너지에 훨씬 예민하고 민감하게 반응하여 자신이 자유로울 뿐 아니라 주위를 편안하고 신선한 활력으로 채운다.

직관은 결코 허락을 구하지 않는다. 자연이 그 변화에 허락을 필요로 하지 않듯 말이다. 늘 호기심을 가지라. 그리고 내면에서 들리는 소리를 듣고,

내면의 비전을 보고, 내면의 냄새를 맡고, 내면의 느낌을 감지하고, 내면의 진실에 따라 행동하라. 그리고 끝없이 질문하라. "나의 가장 깊은 곳에서 진정으로 갈망하는 것은 무엇인가?"

【 야 성 　 일 깨 우 기 　 하 나 　 더 ： 　 꿈 】

현대인이 내면의 목소리를 듣는 데 가장 쉽고 안전하면서 효과적인 방법 하나가 꿈의 세계를 탐구하는 것이다. 옛날부터 많은 사람들이 꿈을 다른 세상으로부터의 방문이라고 믿어 왔다. 그리스 인들은 꿈을 신의 세계로 들어가는 관문으로 생각했다. 제주 사람들은 꿈이 잠을 자는 동안 몸에서 빠져나간 영혼이 떠나는 여정이라고 믿었다. 그러나 프로이트와 융으로 체계화된 심층 심리학에서는 꿈을 무의식의 표현이라고 이야기한다.

세계관에 따라 표현 방식은 다르지만 꿈에 특별한 의미를 부여하고 또 꿈의 메시지를 낮 동안의 삶과 밀접하게 연관지으며 살아가는 사람들이 만든 표현일 것이다. 태곳적 할머니와 관련하여 꿈을 설명한다면 꿈은 태곳적 할머니가 관장하는 저 너머의 세상에서 밤마다 보내 주는 영혼의 인도자일 것 같다.

그런데 합리적이고 이성적인 사고에 익숙해 있는 현대인들은 꿈을 무의미한 허구라고 여기거나 비과학적인 환상 정도로 치부하여 아무 가치 없는 것으로 생각하는 경향이 있다. 현대인들의 이런 경향을 탈무드에서 다음과 같이 표현한다. "신이 매일 밤 우리에게 연애편지를 보내는데도 우리는 봉투도 뜯어 보지 않고 버린다." 해석하지 않는 꿈은 읽지도 않고 던져버리는 편지와 같다.

꿈의 메시지가 허구적으로 들리고 의미 없이 느껴지는 이유는 우리가 꿈의 언어를 망각해버려서 더 이상 꿈의 대화를 이해하지 못하기 때문이다.

꿈은 신화와 마찬가지로 은유와 상징으로 구성되어 있다. 조셉 켐벨은 '꿈은 개인의 신화이고 신화는 집단의 꿈이다' 라고 했다. 신화와 꿈은 같은 언어로 표현된다.

꿈은, 신화도 마찬가지지만, 이 언어에 익숙하지 않으면 의미가 쉽게 드러나지 않는다. 꿈의 모호함 혹은 난해함을 표현하는 정감 어린 이미지가 있다. 멕시코 어린이들이 잠자리에 들기 전에 자장가처럼 반복하는 재미있는 말이 있는데 이는 수수께끼 할머니에 관한 것이다. 멕시코 인들은 꿈이 수수께끼 할머니가 보내는 메시지라 생각한다. 이 할머니의 특징은 묻는 것마다 반드시 대답을 해 주시는 것인데, 할머니의 답은 언제나 수수께끼로 되어 있다. 할머니의 답을 이해하려면 수수께끼를 풀어야 하고, 푸는 일은 꿈꾼 사람의 몫이다.

꿈이라는 수수께끼에는 정답이 없다. 정답을 찾으려 애쓰면 수수께끼는 재미가 없어진다. 더 이상 놀이가 아니기 때문이다. 놀이는 목적이 없어서 재미있다. 모호하고 비이성적으로 보이는 꿈의 실마리를 한 가닥 한 가닥 풀어 가는 과정은 '상상력 놀이' 다. 이 놀이는 단순하고 정확한 정답을 찾는 것이 목표가 아니다. 상상의 세계로 들어가 풀고 또 풀어 더 복잡하고 더 다양하고 더 역설적인 의미를 찾아내는 것이다.

개인적으로 꿈에 관심을 갖고 꿈 공부를 시작한 것은 십수 년 전 창조 영성 대학에서 '꿈과 신화' 과목을 수강하면서부터였다. 이 수업을 통해 꿈과 친구가 되었고 10년 넘게 나의 내면세계를 이해하는 주요 도구가 되어 왔다. 꿈은 힘들고 지치고 사면초가에 몰려 있는 내게 상상을 초월하는 기발한 이미지로 새로운 힘을 부여해 주었고, 잠깐의 성공으로 우쭐댈 때면 가차 없이 거품을 빼버려 내 자리로 돌아오게 했다. 또한 바깥일에 지나치게 에너지를 집중하여 내 몸이 감당할 한계를 넘어갈 때면 늙고 지치고 소진한 이미지로 내 몸 상태를 인식시켜 주었고, 편안하고 변화 없는 삶이 지속될 때는 동요를 일으켜 게으름을 경고해 주었고, 중요하고 급박한 일이 있을 땐 악몽으로 즉시 '깨어나라'는 경고를 해 주었다.

나의 사고나 태도가 한 방향으로 편향될 때는 경고의 목소리로 다른 생각을 돌아 보게 만들었지만 때로는 꿈의 소리가 일반적인 준거에 역행하여 갈등을 안겨 주기도 했다. 꿈과 친구가 된 이후 거울처럼 정확하게 나의 상태를 보여 주고 이끌어 주는 길잡이가 늘 내 곁에 있다는 사실이 큰 힘이 된다.

꿈은 아이디어와 영감의 보고이기도 해서 수많은 의문을 해결할 실마리를 제공해 준다. 5년 전쯤 꾼 꿈이다. 관세음보살, 서양에서는 관인(Kwan Yin) 혹은 권인이라 하는 신의 기원과 성 정체성에 관한 논문을 쓰고 있을 때였다. 기원에 관한 여러 가설들이 있는데 그 어떤 것도 크게 설득력이 있어 보이지 않았다.

특히 관세음보살에 관한 자료를 모으다 보니 역사 속에서 보살의 성 변환이 이루어진 듯했다. 흔히 어여쁜 여신으로 알고 있지만 입 주위에 짙은 수염을 달고 도드라진 가슴을 보여 주는 이미지도 있고, 대단히 전투적인 남신과 공존하기도 한다. 관세음보살이 불교가 정착하기 전부터 존재했던 고대의 여신이라는 '주관적인 관점'을 증명해 보려고 논문을 시작했으나 의욕만 앞섰지 파고들면 들수록 오리무중이 되어 나중에는 여신인지 남신인지조차도 확실히 말할 수 없게 되었다. 그 시기에 이런 꿈을 꾸었다.

나보다 키가 큰 하얀 대리석 조각상이 방 한가운데 서 있다. 즉시 관세음보살이라는 걸 알 수 있었다. 나는 보살 주위를 시계 방향으로 한 바퀴 돌면서 걷는다. 그리고는 고개를 들어 조각상 얼굴을 바라보면서 "여신이네"라고 말한다. 그리고 다시 반시계 방향으로 한 바퀴 돌고 조각상을 보며 "남신이네"라고 말한다.

꿈에서 깨어나 신을 여/남신으로 구분하는 것은 결국 관점의 차이일 뿐이라는 사실을 깨닫게 되었다. 모든 신은 궁극적으로 양성을 지닐 수밖에 없다. 보는 각도에 따라 여신적 요소도 남신적 요소도 볼 수 있는 것이리라.

그렇다고 고대의 여신 전통에서 주장하는, 인류 초창기 신들은 여신이었다는 '가설'을 부인하는 것은 아니다. (나는 인류 초기 신들은 기본적으로 여신인데 몸속에 남신적 요소를 포함하고 있었다고 생각한다. 다른 책에서 이 생각을 발전시킬 예정이다.) 이 꿈을 꾸고 나서 나는 더 이상 여신이냐 남신이냐 하는 이분법적 갈등은 하지 않게 되었다. 양립할 수 없어 보이는 두 대극적인 요소가 하나로 통합되는 가능성을 꿈을 통해 체험한 것이다.

수많은 예술가와 과학자, 발명가들이 꿈에서 얻은 영감을 토대로 인류 진화에 큰 자취를 남긴 예가 비일비재하다. 그중 재봉틀을 발견한 호위(Howe)의 경우는 꿈 교과서에 빈번히 소개되는 사례다.

호위는 바느질하는 기계를 만들기 위해 몇 년을 고심했다. 마침내 기계가 완성되었다고 생각할 즈음 심각한 문제에 봉착했다. 바늘이 구멍으로 내려갔다가 올라올 때마다 실이 엉켜버리는 것이다. 수백 번을 반복해 보아도 뾰족한 묘수가 떠오르지 않아 고민하다가 일터에서 잠에 곯아떨어졌다.

나는 아프리카의 정글의 원주민 종족에게 잡혀 간다. 추장이 24시간 내에 바느질하는 기계를 만들지 못하면 창으로 찔러 처형하겠다고 말한다. 그러나 나의 노력은 실패로 끝난다. 창에 찔려 죽을 순간이 다가와 나를 큰 솥에 넣고 아래에서 장작더미를 지핀다. 내가 솥 가장자리로 기어 올라오자 원주민이 긴 창으로 나를 찌르려 하는데 창끝이 얼굴 가까이로 다가오자 길고 뾰족한 창 끝에 작은 구멍이 하나 나 있다는 게 유난히 눈에 들어온다. 찔려 죽기 직전에 악몽에서 깨어난다.

비몽사몽 간에도 긴 창 끝에 난 구멍이 확대되어 머리를 가득 채웠고, 갑자기 "아하!" 하는 탄성과 함께 잠이 싹 달아났다. 바늘 끝에 구멍을 뚫으면 실이 엉키는 문제를 해결할 수 있겠다는 생각이 번쩍 떠올랐다. 바느질하는 기계가 세상에 탄생한 순간이다.

호위처럼 꿈에서 얻은 영감으로 인류의 진화사에 큰 족적을 남긴 사례는 많이 있다. 꿈과 친구 되어 꿈의 언어를 이해하려고 시간을 할애한다면 호위 같은 사례는 드물게 일어날 수 있는 극적인 상황이 아니라 우리 모두에게 언제든 일어날 수 있음을 체험하게 될 것이다.

또 다른 흥미로운 점은 꿈이 미래에 대한 예지 능력이 있다는 사실이다. 예측, 예언, 사전 결정 등은 운명론적 논쟁을 불러일으킬 수 있다. 그러나 아직 진행되지 않은 미래가 영화 〈매트릭스〉에서처럼 이미 프로그램화되어 있는지도 모른다. 꿈은 분명 앞으로 일어날 사건에 대해 예감을 가지게 한다. 꿈의 세계는 우리가 익숙한 낮 동안의 시간처럼 과거, 현재, 미래의 시간이 일직선상으로 흐르지 않기 때문이다.

태곳적 할머니가 관장하는 어두움의 세계는 태양의 주기에 따르는 주광성 시계가 작용하지 않는 모양이다. 웬델 베리의 시처럼 어두움을 탐험하기 위해서는 빛과 다른 어두움의 시간관념도 가져야 한다. 이는 논리적으로 증명하거나 설명할 수 없을지 모른다. 그러나 경험적 사실로는 이해할 수 있다.

10여 년 전, 논문을 써야 하는데 뭘 써야 할지 전혀 감이 잡히지 않아 겨울 방학 중 텅 빈 기숙사 건물에 혼자 남아 고민하고 있었다. 그러던 시기에 꿈을 꾸었다.

큰 고모님이 나타나 다짜고짜 "구월산에 가야 해"라고 말씀하신다. 그곳이 어딘지는 모르지만 아주 높은 눈 덮인 산이란 이미지가 순간적으로 머릿속에 스치고 지나간다.

"추운데 거길 어떻게 가~"라고 응석 톤으로 받는데 고모는 단호하게 소리를 치신다. "너는 반드시 구월산에 가야 돼!"

웬 구월산? 산 이름이 머릿속에 맴맴 돌아다녀 한국에 전화를 했다. "구월산이라고 들어 봤어?" 친구 대답이 금시초문이라고 한국에 그런 산은 없다고 했다. 개학을 했고 시간이 좀 지났다. 어느 날 수업 시간에 여신 전통 공부를 하는데, 이 시기 생명의 탄생은 완전히 여신의 관할권에 속했고 생식 과정에 남신의 개입은 발견되지 않는다고 했다. 이에 덧붙여 적지 않은 세계의 신화에 곰 여신이 창조 신화에 등장하고 이 곰 신들은 혼자서 자손을 낳는다고도 했다. 그래서 나는 단군 신화에 대해 논문을 써야겠다고 마음먹었다.

한국에서 자료를 받아 논문 준비를 하던 어느 날 밤, 읽고 있던 책 속에 '구월산'이란 단어가 나왔다. 구월산에 고려 때까지 단군 사당이 존재했다는 구절을 읽으며 온몸에 소름이 끼쳤다. 내가 쓸 논문에 대해 꿈이 이미 알고 있었다는 사실도 놀랍지만 더욱 마음을 사로잡은 것은 도대체 단군이 나에게 어떤 의미를 가지고 있느냐였다. 한국인이면 누구나 알고 있는 곰과 호랑이 신화. 크게 매력이 있거나 재미있는 신화도 아닌데, '단군'이란 존재가 나의 무의식 속에 상상 이상으로 훨씬 큰 에너지를 지닐 수도 있다는 사실이 놀라웠다. 여전히 이 논문은 미완성이고 마음 한구석에 숙제로 남아 있다. 그러나 이 엄청난 신비의 세계에 경탄하며 어두움 속에 자라는 꽃과 침묵의 노래에 대한 갈망은 깊어만 간다.

꿈의 창의력, 예시력, 통찰력은 무한해 보인다. 그리고 이 모든 것은 누구나에게 무제한으로 제공된다. 신의 연애편지든 할머니의 수수께끼 답이든 이 선물을 받기 위해 해야 할 일은 오히려 간단하고 단순하다. 공책을 머리

밑에 두고 잠에서 깨어나자마자 꿈을 기록하는 것이다. 이것을 꿈 일기라고 한다.

그리고 시간을 내서 꿈 일기를 들여다보고 주변 사람들과 꿈 이야기를 나누다 보면 자기 자신에 대해 많은 것을 발견하게 된다. 소그룹을 만들어 정기적인 꿈 모임을 하면 더욱 도움이 될 것이다. 그러나 굳이 해석이나 의미 파악을 하려 애쓰지 않더라도 꿈이란 현상에 감사하고 꿈과 친구가 되면 내면세계의 구조들이 서서히 그 모습을 드러낸다. 그리고 지금까지 몰랐던 자신의 무한한 잠재력과 창의력을 발견하고 고유한 자신을 빚어 가는 데 도움이 된다. 매일 밤 다가오는 초대에 응하기만 하면 되는 것이다.

【 야성 일깨우기 마지막으로 하나 더 : 오라클 】

태곳적 할머니가 관장하는 저 너머의 세상에서 보내는 메시지를 이해하고 받아들이는 또 다른 방법으로 오라클이 있다. '오라클'이란 용어는 영화 〈매트릭스〉의 유명세를 타고 확산되면서 신의 뜻을 전하는 사람으로 널리 알려졌다. 그러나 실제 이 단어는 훨씬 포괄적인 의미를 지닌다.

영어의 오라클(oracle)은 라틴어 'orare'에서 기원했고 이 단어는 문자 그대로 '말하다'라는 뜻이다. 여기서의 '말'은 명백한 의도를 가진 말을 의미한다. 오라클의 사전적 의미는 신이 자기의 의지를 표현하는 수단이나 도구다. 오라클은 신의 메시지 자체를 칭하기도 하고 〈매트릭스〉처럼 메시지를 전하는 사람을 칭하기도 한다.

오리클 하면 제일 민저 떠오르는 이미시가 넬피(Delphi)의 아폴로 신전이다. 이런 친숙한 이미지 때문에 오라클이 그리스만의 전통처럼 여겨질지도 모르겠다. 그러나 현대 이전의 사람들에게 오라클은 보편적으로 존재하던 양식이고 오라클을 받는 방법 또한 다양하다.

가장 오래된 오라클로 점이나 무당의 공수를 들 수 있다. 그렇다고 오라클을 굿 같은 의례의 형식으로만 받을 수 있는 것은 아니다. 길을 걷다가 사람들이 하는 말 가운데서 들을 수도 있고 지금까지 다루었던 꿈도 오라클이고 옛이야기에 자주 등장하듯이 동식물로부터 오라클을 들을 수도 있다. 오라클은 우리 주변의 거의 모든 통로를 통해 우리에게 전달된다.

5세기 역사가 헤로도토스(Herodotus)는 오라클이 역사를 바꾼 흥미로운 예를 소개했다. 스파르타의 한 왕의 이야기이다. 왕이 처한 모든 상황적 증거로 볼 때 왕은 전쟁을 일으켜야 했다. 그러나 전쟁에서 지게 되면 왕국을 적에게 내 주어야 하고 백성들은 노예로 팔려 갈 게 뻔하기 때문에 결단을 망설이지 않을 수 없었다. 이때 갈등하는 왕의 뇌리를 사로잡는 질문이 하나 있었다. '전쟁을 일으키면 과연 신들이 우리 군대를 도와줄 것인가?'

며칠 동안 이 질문을 마음에 품고 있던 왕은 어느 날 저녁 자기 옆에 서 있는 사람이 이상하게 눈에 들어온다는 느낌을 받았다. 왕은 갑자기 그에게 '이름을 말하라'고 명했다. 그는 "Hegistratis"라고 대답했다. 이 순간 왕은 박장대소했다. 그 이름의 의미가 '군대를 인도하다'였기 때문이다. 한 치의 의심 없이 전쟁을 일으킨 왕은 대승을 거두었다고 한다.

이런 역사적인 사건이 아니더라도 오라클을 환영하는 사람들에게 이런 현상은 상상 이상으로 자주 일어난다. 항상 일어나고 있는 현상이라 말해도 과장이 아닐 것 같다. 유학 시절 방학에 잠시 한국에 들어왔을 때 친하게 지내던 한 친구가 뜬금없이 이메일로 프러포즈를 했다. 힘든 상황에 처하게 된 친구가 뭔가 잡고 싶었던 모양이다. 두 번 생각할 것 없이 거절했다. 너무 느닷없기도 했지만 그보다는 내 삶의 중요한 결정을 타인의 주도 하에 내리고 싶지는 않았다.

미국으로 돌아갈 때가 되었다. 숙제 때문에 가지고 왔던 책 보따리가 유난히 무겁게 느껴졌다. 숙제도 덜 끝났다. 1년 4학기제로 정신없이 돌아가는 학교 스케줄도 코앞에 있었고 무거운 짐 보따리 끌고 다니는 떠돌이 신세가 고단했다. 열두 시간씩 비행기 안에 갇혀 있는 것도 지겹고 미국 국경을 통과할 때마다 죄 없이 긴장하게 만드는 이민국 절차도 짜증스러웠다. 아마 오랜 유목 생활에 지쳤었나 보다. 프러포즈를 받아들여 이런 생활에 종지부를 찍어볼까 하는 생각은 분명 유혹이었다.

싫건 좋건 돌아가는 비행기를 탔다. 좌석에 붙은 모니터 채널을 이리 저리 옮기다가 깊고 장엄한, 눈 덮인 설산의 정경과 시원의 계곡 소리 같은 원시 음악이 펼쳐지는 장면에 매료되었다. 혹한을 피해 가축들이 안전하게 겨울을 날 초지를 찾아 길을 떠나는 카라반에 대한 영화였다. 새로 카라반을 인도하게 된 젊은 지도자가 경험과 연륜이 쌓인 노인에게 조언을 구했다. 그리고 그 노인은 이렇게 대답했다. "네 앞에 두 길이 펼쳐질 때는 힘든 길을 선택하라." 그 말이 가슴에 꽂혔다. 청혼을 받아들여 유목 생활을 청산해볼까 하던 환상은 더 이상 내게 고려 대상이 아니었다.

내면의 관심과 외부 세계에서 일어나는 현상을 인과관계로 설명할 수는 없지만, 나이를 먹을수록 우리가 이해하고 있는 것보다 이 두 세계가 훨씬 밀접하게 연결되어 있음을 느끼게 된다. 과학적, 합리적인 세계관이 우리를 끝없이 이런 체험으로부터 멀어지게 하지만, 이런 비과학적, 비이성적으로 보이는 현상을 체험할 때의 느낌이 어떤 것인지 나는 잘 알고 있다. 심리학자 칼 융은 '아니마 문디'(anima mundi), 세계 영혼이란 표현을 사용했다. 우리가 사는 이 세상이 물질적, 기계적인 의미 없는 세상이 아니라 영혼이 깃든 세계, 즉 영혼을 간직하고 있는 살아 있는 세계라는 의미다.

어린 시절에는 훨씬 열린 감각으로 아니마 문디를 이해하고 영혼이 있는 세상을 함께 호흡했던 것 같다. 앞마당의 감나무와 담벼락을 따라 심겨진

산골 오두막에는 왜 할머니가 살고 있을까?

맨드라미, 분꽃이랑 함께 놀았고 염소랑 강아지와 친구가 되었다. 산속 저수지 옆에 앉아 있던 처녀귀신도 만났고 밤하늘에서는 별들의 춤을 보았다. 인형과 온갖 이야기를 나눌 수 있었고 존재하는 모두가 살아 있는 생명으로 가득 찼다. 살아 있는 세상과 교감하고 대화하던 그 아이는 어디로 간 것일까?

어느새 너와 나는 분리된 개체이고 인간과 동식물 간의 대화는 사라졌고, 주변을 에워싸고 있는 물도 공기도 생명 없는 물질이 되어버렸다. 이런 기계적인 세상에서 꿈도 신화도 허구로 전락하고 세상은 무생물인 물질로 채워진 비생명이 되어버렸다. 생명 없는 세상에서 우리 생명의 기운은 소진해 가고 생명의 본질적인 특권인 창의력과 상상력은 위축되고, 마음껏 펼쳐야 할 생명의 가능성은 점점 좁아진다. 고은 시인의 시처럼 우리가 너무 멀리 떠내려 와 여기저기 현란히 허우적거리는 건 아닐까.

오랜 망각 속 아득히 먼 곳에 사는 태곳적 할머니를 다시 불러내는 것은 기계로 전락한 비생명의 세계를 할머니가 관장하는 어두움의 존재들로 가득 채우기 위해서이다. 이들이 형성하는 보이지 않는 생명의 그물망을 회복하여, 살아 있는 생명체로의 세상을 희망하기 때문이다. 이 비밀이 바로 태곳적 할머니가 관장하는 어두움의 세계에 있다. 생명이 사라진 몸과 물질과 지구의 부활은 인류 전체의 생존과 직결되는 문제이다. 몸과 물질과 지구가 비생명이 아니라 영혼을 간직하고 있는, 살아 있는 생명체라는 패러다임 전환이 시급히 요청되는 시기다.

지구의 생명을 회복하기 위해, 그리고 죽어 가는 감각의 회복을 위해, 선조들이 발전시키고 생활화하였던 직관과 꿈과 오라클 같은 원시 예술의 회복이 절실하다. 이 예술은 우리를 다시 어두움의 세계와 연결해 주고, 어두움의 깊이에서 솟아나는 지혜로 우리에게 나아갈 길을 인도해 줄 것이다.

우리 안에 어두움을 보는 눈이 회복되고 우리가 어두움의 지혜를 받아들일 때 죽은 뼈 위에서 생명을 되살려내는 할머니의 노래가 우리에게 되돌아오지 않을까?

친숙한 옛이야기들을 통해서 여성성의 신비를 회복할 수 있는 주요 과제들을 통과의례처럼 다루어 보았다. 통과의례란 삶과 죽음의 드라마다. 죽음의 고통 없이 탄생은 없다. 죽고 또 죽고, 나고 또 거듭나는 과정을 통해 진정한 자신의 모습을 찾아 가는 것이 삶이라 생각한다. 물론 여기에서 다룬 일곱 가지 과제가 한 여성이 일생 동안 거쳐야 할 모든 통과 과제라고 생각하지 않는다. 나이가 들어 감에 따라 점점 더 많은 통과의례들이 필요하다. 우리 안에 있는 더 많은 가능성과 고유한 개성이 드러날 날을 기다리고 있기 때문이다. 우리가 각자의 개성을 발굴해 드러낼 때 점점 더 건강하고 성숙해질 수 있다. 동시에 개인이 드러낸 선물들이 세상도 점점 다양하고 풍요롭게 만들어 갈 것이다.

잃어버렸던 복음서라는 도마 복음에는 "자기 안에 있는 것을 드러내면 그 드러낸 것이 자신을 구원한다. 그러나 자기 안에 있는 것을 드러내지 못하면 그 드러내지 못한 것이 자신을 파괴한다"라는 구절이 있다. 우리 각자가 자신의 내면세계를 탐구하여 고유한 선물을 활짝 드러내는 것이 결국 세상을 구원하는 일에 동참하는 것이다. 그런 의미에서 우리가 세상을 위해 할 수 있는 가장 적극적인 사랑은 참 자신을 발견하는 것이다. 반면에 자신에 대해 무지하고 자기 계발을 게을리한다면 의도하지 않더라도 적극적으로 파괴를 초래하게 될 것이다.

여성성은 우리 각자의 내면뿐 아니라 사회 집단의 내면에서도 오랫동안 어두움 속에 묻혀 있었다. 자기 안에서 이 귀한 선물을 찾아 세상에 드러내는 초대에 응하는 것이 곧 구원의 길이라 했다. 그렇다면 각자 가슴으로 물어 보자. 나는 지금 여성성의 신비와 아름다움을 탐구할 준비가 되었는가? 나는 이 아름다움을 선물로 받아들이는가? 그리고 내 안에서 이 선물을 발굴하여 나 자신과 세상을 아름다움으로 가득 채울 준비가 되어 있는가?

참 고 문 헌

• Estes, Clarissa Pinkola. Women Who Run With the Wolves: Myths and Stories of the Wild Woman Archetype. New York: Ballantine Books, 1992.

• von Matre, Steve. The Earth Speaks. Greenville: Institute for Earth Education, 1983.

선녀는 왜 나무꾼을 떠났을까

© 고혜경 2006

초 판 1쇄 발행 2006년 9월 25일
초 판 13쇄 발행 2020년 10월 8일
개정판 1쇄 발행 2024년 7월 17일

지은이 고혜경
펴낸이 이상훈
인문사회팀 최진우 김지하
마케팅 김한성 조재성 박신영 김효진 김애린 오민정

펴낸곳 (주)한겨레엔 www.hanibook.co.kr
등록 2006년 1월 4일 제313-2006-00003호
주소 서울시 마포구 창전로 70(신수동) 화수목빌딩 5층
전화 02-6383-1602~3 **팩스** 02-6383-1610
대표메일 book@hanien.co.kr

ISBN 979-11-7213-089-3 03380